世界军装图鉴
1936—1945 卷三

[英]奈杰尔·托马斯 等 著　　[英]麦克·查贝尔 等 绘　　曾钰钦 译

重庆出版集团　重庆出版社

The German Army 1939-45(1) Blitzkrieg © Osprey Publishing, 1997
The German Army 1939-45(2) North Africa & Balkans © Osprey Publishing, 1998
The German Army 1939-45(3) Eastern Front 1941-43 © Osprey Publishing, 1999
The German Army 1939-45(4)) Eastern Front 1943-45 © Osprey Publishing, 1999
The German Army 1939-45(5) Western Front 1943-45 © Osprey Publishing, 2000
All rights reserved.
This edition published by Chongqing Publishing House Co., Ltd. by arrangement with Osprey Publishing, an imprint of Bloomsbury Publishing Plc.

本书中文简体字版由重庆出版集团·重庆出版社
在中国大陆地区独家出版发行。
未经出版者书面许可，本书的任何部分不得以任何形式抄袭、节录或翻印
版权所有　侵权必究
版贸核渝字（2013）第338号

图书在版编目（CIP）数据

世界军装图鉴：1936—1945. 卷三 /（英）奈杰尔·托马斯等著；（英）麦克·查贝尔等绘；曾钰钦译. — 重庆：重庆出版社，2021.1
ISBN 978-7-229-15175-1

Ⅰ. ①世… Ⅱ. ①奈… ②麦… ③曾… Ⅲ. ①军服—世界—图集 Ⅳ. ①E127-64

中国版本图书馆CIP数据核字（2020）第135895号

世界军装图鉴：1936—1945 卷三
[英]奈杰尔·托马斯 等 著　[英]麦克·查贝尔 等 绘　曾钰钦 译

责任编辑：吴向阳　谢雨洁
责任校对：何建云
装帧设计：岚品视觉 CASTALY　周娟　刘玲

重庆出版集团　出版
重庆出版社

重庆市南岸区南滨路162号1幢　邮政编码：400061
重庆三达广告印务装璜有限公司印刷
重庆出版集团图书发行有限公司发行
全国新华书店经销

开本：787 mm×1 092 mm　1/16　印张：17　字数：496千
2021年1月第1版　2021年1月第1次印刷
ISBN 978-7-229-15175-1
定价：125.00元

如有印装质量问题，请向本集团图书发行有限公司调换：023-61520678

版权所有　侵权必究

目 录
contents

德国陆军 1939—1945 年（1）
"闪电战"

- 国防军背景 3
- 国防军高层指挥体系 3
  - 陆军兵种 4
  - 野战军和补充军组织架构 5
- 战略 7
  - 鲜花战争 7
  - 波兰战役和"虚假战争" 8
  - 丹麦和挪威 9
  - 低地国家 10
  - 法国战役 11
  - "闪电战"的结论 11
  - 占领军 12
- 德国陆军制服 13
  - 军官版礼服 15
  - 军官版正式和半正式制服 17
  - 军官版训练和营务制服 18
  - 军官版作战制服 19
  - 非军官版阅兵服 21
  - 非军官版正式和半正式制服 23
  - 非军官版训练和营务制服 24

目录
contents

非军官版作战和训练制服　　　　　　　　33
坦克手制服　　　　　　　　　　　　　　33
其他兵种特殊制服　　　　　　　　　　　35

军阶和职责　　　　　　　　　　　　　39
军衔标识　　　　　　　　　　　　　　　40
兵种和部队标识　　　　　　　　　　　　47

奖章　　　　　　　　　　　　　　　　50
其他奖励　　　　　　　　　　　　　　　50

插图图说　　　　　　　　　　　　　　52

德国陆军 1939—1945 年（2）
北非和巴尔干

北非和巴尔干战役背景　　　　　　　　59
陆军部队素质　　　　　　　　　　　　　59
德国陆军在北非和巴尔干的编制情况　　　59

外籍志愿兵　　　　　　　　　　　　　61

北非军事行动　　　　　　　　　　　　62
北非军事力量组成　　　　　　　　　　　62
隆美尔的第一次攻势　　　　　　　　　　63
隆美尔的第二次攻势　　　　　　　　　　64
利比亚大撤退　　　　　　　　　　　　　64
突尼斯结局　　　　　　　　　　　　　　64

北非战场的陆军制服 — 65
热带制服生产 — 65

着装规范 — 66
军官版热带常服 — 66
非军官版热带常服 — 69
军官版热带外出制服 — 70
非军官版热带外出制服 — 70
军官版热带作战制服 — 70
非军官版热带作战制服 — 71
坦克手热带制服 — 72
其他兵种的特殊制服和徽章 — 72
外国志愿者制服和标识 — 74
军衔标识 — 74
兵种标识 — 75
非洲军袖口标识 — 75

巴尔干军事行动 — 76
入侵南斯拉夫 — 76
入侵希腊 — 77
南斯拉夫占领军 — 78
希腊占领军 — 79
阿尔巴尼亚占领军 — 80

巴尔干战场的陆军制服 — 80
着装规范 — 90
军官版常服 — 90
非军官版常服 — 91
军官版外出制服 — 93

目录
contents

非军官版外出制服	93
军官版作战制服	93
非军官版作战制服	95
坦克手制服	95
其他兵种的特殊制服和标识	96
外国志愿兵的制服和标识	96
军衔标识	98
兵种标识	98

其他标识 …………………………………………… 100
军官生和士官生	100
职务章	101
奖章和奖励	108

插图图说 …………………………………………… 109

德国陆军 1939—1945 年（3）
东线 1941—1943 年

东线战场背景 …………………………………………… 115
德军高层指挥 1941—1943 年	115
战略	115
陆军部队部署	116
欧洲志愿者	118
东方部队	119
北方集团军群的波罗的海战役	121

北方集团军群的俄罗斯西北部战役	123
北极圈战役	123
中央集团军群的白俄罗斯战役	123
中央集团军群的莫斯科战役	124
南方集团军群的乌克兰战役	125
A 集团军群和 B 集团军群	126
占领军	126

陆军制服 127

着装规范	127
军官版常服	128
非军官版常服	129
外出制服	130
军官版作战制服	131
非军官版作战制服	134
夏季作训服	134
冬季衣物	135
军衔和兵种标识	135
坦克手特殊黑色制服和标识	136
特殊"战场灰"制服和标识	145
其他兵种的特殊制服和标识	146
特殊军官制服和标识	148
行政官制服和标识	149
欧洲志愿者制服和标识	151
东方部队制服和标识	151
奖章和奖励	152

插图图说 158

目 录
contents

德国陆军 1939—1945 年（4）
东线 1943—1945 年

东线 1943—1945 年背景介绍 …… 163
陆军和国防军高层指挥体系　163
资源　164
陆军部队发展　165
欧洲志愿者　168
东方部队　169

1943—1945 年战役简介 …… 170
北线　170
北极战线　171
中线　171
南线　173

陆军制服 …… 174
军官版常服　174
非军官版常服　175
外出制服　176
军官版作战制服　176
非军官版作战制服　178
夏季作战制服　179
冬季衣物　179
伪装服　180
军衔标识　181
兵种标识　181
坦克手特殊黑色制服和标识　182

特殊"战场灰"制服和标识	183
其他兵种的特殊制服和标识	183
欧洲志愿者制服和标识	195
东方部队制服和标识	195
勋章和奖励	198

插图图说 203

德国陆军 1939—1945 年（5）
西线 1943—1945 年

西线 1943—1945 年背景介绍 — 211
德国陆军和国防军高层指挥体系	211
战略战术	212

陆军部队发展 — 214
步兵师	214
装甲部队	215
精锐师	217
非陆军部队	217
宪兵、牧师和军事行政官	218
欧洲志愿者	218
东方部队	219

1943—1945 年战役简介 — 220
1944 年，诺曼底登陆	220
1944—1945 年，法国北部、比利时和荷兰	221

目录
contents

1944—1945 年，法国南部	222
1945 年，德国西部和荷兰	223
1943 年，西西里和意大利南部	224
1943—1945 年，意大利中部和北部	225

陆军制服 226

军官版常服	226
非军官版常服	226
军官版作战制服	227
非军官版作战制服	228
夏季作战制服	228
冬季衣物	229
伪装制服	230
军衔标识	231
兵种标识	232
坦克乘员的特殊黑色制服和标识	232
特殊"战场灰"制服和标识	241
其他兵种的特殊标识	242
陆军牧师制服和标识	244
欧洲志愿者制服和标识	244
东方部队制服和标识	245
勋章和奖励	246

插图图说 252

出版后记 258

德国陆军 1939—1945 年 (1)

"闪电战"

The German Army
1939—1945 (1) Blitzkrieg

国防军背景

1933年1月30日，阿道夫·希特勒解散了魏玛共和国，成立了德意志第三帝国，自己担任"领袖"和国家元首。1935年3月13日，他废除了魏玛共和国时期的武装部队——魏玛防卫军，将其替换为德国国防军。希特勒宣布，德国国防军不再遵守1919年凡尔赛和约对魏玛防卫军做出的限制，这一限制要求德军只能控制在10万名志愿兵规模，并且不能拥有坦克、重型火炮、潜艇和飞机。

之后，德国国防军急速扩张。1939年9月1日，当德国入侵波兰时，德国国防军已拥有318万人。其最高峰时多达950万人，甚至到1945年5月8—9日，德国在西线和东线宣布无条件投降时，德国国防军还有750万之众。在"闪电战"时期，从1939年9月1日—1940年6月25日，德国国防军在10个月的时间里所向披靡，在战场上战胜了除英国之外的每一个对手。

国防军高层指挥体系

希特勒坚信——但后来被证明完全错误——他作为一名战略指挥的独特能力可以与自己的政治技巧相提并论。在整个第二次世界大战期间，他对于德国国防军的影响几乎就是一场灾难。

作为国家元首，希特勒拥有名义上的"国防军最高司令官"的地位。1938年2月4日，他强迫德国元帅维尔纳·冯·勃洛姆堡退休，将最重要的专业军事指挥席位"国防军总司令"占为己有。直到1945年4月30日自杀之前，希特勒都一直控制着这一职位，辅之以阿谀奉承的大将（后升任元帅）威廉·冯·凯特尔作为国防军总参谋长。实际权力则落在少将（最终升为大将）阿尔弗雷德·约德尔身上，他以作战局局长的身份担任凯特尔的副手。

德国国防军分为三个军种——国防军陆

1934年4月，德国。一名上等兵、一名上级枪兵、一名步枪列兵和一名一等兵，都是士官生，穿着常服，在M1916款头盔上有新的国防军"鹰标"。他们穿着M1920款（8颗衣扣）和M1928款（6颗衣扣）常服上衣，佩戴M1920款军衔标识和M1928款神枪手奖章。

1938年3月，维也纳。德国第10步兵师穿着阅兵制服，从德国军官以及加入德军的奥地利军官面前列队走过。奥地利军官穿着M1933款奥地利军服，配德国"雄鹰胸标"，戴很有特色的奥地利军用平顶帽。

军、国防军海军和国防军空军。陆军是最大的军种，占了国防军总人员的75%左右，1939年9月有270万人，高峰期有550万人，1945年5月有530万人。

在1941年12月19日被希特勒解职并取而代之以前，国防军陆军总司令为沃尔特·冯·布劳希奇大将（后为元帅），其副手是任陆军总参谋长的炮兵上将（后升为大将）弗朗茨·哈尔德。1939年12月1日成立的纳粹武装党卫军，理论上并不属于德国国防军的组成部分，但依然受国防军陆军司令部的指挥。

陆军兵种

在1939年8月26日进行总动员时，德国陆军分为负责向敌进攻的"野战军"以及留在德国执行支援任务的"补充军"。野战军包括三种类型的部队——第一是战斗部队，包括参谋部（国防军和陆军司令部、总参谋部、集团军群、集团军和军部）、步兵（基础步兵、摩托化步兵、轻步兵和山地步兵）、突击队和惩戒部队；机动化部队（骑兵、装甲兵、机械化步兵、侦察部队和反坦克部队）、炮兵、工兵、通信兵和战地安全警察机构。第二是支援部队，包括运输、医疗、兽医和卫戍部队，宪兵和战地邮局机构。第三是安全部队，包括后方司令部、二线的"边防"营和战俘营。另外还有各种陆军军官（包括牧师）、军乐队军官和特别军官。

野战军和补充军组织架构

战争时期,野战军部队的最大编制并非固定。一共有 5 个集团军群:波兰战役时期有 2 个(北方集团军群和南方集团军群),西线战役时则有 3 个(A、B、C 集团军群)。每个集团军群下辖 2 个或 3 个集团军,共计约 40 万人。共有 14 个集团军,每个下辖 3 个或 4 个军,约 20 万人,1940 年 6 月后,又设立了两个装甲集团军,被称为装甲集群(冯·克莱斯特集群和古德里安集群),每个下辖 3 个摩托化军。共有 33 个军(1—13、17、21、23—30、38、40、42—44、46—49),每个军下辖 2—5 个步兵师,约 6 万人;有 7 个摩托化军,每个下辖 2 个或 3 个装甲或摩托化师,以及一个有 3 个轻型装甲师的摩托化军(第十五装甲军)。另有 1 个骑兵师和 4 个山地师,直接归各自所属的集团军指挥。

在"闪电战"时期,一共组建了 143 个步兵师,他们的质量根据不同组建的"波次"而不同。在和平时期已经存在的 35 个师的基础上的第 1 "波次"(第 1—46 师)以外,既有从被占领的波兰和捷克斯洛伐克的领土上匆忙征集的年长老兵和未受训练的新兵,也有第 10 "波次"(第 270—280 师)的 9 个补充师这样的部队。每个步兵师有 16977 人,下辖三个步兵团和师级支援部队:1 个 4 营制的炮兵团;1 个侦察营,配有骑兵、摩托车和支援中队;1 个反坦克营;1 个工兵营;1 个通信营;以及师属后

1938 年,驻扎在柏林附近乌勒本的第 67 步兵团的一名下士,穿着 M1935 款便服,戴着军士通常穿戴的大檐帽。他正在指导的新兵,都穿着 M1933 款劳务服,正在使用毛瑟 Kar98k 步枪进行操练。可以看到这些劳务服都脏兮兮并且皱巴巴的。

勤部队——包括10支摩托化和驮载运输队；1个医疗连，1个摩托化野战医院、1个兽医连；1支宪兵部队和战地邮局机构。

1个步兵团为3049人，有三个步兵营，以及1个180人的步兵炮连和1个170人的反坦克连。860人的步兵营有3个步枪连和1个190人的机枪连（其实是支援连）。201人的步枪连有3个步枪排，每个50人的步枪排有排部、1个轻型榴弹发射器小队和4个步枪班，每个步枪班有10个人。

摩托化师的所有部队都是装甲化或摩托化，在1940年早期的摩托化师有两个摩托化团，全师总编制14319人。14131人的山地师下辖两个6506人的山地团，另有支援部队和后勤勤务，都具有山地机动能力。

14373人的装甲师有一个装甲旅（2个2营制的1700人的装甲团）以及一个4409人的摩托化步兵旅（下辖步兵团和摩托车营），其余支援部队和后勤勤务也都装甲化或摩托化。

在1939年10月—1940年1月被改组为第6—第9装甲师之前，10000—11000人的轻型装甲师有1—4个638人的装甲营以及1—2个2295人的摩托化骑兵团。16000人的第1骑兵师有4个1440人的德国骑兵团（各下辖两个骑兵营），1个骑兵团（1个骑兵营、1个自行车营），以及一个自行车营，其他支援部队和后勤勤务，都为骑兵化或摩托化。

1937年时，德国分为13个军区，番号为第一到第十三，1939年起成为补充军的基础。一个军区的仓储、军校和训练部队，最初按照一个军，后来变成五个军的标准为野战军进行人力和装备组织，以提供源源不断的

1938年11月20日，古德里安在被晋升为装甲兵上将和被委任为机动部队司令官当天的照片。他穿着M1935款军官版常服，戴着一顶M1935款大檐帽。可以看到他佩戴的"一战"勇气奖章和国防军长期服役奖章。

1939年3月15日。德军侦察部队穿着作战服，配条例规定的M1934款涂胶大衣，骑在745CC排量的宝马R12挎斗摩托车上，正在穿过被占领的布拉格的某处大街。在这场未受抵抗的入侵中，他们只携带了最少量的作战装具。可以看到当地市民沮丧与失望的表情。

补给增援。随着德国不断侵占其邻国的领土，原有的军区不断扩张，并且在1942年8—10月间成立了6个新的军区。这些新军区为战争提供征召兵，其中许多都不是德国人，甚至都不是德国的支持者。

战略

德军的战略主要包含两种观念：传统的"决战策略"学说，由普鲁士将军冯·毛奇在1850年代创立，以及"装甲学说"，即众人皆知的"闪电战"战术，由海因茨·古德里安在1920年代晚期创立。两者都要求机动化部队在各个前线上快速移动进攻，集中力量在某一战线上发动突袭，在几天或几周内击溃敌人，之后迅速重组投入到第二条战线的进攻上，由此避免德国陷入很可能会输掉的双线作战的消耗防御中。

"决战策略"学说，使用步兵攻击敌军的撤退线，将其包抄。"闪电战"，却要求集中使用坦克、机械化步兵和德国空军的俯冲轰炸机，在敌军防线上打开缺口，切入敌军后方歼灭其指挥体系，瓦解敌军士气。波兰战役和斯堪的纳维亚战役贯彻的是"决战策略"的原则，西线攻势则是"闪电战"的体现。

这两种战略都要求德国成为侵略者，符合德意志第三帝国仇外和扩张侵略的意识形态。德国在选择战斗的时间、地点和环境上有着至关重要的突然性优势。它的对手却寄希望于中立化、外交谈判和静态的前线防御，并不希望投入战斗，并且疏于战争准备。

1939年，德国，一名总参谋部的上校正在他的花园里闲逛。他的便装制服包括总参谋部军官特有的领章和M1935款副官饰绳、M1935款作战上衣和M1938款作战帽。

鲜花战争

希特勒的政治手腕，以及法国、英国不愿意承担战争风险，使得德国军队在1939年9月前兵不血刃地获得了5次胜利。希特勒的军队在这些被称为"鲜花战争"的行动中夺取了邻国的领土，当地的德国人抛洒着鲜花欢迎入驻的德国军队。

1936年3月7日，隶属于第5、9、15和16步兵师的30000名德军士兵渡过莱茵河占领了西岸的萨尔非军事区。1938年3月12日，德国第8集团军（第七、第十三军和第2装甲师）的20万人入侵奥地利，将其吞并，在1938年4月划为第十七和第十八军区，并将奥地利陆军吸收改编为第44、45步兵师，第4轻装甲师和第2、3山地师。

德国陆军原本计划动用5个集团军（第2、8、10、12、14）的39个师发动"绿色行动"进攻捷克斯洛伐克，但随着1938年9月慕尼黑协定签署，在1938年10月1—10日间，德军动用与之相邻的5个德国军——第四、第七、第十三、第十七和第十八军，兵不血刃地占领了捷克斯洛伐

7

1939年，德国。位于特博格的炮兵教导团，负责训练炮兵的实习军官。图中士兵穿着 M1935 款作战服，正在操纵 3.7 厘米口径的 Pak35/36 L/45 反坦克炮。可以看到毛瑟 Kar98k 步枪和最低标准的作战装具——M1931 款帆布面包袋和 M1938 款防毒面具罐，但没有 Y 形支撑带。

克的苏台德地区。苏台德地区后来被分别划入第四、第七、第八、第十三和第十七军区。1939 年 3 月 15 日，上述德军占领了波西米亚 - 摩拉维亚的剩余部分，在 1942 年 10 月划为波西米亚 - 摩拉维亚军区。最后，1939 年 3 月 23 日，德国第一军的部分部队吞并了立陶宛西部的默默尔地区并设立了第一军区。

在 1936 年 7 月—1939 年 5 月间的西班牙内战期间，作为德国空军"秃鹰军团"[①]的一部分，德国陆军组建了 600 人的"养蜂人部队"，包括"雄蜂"装甲部队和两个通信连以及反坦克、勤务和修理部队，曾小规模地参加过战斗。

波兰战役和"虚假战争"[②]

1939 年 8 月 26 日，德国国防军开始为入侵波兰的"白色行动"进行秘密的军事调遣，随后在 9 月 3 日进行了全国总动员。9 月 1 日，德军发动进攻，前期已有 800 名德军突击队员和陆军情报部队渗透入波兰地区以占领重要的桥梁。

入侵波兰的德军，总数为 1 512 000 人，隶属于 2 个集团军群，共有 53 个师（37 个步兵师、4 个摩托化师、3 个山地师、3 个轻装甲师、6 个装甲师），从 3 个方向发起进攻。北方集团军群，由菲德尔·冯·博克大将指挥，下辖第 3、第 4 集团军，从德国东北部和东普鲁士发起进攻。南方集团军群，由赫尔德·冯·伦德施泰特大将指挥，下辖第 8、10 和 14

[①] 指西班牙内战期间，德国秘密援助佛朗哥法西斯政权的志愿军团，以德国空军为主体，另有来自陆军、海军的志愿人员。其人员不断替换，在西班牙内战结束时，约有 1.5 万—2 万名德军曾先后在此军团服役。
[②] 德军入侵波兰后，盟国向德国宣战。但英法两国并未做出实质性的武装对抗，仅有零星的海上交锋。因此这一阶段的战争又被称作"虚假战争""静坐战争""模糊战争"等。

集团军，从德国东南部和斯洛伐克北部发起进攻，另有斯洛伐克第1、第2师支援。波兰陆军共有110万人，分为40个步兵师、2个机械化师和11个骑兵旅，但部署位置太靠近德国边境。到9月17日，7个集团军（41个师或相等规模部队）的苏联红军从东线进攻波兰后方时，波兰军队其实已经被德军侧翼包围。受到4条战线的同时进攻，寡不敌众的波兰陆军在9月27日正式投降，并在10月6日全面停火。波兰被占领土由德军进行军事管制——切哈努夫省和苏瓦乌基省在1939年9月被并入第一军区，1941年8月又将比亚韦斯托克省并入；1939年9月，将但泽地区和波兰西北部划为第二十军区，波兰西部划为第二十一军区；1942年9月，将波兰东南部划为"总督"军区。

在8个月的"虚假战争"中，英、法两国军队屯集德国西部边境按兵不动，只是在1939年9月短暂占领了萨尔区，使得德国国防军腾出手来侵略波兰和斯堪的纳维亚半岛，并能够在1940年5月间根据自己的节奏发动西线攻势。

丹麦和挪威

由于担心英法军队会借道挪威和丹麦进攻德国，希特勒决定对这两个军事力量薄弱的中立国家发动先发制人的突袭。这场突袭被称为"威瑟堡行动"，由步兵上将尼古劳斯·冯·法尔肯霍斯特指挥。

1940年4月9日，由第170、198步兵师，第11摩托化步兵旅和第40特设装甲营组成的第三十一特设军，入侵丹麦。毫无作战经验的丹麦陆军，只有2个步兵师6600人，处于无望的战略劣势，在进行了区区4个小时的有限抵抗之后就宣布投降。

1939年，德国。位于哈雷的通信教导营的一名通信兵，该营负责训练炮兵实习军官。他穿着标准的M1935款作战制服，并且为了进行防毒气演习，戴了一具M1938款防毒面具，正在操作M1933款野战电话。他的部队番号出现在他的M1933款无绳边肩章上。

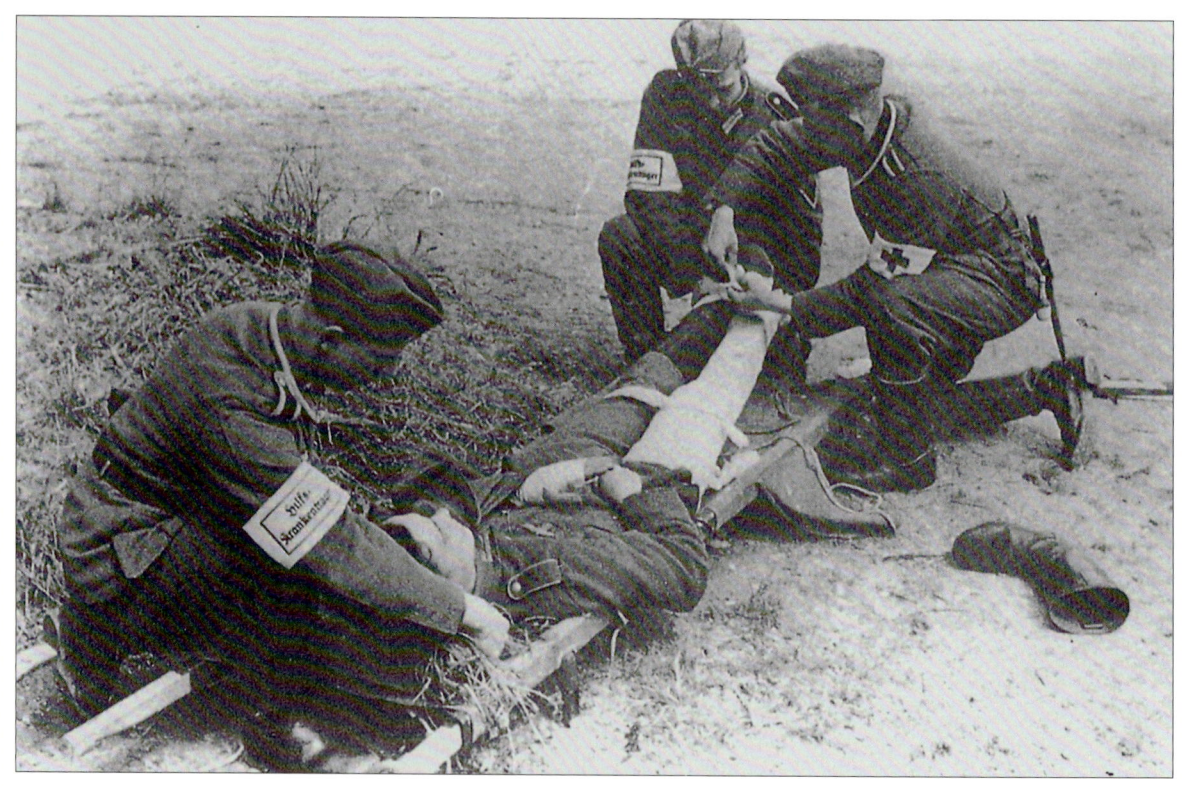

1939年，德国。一名医疗下士穿着M1935款便服，搭配M1935款士兵版作战帽以及医疗兵的红十字袖标，正在指导步兵担架员进行急救训练，担架员佩戴着白底黑色"病患协助员"的袖标。

同一天，下辖第3山地师、第69和163步兵师的第二十一军，在挪威登陆，之后陆续获得第2山地师，第181、196和214步兵师，以及第40特设装甲营提供的增援，共计约10万人。他们要对付的是挪威陆军的6个师（共90000人的挪威陆军中只有25000人被动员），另有约等于2个步兵师的盟军派遣军。1940年9月9日，盟军被迫撤退，挪威投降。

低地国家

为了发动名为"黄色行动"的西线攻势，德国陆军调集了91个师，约275万人，组成了3个集团军群。A集团军群由大将冯·伦德施泰特指挥，下辖第4、12和16集团军，包括冯·克莱斯特装甲集群，穿过比利时向法国进攻。B集团军群由大将冯·博克指挥，下辖第6、18集团军，攻击荷兰和比利时。同时大将威廉·里特尔·冯·莱布指挥的C集团军群，下辖第1、7集团军，在马奇诺防线牵制法国军队。这些德军总共有75个步兵师（包括第22机降师），1个德国空军空降师、4个摩托化师、1个山地师、1个骑兵师和10个装甲师，另有42个师作为预备队。

西线攻势开始于1940年5月10日，之前已有突击队员和间谍活跃在荷兰和比利时。B集团军群的第18集团军，下辖9个师及机降和伞降部队，进攻中立的荷兰，很快就压制了经验不足的荷兰陆军。荷兰陆军共有10个缺乏训练的师，约25万人，出人意料地进行了顽强的抵抗，但在鹿特丹被轰炸后于 5 月 15 日投降。

5 月 10 日，德国第 16 集团军攻陷卢森堡，其 82 人的"志愿连"仅做了象征性的抵抗。同一天，A 集团军群加上 B 集团军群的第 6 集团军，开始进攻中立国家比利时，并在之前空降袭击了埃本埃迈尔要塞。60 万人的比利时陆军，共有 18 个步兵师、2 个山地师和 2 个骑兵师，另有英法军队的支援，最初进行了激烈的抵抗。但当强大的冯·克莱斯特装甲集群从意料之外的阿登山区突然杀出进行侧翼包抄后，比利时守军士气陡降并溃退。5 月 28 日，比利时投降。

法国战役

5 月 16 日，A、B 集团军群开始进攻法国。他们面对的是有 432 万人的法国陆军，由 8 个集团军组成的第 1、第 2 和第 3 集团军群，下辖 38 个步兵师、1 个要塞师、9 个摩托化师、3 个轻型机械化师、4 个轻骑兵师和 3 个装甲师，共计 87 个师，另有 9 个英国师、1 个捷克斯洛伐克师和 4 个波兰步兵师提供援助。

包括冯·克莱斯特装甲集群、第 15 装甲军和装甲兵上将海因茨·古德里安的第 19 装甲军（在 6 月 1 日重组为古德里安装甲集群）在内的 9 个装甲师，另加上"大德意志"摩托化团，冲破色当地区的法国第 1 集团军群的防线，在 5 月 22 日抵达英吉利海峡海岸。由于担心这支几乎包含了德军所有的装甲部队，已经将补给线和支援步兵远远抛在后面易于遭到盟军部队的反击，冯·伦德施泰特在 5 月 23 日下令停止推进，得以让 338226 名英国、法国、比利时军人在 5 月 27 日—6 月 4 日间从敦刻尔克撤退。

6 月 5 日，德国陆军发动"红色行动"攻势，B 集团军群沿着英吉利海峡法国一侧和大西洋沿岸推进，在 6 月 22 日抵达波尔多附近，同时 A 集团军群穿过法国中部，C 集团军群对抗马奇诺防线。6 月 25 日，法国军队签署停战协议。比利时的欧本地区和马尔梅迪地区被并入德国第六军区，卢森堡和洛林地区被并入第十二军区，阿尔萨斯被并入第五军区。法国北部、西部和东部被占领，留下了法国中部和南部的未占领领土，名义上归由贝当元帅领导的法国政权[①]统治。

"闪电战"的结论

这一阶段的"闪电战"，恢复了德军强大的声誉，但也开始暴露出各种弱点。胜利使得希特勒更加确信自己的军事天赋并对职业将官更加嗤之

1939 年 9 月，德国。两名军士穿着便服，配 M1935 款作战大衣，正在吃战场口粮。可以看到中士（右）的刺刀上的士官剑穗，肩章上并没有部队番号，他们手捧的是标配的饭盒。

① 即维希法国政权。

1939年9月,波兰。两名穿着作战服的摩托车通信员,他们穿M1934款涂胶大衣,为了军事保密去掉了肩章,带了M1935款地图盒。他们的M1916款头盔其实已经被废除了,但在大战初期还是经常见到。

以鼻。国防军最高统帅部和陆军总司令部相互之间的猜忌和防备,导致了领导权威的分散,而由于希特勒实际上同时控制着两个部门,情形就更加严重。丹麦和挪威战役是由国防军最高统帅部指挥,波兰和西线战役是陆军总司令部指挥。克莱斯特装甲集群的经典"闪电战"战术被证明非常成功,但在挪威战场上德国步兵的表现就相对逊色很多。最后一点,"闪电战"的快速推进,使得大量敌军免于被围歼,并成为游击队,对德国占领区形成了持续的威胁。

占领军

德国陆军在占领领土上成立了战俘转运营,以收容战俘。之后这些战俘会被分别送往军官战俘营和士兵战俘营,这些战俘营由每个军区运营,由不适合前线战斗的边防部队负责警卫。

占领区由军事政府统治——波兰由总督府控制(1942年9月前);丹麦总督府(1943年8月后);比利时—法国北部总督府。其余法国占领区则由法国军政府统治,荷兰和挪威则由军事政府统治。每个军政府都有团级规模的地区司令部,其下有营级规模的分区司令部,接着有更小规模的都市司令部、城市司令部或郊区司令部。

除此之外,在三处占领区有占领军驻扎。挪威,从1940年12月开始,有"挪威集团军",下辖3—4个军。在荷兰,从1942年6月,有第八十八军。原本驻留在法国占领区的A、B和C集团军群,在1940年10月被下辖第1、7和15集团军的D集团军群替换。

表1：德国陆军着装规范
1939年9月1日—1945年5月9日

着装类型	将官、步兵军官和军乐队军官	技术军士、步兵高级军士、低级军士、士兵	穿着场合
正式典礼制服	大檐帽；礼服上衣加奖章/绲边作战上衣加勋带；饰绳；长裤和鞋；白色手套；佩剑；剑穗	—	汇报、接待、剧院、音乐会
非正式典礼制服	大檐帽；礼服上衣/绲边作战上衣；长裤和鞋；白色手套；佩剑；剑穗	—	汇报、接待、教堂仪式、葬礼、剧院、音乐会
阅兵制服	头盔/大檐帽；礼服上衣；奖章；饰绳；礼服大衣；腰带；马裤和骑兵靴；灰色手套；佩剑；剑穗	头盔；礼服上衣/作战上衣；奖章；神枪手饰绳；腰带；绲边/无绲边长裤；行军鞋；灰色手套（军士）；佩剑；剑穗（技术军士、高级军士）；Y形支撑带，弹药袋，步枪，刺刀，刺刀刀饰（低级士官、士兵）	阅兵、教堂仪式、葬礼
外出制服	大檐帽；礼服上衣/绲边作战上衣；勋带；礼服大衣；长裤和鞋；白色手套；佩剑；剑穗	大檐帽；礼服上衣/作战上衣；勋带；礼服大衣；神枪手饰绳；腰带；绲边/无绲边长裤；行军鞋；灰色手套（军士）；佩剑；剑穗（技术军士、高级军士）；刺刀，刺刀刀饰（低级士官、士兵）	外出、教堂仪式、葬礼
汇报制服	大檐帽；礼服上衣/绲边作战上衣；勋带；马裤和骑兵靴；灰色手套；佩剑；剑穗	大檐帽；作战上衣；勋带；神枪手饰绳；腰带；无绲边长裤；行军鞋；灰色手套（军士）；佩剑；剑穗（技术军士、高级军士）；刺刀，刺刀刀饰（低级士官、士兵）	汇报
勤务制服	大檐帽；作战上衣；勋带；作战大衣；腰带；马裤和骑兵靴；灰色手套；手枪；枪套	大檐帽（技术军士、高级军士）；头盔/作战帽（低级军士、士兵）；作战上衣；勋带；作战大衣；腰带；无绲边长裤；行军鞋；灰色手套（士官）；手枪，枪套（技术军士、高级军士）；Y形支撑带，弹药袋，步枪，刺刀，刺刀刀饰（低级士官、士兵）	演习、视察、教堂仪式、葬礼、军事法庭、阅兵
便服	大檐帽；礼服上衣/作战上衣；勋带；作战大衣；马裤和骑兵靴/长裤和鞋；灰色手套；手枪；枪套	大檐帽/作战帽；作战上衣；勋带；作战大衣；腰带；无绲边长裤；行军鞋；灰色手套（士官）；手枪，枪套（技术军士、高级军士）；Y形支撑带，弹药袋，步枪，刺刀，刺刀刀饰（低级士官、士兵）	演习、视察、打靶、军事教学、军营操练、汇报（军官）
卫戍制服	头盔/作战帽；作战上衣（仪仗队穿着礼服上衣）；勋带；作战大衣；腰带；马裤和骑兵靴；灰色手套；手枪；枪套	头盔/作战帽；作战上衣；神枪手饰绳；勋带；作战大衣；腰带；绲边/无绲边长裤；行军鞋；灰色手套（士官）；手枪，枪套（技术军士、高级军士）；Y形支撑带，弹药袋，步枪，刺刀，刺刀刀饰（低级士官、士兵）	站岗执勤
作战服	头盔/作战帽；作战上衣；勋带；作战大衣；腰带；马裤和骑兵靴；灰色手套；携具（将官不装备）；手枪；枪套	头盔/作战帽；作战上衣；作战大衣；腰带；无绲边长裤；行军鞋；灰色手套（士官）；手枪，枪套（技术军士、高级军士）；Y形支撑带，弹药袋，步枪，刺刀，刺刀刀饰（低级士官、士兵）	演习、战斗
劳务服	—	作战帽；劳务上衣；腰带；劳务长裤、行军鞋	劳务

德国陆军制服

下文中所有列出的新制服、装备和标识启用的时间，都以相关陆军训令为准。但实际上，如同许多其他国家的军队一样，新装备抵达不同部队的时间总有先后差别，特别是前线部队、偏远地区的卫戍部队或补充军更是延迟。另外，个体军人，特别是高级军官，经常会因为感情因素或两者之间的质量差别而选择继续使用旧装备。这些旧装备能够彰显穿戴者的个

1939年9月，波兰。一名担任班长的高级下士（左）穿着作战服指挥他的步兵班进攻。他穿着标准的M1935款作战服，戴M1935款头盔，上面有用来固定伪装网的绷带，携带着最低标准的作战装备——6×30标配望远镜、M1931款帆布面包袋。副班长（右），拿着6×30望远镜，带M1935款地图盒、M1938款防毒面具罐和M1931款伪装帐篷组件，正在观察敌军。

① 即NFSK，是归属于纳粹党的一个准军事化组织，与党卫军相似。1937年建立，1945年被解散。

性并标明他们是富于经验的"老油条"。1942年7月10日，德国军队发布的一条训令宣布，在整个战争持续期中，所有的旧款衣物都可以继续穿着。

德国国防军最显著的符号是胸部的鹰徽——"雄鹰徽章"，被所有军阶佩戴在大部分制服的右胸袋上方，以表明佩戴者有使用武器的权力。其中陆军版"雄鹰徽章"，启用于1934年2月17日，自1934年3月1日起生效，其图案为一只双翼笔直张开的雄鹰，脚踩一个纳粹卐字圆环。大多数其他军事化组织，包括武装党卫军，采用了各种款式的"雄鹰徽章"，但都把它们佩戴在左臂上部，右胸位置依然留给了国防军徽章（以及，非常奇怪地，留给了国家社会航空军团①的徽章）。

1935年4月8日，颁布了新的着装条例，之后新式陆军制服的各种部件开始陆续出现。德国陆军的制服和标识，是在其四届前身的基础上发展和传承而来的——德意志第二帝国时期（1871年1月18日—1918年11月11日）的德国国民军；和平军（1918年11月11日—1919年3月5日）；临时国民武装力量（1919年3月6日—1920年12月31日）；以及最重要的，德意志共和国（1921年1月1日—1935年3月15日）时期的防卫军。

1935年底，主要的制服样式已经确立。主要的制服色是灰绿色，启用于1929年7月2日，并有一个传统但不准确的称呼"战场灰"（最初本来指一种1910年2月23日启用的中度灰色）。制服饰面是一种泛蓝的深绿色"饰面布"，使用起来看上去像是薄毡布，启用于1935年6月29日。

这款材质还经常被用来制作兵种色领章和绲边。魏玛防卫军的制服,采用 M1929 款"战场灰",有更深一些的蓝灰色饰面,本应该在 1937 年就已经被废除不用,但在 1939—1940 年间还偶尔可以见到。

1935 年 4 月的着装条例,为和平时期的军官规定了 10 种着装方式:两种典礼制服、一种阅兵制服,用于正式场合;一款外出制服和汇报制服用于半正式场合;另有勤务、便装和卫戍制服用于训练和兵营勤务;作战制服用于作战;运动服。(详见表 1)士官和士兵有 9 种着装方式,省去了典礼制服但加上在兵营或战场中进行劳作的劳务服。有一些制服针对军官和士兵生产了不同的版本,但其他标准配件则是所有军阶通用。

1939 年 12 月 28 日颁布的新着装条例,适应了战时需要,将原有着装条例中的一些严格的规范放松了少许。制服的种类也更简化。虽然常服可以在大多数正式和半正式场合穿戴,但不可避免地,作战制服成为了前线和后方最常见的制服。除此之外,补充军的部队经常被配发缴获的奥地利、捷克、荷兰、法国甚至英国制服,只是按照德国样式对其进行了重新染色和改造。

军官版礼服

全套礼服包括 M1935 款军官大檐帽,配有勋章、饰绳的礼服上衣,长裤,标准黑色绑带鞋和军官的白色绒面手套,以及马刀。非正式的礼服则省略了饰绳,并且将勋章替换为绶带。

马鞍状的德军军官大檐帽,启用于 1935 年 9 月 10 日,搭配大多数军官制服,帽冠前端高耸,然后斜向其余几面。这一设计后来成为讽刺漫画

1939 年 9 月,波兰。穿着 M1935 款作战服的突击工兵准备推进。左边的工兵在左后臀挎的黑色皮盒里装着短款线钳,另有 M1938 款防毒面具罐、M1931 款伪装帐篷组片、M1931 款帆布面包袋和 M1931 款水壶。他的同伴则携带刺刀和折叠战壕铲。

中德国人的经典造型，但事实上这是一种具有革命性的设计——用高帽墙和低帽冠的做法取代了传统的"碟"式设计。大檐帽上有泛蓝的深绿色饰面帽墙，其上有花环环绕的红（内）-白-黑（外）三色国家铝制帽徽，再上有铝制的 M1935 款"雄鹰"和卐字符帽徽。在帽冠以及帽墙上下两侧，都有 2 毫米厚的兵种色绳边，硫化纤维材质的帽檐漆涂成黑色，无装饰物。另有一根亚光铝制丝线下颌带，用两颗 12 毫米直径的亮光铝制纽扣固定在帽上。将官版大檐帽另有金色金属编织的绳边和金色丝线；从 1938 年 7 月 15 日后，改为黄色人造丝线矢车菊图案，编织下颌带搭配亚光金色纽扣。在个人采购的使用上等面料的大檐帽上，允许在泛蓝深绿色饰面布上安装手工制造的亮光银质或亮光铝制金银帽徽。

"战场灰"经向斜纹布无袋收腰军官版礼服，启用于 1935 年 6 月 29 日，传承了德意志帝国时期陆军的骄傲传统。其采用泛蓝深绿色饰面衣领和袖口，兵种色饰面绳边，亮光铝制衣扣和丝线编织穗带。带绳边前襟有八颗衣扣。标识包括军官版的高品质"雄鹰胸标"、领章、袖口章和肩章。亮光、手工雕刻的铝制"雄鹰胸标"有泛蓝深绿色底面。有绳边的衣领上缀有 M1935 款兵种色饰面领章，上有两根亮光铝制丝线"近卫"穗带，是参考的帝国陆军时代精锐的近卫团的样式得来。相似的，绳边袖口上有两个兵种色袖口章，章上有纽扣和穗带。肩章部分详见表 3。个人购买的上衣通常在腰部收得更窄，并有更高、更硬的衣领。

将官版上衣在泛蓝深绿色饰面底上缀亮金色或金黄色手工雕刻"雄鹰胸标"。衣领或袖口章上有亮金色纹线手工刺绣矢车菊图案的，启用于 1900 年 3 月 22 日的"拉里施"款军衔章。[①] 1939 年后，改为在亮红色饰面章上的深黄色或浅黄色丝线中点缀亚光黄色丝线。

1940 年 3 月 21 日后，德国停止生产礼服上衣，现有的上衣被去掉饰面袖口和尾袋并换装作战服质地的标识后作为作战上衣使用。其后，只有 1937 年 7 月 12 日启用的军官版"绳边作战上衣"作为礼服上衣的替代品可以在需要的场合穿戴。这是一款有兵种色衣领饰面、前襟和袖口绳边的作战上衣，并搭配礼服质地的领章、肩章和"雄鹰胸标"。M1920 款常服上衣（1920 年 12 月 22 日启用）或 M1928 款常服上衣（1928 年 10 月 31 日启用），分别有 8 颗和 6 颗前襟扣，腰部有斜向翻盖插袋，前襟兵种色绳边，经常被私自保留，特别是将官。

标准的石灰色长裤在外侧裤缝处有 2 毫米的兵种色绳边，将官版则在

1939 年 10 月，波兰。一名步兵穿着 M1935 款作战服，肩章反戴以隐藏部队番号，正在搜查一名波兰战俘。可以看清他的突击装备——环扣在战壕铲上的刺刀，另有 M1931 款伪装帐篷组片、M1931 款饭盒固定在腰带上。

① 拉里施军衔章是德国军服传统样式，最早由 18 世纪的第 26 "拉里施"步兵团佩戴，因此得名。有时又称作"阿拉伯式藤蔓花纹"章。

1939年9月18日，波兰。穿着M1935款作战制服的德国军官在就如何瓜分波兰的谈判间歇期间与苏联红军军官（中间，穿大衣者，带着地图盒）一起休息。可以看到德国卫兵，穿着M1935款制服和作战大衣。

绲边两侧还各有4厘米的兵种色条纹。亮光铝制丝线饰绳启用于1935年6月29日（将官版为金制丝线）。

军官版正式和半正式制服

德军阅兵制服包括标准的M1935款钢盔或军官版大檐帽；带饰绳的军官礼服上衣，M1937款军官礼服腰带；马裤搭配有马刺的黑色皮质骑兵靴，灰色手套和佩剑。有时还穿军官版M1935款礼服大衣。

标准的M1935款钢盔启用于1935年6月25日，是在M1916和M1918款头盔的基础上发展而来，保留了明显的侧耳吊造型。根据1934年2月17日的条例，采用亚光"战场灰"涂装，在右侧有一个黑－白－红斜向条纹铝制国家盾徽，在左侧则有黑色涂装的盾徽，其上是银白色的国防军"鹰标"。军官也可以在阅兵中戴轻量的铝制硫化纤维头盔。

军官版礼服腰带，启用于1937年7月9日，用亮光铝制织带搭配两根5厘米宽泛蓝深绿色条纹。圆形带扣为亮光铝制（将官版为金制平板扣或电镀金带扣），上面刻印有花环和收起翅膀的国防军"雄鹰徽章"。石灰色的军官版马裤上没有装饰，而将官版马裤则保留了绲边和宽条纹。

质量上乘的军官版战场灰礼服大衣，启用于1935年9月10日，有泛蓝深绿色饰面衣领，以及两排六颗亚光"战场灰"衣扣，另有一根带两颗扣子的后部半腰带，礼服质地的肩章和后部缝合衣缝。将官版有亚光金色衣扣，最上面两颗衣扣解开，露出亮红色的翻领里衬饰面。从1937年5月14日之后，所有佩戴衣领装饰标识的军官也被允许将这两颗衣扣解开。将官还另有一种无装饰翻领里衬的皮质大衣。

外出制服包括军官版大檐帽、标准礼服上衣或配绶带的军官版绲边作

1939年10月4日，德国。德军总参谋长、炮兵上将哈尔德（左）和陆军总司令冯·布劳希奇大将（右）合影。两人正在讨论波兰战役的战略问题，两人都穿着M1935款便服。哈尔德穿着改进版的M1929款常服上衣，佩戴着显眼的"一战"和国防军长期服役勋略章。布劳希奇穿着M1935款作战上衣，只佩戴了纳粹党徽和1939年一级铁十字奖章。

战上衣，有时还有礼服大衣、长裤、绑带鞋、白色手套和佩剑。汇报制服增加了M1934款腰带、马裤和骑兵靴以及灰色手套。深棕色的军官皮带和交叉支撑带，启用于1934年5月18日，有亚光铝制矩形爪扣，将官版为亚光镀金。1939年11月20日，交叉支撑带被废除。

军官版训练和营务制服

勤务制服包括军官版大檐帽、配勋表的M1933款作战上衣，M1935款作战大衣、皮带、马裤和骑兵靴、灰色绒面手套、标准手枪和枪套。

军官版作战上衣启用于1933年5月5日，替换了原有的M1920款防卫军常服上衣。采用了优质"战场灰"布料制作，有5颗亚光灰色前襟扣、4个明贴胸带、上翻袖口和"战场灰"布质衣领。后者在1934年7月26日被替换为灰绿色饰面衣领，1936年3月被替换为泛蓝深绿色饰面衣领。所有的标识都是作战制服质地："雄鹰胸标"为亚光铝制，缀在泛蓝深绿色饰面底布上；泛蓝深绿色饰面领章有两根亚光铝制"近卫"穗带，每个搭配一根兵种色丝绣中央饰纹。肩章部分详见表3。许多将官保留着采用作战制服质地标识的M1920、M1928款常服上衣，两者都没有前襟绲边。

军官版作战大衣与礼服大衣类似，但采用了作战制服质地的肩章，并且后部衣缝没有缝合。

1940年1月。一名上士穿着M1935款作战上衣，戴M1935款钢盔，上有M1934款国防军"鹰标"。M1938款领章和过时的M1935款作战肩章上没有兵种标识，并且因为军事保密原因去掉了白色金属部队番号标识。可以看到肩章扣上有军士和士兵的连级番号（1营1连），在1939年9月后改为普通装饰扣。

在便装穿着时，军官们不用佩戴腰带，并可以穿标准的绲边长裤和绑带鞋。在"卫戍"穿着时，他们戴钢盔、M1934或M1938款作战帽，穿作战上衣；或当指挥仪仗队时，穿礼服上衣，作战大衣，棕色皮带，马裤和马靴，戴灰色绒面手套，配手枪和枪套。

M1934款军官版"老式"作战帽，启用于1934年3月24日，在1935年9月10日被替换为加上了泛蓝深绿色帽墙的M1935款大檐帽，除去了金属帽冠加固件、颏带和纽扣。帽檐是用软质黑色皮革制成，从1935年10月30日起，又在泛蓝深绿色底面上加缀了亮光铝制的"鹰标"、国家标识和"花环"。

无檐有折叠帽边的M1938款军官版"新式"作战帽，启用于1938年12月6日，采用战场灰色布料，用3毫米的铝制丝线在帽冠和帽边前沿绲边。窄铝制丝线绣成的国家标识放置尖头朝上的兵种色Ⅴ形纹中，其上的泛蓝灰深绿色底面缀有机器刺绣或手工刺绣的亮光铝制丝线"鹰标"。从1939年10月24日起，将官版作战帽为金色丝线帽冠和帽边绲边，Ⅴ形纹也是金色手工丝线刺绣。

军官版作战制服

在战场上，除了排长外的所有德国陆军军官都佩戴标准钢盔，穿军官版作战上衣，有时穿作战大衣，配棕色皮带、马裤和马靴，以及灰色绒面手套。个人作战装备通常是套在光滑皮质枪套里的鲁格P08手枪或瓦尔特P-38手枪——将官和校官最喜欢小一些的瓦尔特7.65毫米PPK手枪——

1940年，陆军巡逻部门的军士穿着M1935款常服，另有士兵版M1935款作战大衣和M1935款作战帽，正在德军占领的一处城镇集合列队。他们的右肩上佩着过时的M1920款副官饰绳，表明了他们的军官身份。

1940年4月，德国。新成立的战地通讯连的一名列兵，穿着M1935款便服，戴M1935款作战帽，正在莱茵河上游玩。他的肩章和帽子上有柠檬黄的通信兵兵种色，还有新启用的"宣传连"袖口标识。

以及6×30黑色双筒望远镜，装在光滑的黑色或栗色皮盒或人造橡胶盒里，置于右腰前方。在远离战场时，可以佩戴M1934或M1938款作战帽以取代钢盔。

在战场上，德军经常用涂抹泥巴或是缠绕细铁丝网或是使用M1931款"面包袋"的捆索并插上树叶的方式来伪装头盔。1940年3月20日后，显眼的国家盾徽从头盔上被移除，头盔表面也故意做得粗糙，并将涂装色从亚光战场灰替换为亚光鼠灰色。

从1939年10月31日后，将官以下的所有战斗部队军官按照条例应当穿着M1935款士兵版作战上衣、长裤和行军鞋，搭配黑色皮带和军官的作战服质地肩章。但是，许多军官依然穿着他们之前的制服或将士兵版改造上衣，加上军官的后翻袖口、领章和更尖、更高的军官版衣领。

作为步兵排排长的尉官穿戴标准的步兵作战携具，另在左腰上有棕色或黑色皮革M1935款地图盒、双筒望远镜、指南针和军哨。步兵的作战携具包括标准的有铝制配件的滑面或木纹黑色皮革M1939款步兵Y形支撑带，支撑两个装步枪子弹的黑色皮质弹药袋。刺刀装在黑色刀鞘里，上有黑色皮革骑兵刺刀扣饰（启用于1939年1月25日），再加上掘壕工具，一起佩戴在臀部左后方。臀部右后方上，是M1931款"战场灰"帆布"面包

1940年5月，一名比利时前线上的装甲部队中校。他穿着M1935款黑色坦克手制服，戴M1940款军官版作战帽，在上衣扣眼处佩戴了1914年二级铁十字勋带和1939年纪念杠。他正在与一名同僚交流，后者戴着M1935款军官版大檐帽，有装甲兵的粉色兵种色绳边。

袋"以及M1931款有棕色毡布罩的水壶和铝制黑色涂装水杯。网兜装着的M1931款餐具和M1931款伪装帐篷组件在背后上部，下部则是M1930或M1938款防毒面具，装在很显眼的战场灰涂装圆柱形瓦楞金属罐中。深绿-棕色的防毒披肩用一根薄棕色皮带挂在胸前，另有一个作战手电筒，通常一并从左肩挂下。1939年9月时，大多数军官配发了MP38冲锋枪，因此用两个橄榄绿色帆布M1938款弹匣袋替换了黑色皮质弹药袋。

非军官版阅兵服

其他军阶的阅兵服包括标准M1935款钢盔、非军官版M1935款礼服上衣或配勋章的M1933款作战上衣，以及非军官版M1935款礼服大衣；标准M1935款绳边或无绳边长裤，搭配行军鞋；M1936款神射手饰绳，M1935款腰带，刺刀和刺刀扣饰。所有士官佩戴灰色绒面手套。技术士官和高级士官携带佩剑，初级士官和士兵佩戴标准M1939款Y形支撑带，M1908款弹药袋并携带步枪。

非军官版礼服上衣，启用于1935年6月29日，与军官版同样采用了亮光铝制衣扣，但使用的是一般（而非上乘）"战场灰"布料，搭配非军官版礼服标识。衣领上有M1935款兵种色饰面，有两根亮光铝制丝线的近卫穗带的领章。袖口有两块兵种色布质袖口章，其上有亮光铝制装饰扣和亮光铝制编织穗带。亚光银灰色机器刺绣"雄鹰胸标"缀于泛蓝深绿色布质地面上。泛蓝深绿色饰面布质肩章，底端为圆形，在外缘有兵种色绳边。肩章和臂章标识详见表3。士官在立领的上缘和袖口后缘上部有1.5厘米宽

1940年6月，法国。一支轻型防空炮部队的成员正在警戒盟军飞机。炮手穿着典型的、脏兮兮的 M1933 款劳务制服，以免弄脏自己的作战服。

的亮光铝制"双钻"图案纱线编织穗带，启用于 1935 年 9 月 10 日。私人采购的上衣可使用军官版的经向斜纹布面料，并有更高的衣领和更窄的腰身。

非军官版作战上衣，启用于 1933 年 5 月 5 日，采用"战场灰"布料，有亚光灰色装饰前襟扣。1935 年 9 月 10 日后，将衣领从"战场灰"饰面色替换为泛蓝深绿色饰面色。其与军官版作战上衣相仿，但衣摆更长，袖口没有后翻设计。搭配的标识是战场服质地的非军官版标识。

泛蓝深绿色饰面 M1935 款领章，启用于 1935 年 9 月 10 日，为两根"战场灰""近卫穗带"条，并有兵种色饰面中央条纹。1938 年 11 月 26 日后，被替换为"标准穗带"肩章，搭配泛蓝深绿色饰面条纹，因此领章就不再具有兵种识别的功能。1935 年 10 月 30 日后，为"战场灰"底色上的白色棉线刺绣"雄鹰胸标"；1937 年 6 月 19 日后为泛蓝深绿色底色。1939 年 2 月 5 日后，刺绣改为银灰色；1940 年 6 月 4 日后，改为"战场灰"底色上的鼠灰色刺绣。士官在作战上衣衣领的前部和下部边缘，佩戴 1935 年 12 月 10 日后启用的 9 毫米宽亮光铝制"单钻"图案丝线穗带，或是银灰色人造丝线穗带。

M1933 款"战场灰"布质无兵种色绲边布质肩章，在 1934 年 12 月 10 日替换为"战场灰"饰面布肩章，在 1935 年 12 月 10 日替换为泛蓝深绿色饰面肩章。在 1938 年 11 月 26 日，又都替换为圆底泛蓝深绿色饰面肩章，在外缘有兵种色绲边，佩戴在作战大衣上。1939 年 3 月 18 日以后，不再生产旧款肩章。更多肩章和袖标情况，详见表 3。

1940 年 4 月 25 日，启用了鼠灰色人造丝线或纤维呢质士官领章和肩章；1940 年 5 月，蓝绿色饰面领章和肩章被替换为"战场灰"制服面料，但这些改变在占领法国之前并没有真正实施。

非军官礼服大衣，启用于 1935 年 9 月 10 日，与军官版设计相同，但布料质量稍差。肩章为泛蓝深绿色饰面布，外缘有兵种色绲边。泛蓝深绿色领章则没有绲边。

搭配礼服上衣的石灰色长裤有 2 毫米的兵种色绲边。搭配作战上衣的长裤则没有绲边，1940 年 5 月，长裤颜色换为"战场灰"。传统的黑色皮质钉头行军鞋，绰号叫"骰盅"——从后跟到脚踝有 35—39 厘米高。在 1939 年 11 月 9 日后，高度被缩减到 32—34 厘米，以节省原料。

M1936 款神枪手饰绳，启用于 1936 年 6 月 29 日，授予连长，表彰总共 12 级的射击水平。1 级饰绳包括一根亚光铝制成辫饰绳，及一个铝制国防军雄鹰盾徽，1939 年替换为花环环绕的盾徽上有交叉双剑和雄鹰图案，从右肩章带吊下，钩在上衣第二颗前襟扣处。2—4 级饰绳则在下部底端增加 1—3 颗铝制橡子附片。5—8 级饰绳将盾徽上的图案替换为花环更大的 M1939 款徽章，9—12 级饰绳采用同样的徽章，但镀金装饰。1936 年 12 月 16 日之后，炮兵炮手佩戴的饰绳上，采用炮弹形状附片替代了橡子附片。

非军官版黑色皮带有矩形的礼服质地亮光铝制装饰扣，上有花环及国防军雄鹰图案，并有"上帝与我们同在"的箴言，启用于 1936 年 1 月 24 日。84—98 款常服刺刀，启用于 1898 年，装在蓝色钢制刀鞘里，用一个黑色皮质刺刀扣饰挂在腰带上。标准的弹药袋是用滑面或带纹路黑色皮革制成，上有亚光灰色铝制配件。

非军官版正式和半正式制服

非军官版外出制服与阅兵制服类似，但用 M1935 款大檐帽替换了钢盔，标准黑色绑带鞋替换了行军靴，勋略章替换了勋章。省去了配件、Y 形支撑带、弹药袋和步枪。

非军官版大檐帽，采用战场灰经向斜纹布，启用于 1935 年 9 月 10 日，采用了传统的"碟"形设计，但有的个人采购的版本经常借鉴军官版的"鞍"状帽冠。除了采用有两个金属扣的 1.5 厘米宽的皮质或硫化纤维下颏带，搭配两颗 12 毫米直径黑色涂漆滑面纽扣外，其余设计与军官版别无二致。

汇报制服包括大檐帽、配勋略章盒作战服质地标识的作战上衣、无装饰物长裤和行军鞋、非作战大衣和有刺刀与刺刀配件的黑色皮带，以及佩戴神枪手饰绳。

1940 年 5 月，法国。一名担任炮组军士长（代理炮兵附属官）的炮兵中士，穿着 M1935 款常服，戴 M1935 款士兵版作战帽。可以看到袖口的双穗带环环，表明了他的附属官任职，但他没有按照惯例将一个汇报册塞在上衣前襟里。他佩戴着 1939 年二级铁十字勋带和铜质的冲锋队防卫奖章。

1940年5月，根特。埃伯哈特·罗特少校（左）和芬斯特上尉（右）在一处谷物市场里。穿着M1935款军官版作战服，正在一辆流浪者4×2"二战"参谋车里协商事宜。芬斯特戴着M1938款军官版作战帽，配加有1939年纪念杠的1914年二级铁十字扣眼勋带，以及1939年一级铁十字奖章。

非军官版训练和营务制服

技术士官和高级士官的常服包括大檐帽、配勋略章的作战上衣、M1935款作战大衣、长裤和行军鞋、配手枪和枪套的黑色皮带，以及灰色绒面手套。初级士官戴钢盔或M1935款士兵版作战帽而非大檐帽，另有Y形支撑带、弹药袋和刺刀，而非手枪和枪套。初级士官也佩戴灰色绒面手套。

非军官版作战大衣，启用于1935年9月10日，与军官版作战大衣类似，但质量较差，并且表示是非军官版作战服质地。

M1935款士兵版作战帽，启用于1935年9月10日，与后来的M1938款军官版作战帽类似，是从1934年3月24日启用的M1934款作战帽上发展而来。采用"战场灰"布料，并有"战场灰"帽边；1935年10月30日后，有"战场灰"底色上缀的刺绣"鹰标"和卍字符以及国家标识；1937年6月19日后，底色改为泛蓝深绿色。1939年2月5日，刺绣改为银灰色；1940年6月4日，改为"战场灰"底色的鼠灰色刺绣。国家徽章置于4毫米尖头朝上的呢质兵种色V形纹中。

便服穿着时，士官和士兵佩戴大檐帽、带勋略章的作战上衣、无绳边长裤和行军鞋、有时穿作战大衣和配带刺刀的黑色皮带。士官戴黑色绒面手套、技术士官和高级士官佩戴手枪和枪套。

卫戍制服包括头盔或作战帽，带勋略章的作战上衣、无绳边长裤和行军鞋（仪仗列队时穿礼服上衣搭配绲边长裤），有时穿作战大衣，搭配黑色皮带、刺刀和神枪手饰绳。技术士官和高级士官有配件或手枪及枪套，初级士官和士兵佩戴Y形支撑带和弹药袋。所有士官都戴灰色绒面手套。

典礼制服

1：1939年7月，德国，伯布林根，全套典礼制服，第8装甲团，中校
2：1939年7月，德国，加尔米施—帕滕兴基，阅兵制服，第79山地炮兵团，炮兵附属官
3：1939年7月，德国，希施贝格，外出制服，第83步兵团，第三（猎兵）营，旗手侍从一等兵

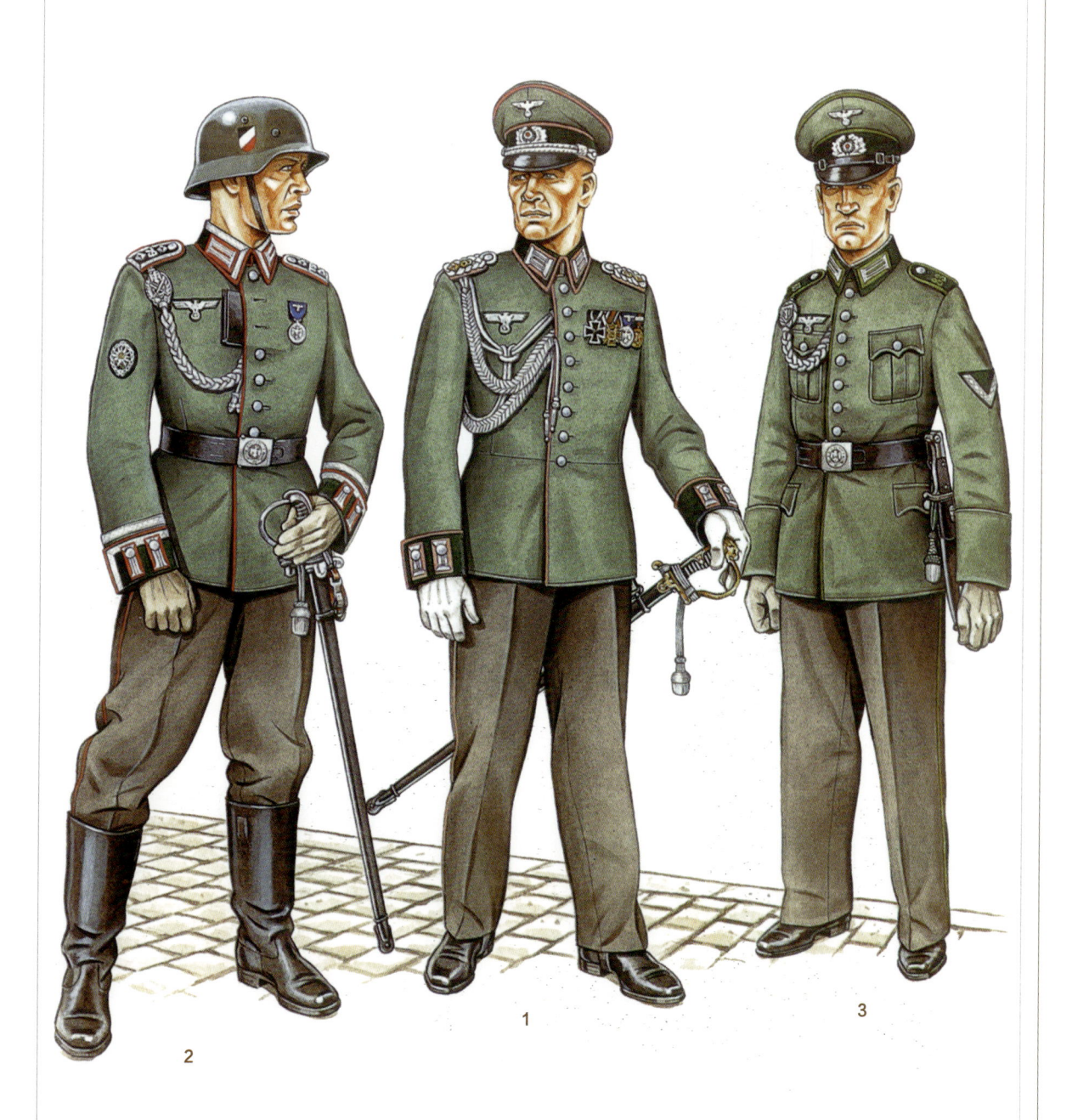

A

波兰战役

1：1939年9月，波兰，卢布林，作战服，第14步兵师，中将
2：1939年9月，波兰，卢布林，作战服，第14步兵师，参谋上尉
3：1939年9月，波兰，罗赞，第2骑士团，参谋一等兵

B

"闪电战"时期步枪班

1：1939年9月，波兰，海乌姆，作战服，第96步兵团，下士
2：1939年9月，波兰，海乌姆，作战服，第96步兵团，上等兵
3：1939年9月，波兰，海乌姆，作战服，第96步兵团，步枪列兵

C

丹麦和挪威

1：1940年4月，丹麦，哥本哈根，作战服，第198步兵师，师级参谋部，高级下士
2：1940年4月，挪威，克里斯蒂安桑，作战服，医疗连，医疗上等兵
3：1940年5月，挪威，纳尔维克，作战服，第138山地猎兵团，中尉

D

荷兰和比利时
1：1940 年 5 月，荷兰，布雷达，作战服，侦察营，少尉
2：1940 年 5 月，比利时，那慕尔，作战服，第 49 步兵团，上级步枪兵
3：1940 年 5 月，比利时，默兹河，第 30 工兵营，一等兵

法国战役（1）

1：1940 年 5 月，法国，康布雷，作战服，第 25 装甲团，少校
2：1940 年 5 月，法国，埃纳，作战服，第 5 装甲侦察营，装甲步枪列兵
3：1940 年 5 月，法国，斯通尼，作战服，大德意志（摩托化）步兵团，上尉

法国战役（2）
1：1940年6月，法国，贝桑松，作战服，第37装甲工兵营，工兵上士
2：1940年6月，比利时，德帕内，作战服，第154步兵团，步枪列兵
3：1940年6月，法国，亚眠，劳务服，第66（摩托化）步兵团，下士

占领军

1：1940年7月，法国，阿拉斯，作战服，交通指挥营，下士
2：1940年9月，法国，肖蒙，常服，第215步兵师，少将
3：1940年9月，比利时，布鲁塞尔，卫戍制服，第672战区司令部，上等兵

非军官版作战和训练制服

作战制服包括头盔或作战帽、带勋略章的作战上衣、作战大衣、无绳边长裤和行军鞋。所有士官戴灰色绒面手套。

技术士官和高级士官携带手枪和枪套，排长级士官携带步枪手作战装备，另加上地图盒。如果装备的是冲锋枪，则另有两个橄榄绿色的 M1938 款弹匣袋。其他步兵士官和士兵携带标准的步枪手作战装备。

德国陆军中 10 个人的步枪班由一名士官担任班长，一名一等兵担任副官，另有 1 个三名机枪手的轻机枪小组和 5 名步枪兵。班长穿戴排长装备，但在 1941 年前并未普遍配发冲锋枪。操纵 1936 年启用的 LMG34 款轻机枪的第一射手，在腰部左前方携带手枪和枪套而非弹药袋，腰部右前方有黑色皮质的备用弹药袋。第二射手，携带标准的步枪手装备，但同样用手枪和枪套替代了一个弹药袋；另携带 50 发的弹鼓和 300 发的弹药盒，以及一个钢制的枪管套，里面有一到二根备用枪管。班级副官、标准步枪手和机枪的第三射手都是标准的步枪手装备。第三射手另有两个机枪弹药盒。

白色劳务服通常是士兵穿着，只有极少数士官会穿。包括 M1934 款作战帽、M1933 款劳务上衣，启用于 1933 年 4 月 1 日的训练裤、黑色腰带和行军鞋。上衣用灰白色人字斜纹棉布制成，有两个明贴侧袋和 5 颗亚光灰色装饰扣。1940 年 2 月 12 日，灰白色被替换为更实用的中绿色。

坦克手制服

M1934 款黑色制服基本上是德军装甲兵的标配，但最开始只有坦克手有权穿着。后来，装甲师中的其他兵种也陆续开始被授权穿着这种著名的制服——1937 年 4 月 2 日起，通信营；1938 年中期，炮兵团；1940 年

1940 年 5 月，比利时。穿着 M1935 款作战服的军官正在利赫特菲尔德召开临时会议。可以看到三名军官戴着 M1934 款作战帽，而少校（左起第 2 人）穿着皮质大衣。上尉（右起第 2 人）在和一名少校(右起第 1 人)握手前正在敬礼。

3月，装甲侦察营；1940年5月10日，装甲工兵营。但是，除此之外，还有很多非授权人员，例如将官、参谋军官以及如军医、军需官和连级军士长等也采用了这种制服。其颜色、显眼的双排扣上衣和"骷髅领章"，都是继承德意志帝国时期的骑兵部队的传统。

这套启用于1934年11月12日的黑色制服，可以在除典礼外的所有场合穿着。包括后来被替换为M1940款作战帽的M1934款垫料贝雷帽；深灰色经向斜纹布套头衫和领带；M1934款作战上衣；M1934款作战裤和绑带鞋。

垫料贝雷帽是用厚毡布或红色泡沫橡胶，覆以黑色呢布制成。1935年10月30日后，军官在贝雷帽前方佩戴亮光铝制丝线的"雄鹰"和卍字徽章，非军官徽章则是亚光银灰色机器刺绣棉质螺纹，其下有白色棉质螺纹，后来改为亚光银灰色机器刺绣螺纹、花环和国家标识，均为黑色底。对于装甲车辆乘员而言，贝雷帽毕竟过于累赘，因此在1940年3月27日后，被替换为M1940款军官版作战帽和M1940款士兵版作战帽。这里的两款帽子与M1938和M1934款战场灰作战帽相似，但采用了黑色布料，在黑色底面上有"鹰标"和国家标识。许多军官和军士也喜欢佩戴"战场灰"的军官版M1935款大檐帽、M1934款带檐作战帽或M1938款作战帽，或者士兵版M1935款大檐帽或M1934款作战帽。

黑色呢质双排扣及臀装甲部队作战上衣，宽领设计，有2毫米兵种色饰面绲边，大翻领。暗襟用4颗黑色大角质或塑料扣扣合，其上有3颗小的装饰扣。军官佩戴亚光铝制螺纹"雄鹰胸标"，士兵则为黑色布面底上的亚光银灰色机器刺绣棉质螺纹"雄鹰胸标"。所有军阶都佩戴作战服质地的肩章和衣袖军衔标识，但军士和士兵的军衔章底色为黑色而非泛蓝深

1940年5月，法国。一辆德国宪兵交通管理营的挎斗摩托车正在指挥卡车交通。两名骑手都穿着M1934款涂胶大衣，携带着最低标准的装备。驾驶员在肩上斜挂着毛瑟Kar98k步枪，在胸前挂着M1938款防毒面具罐。另一人拿着一个指挥棒。可以看到车身侧面有师级番号。

绿色。军士不佩戴亮光铝制饰绳。无装饰的M1934款黑色长裤采取灯笼裤式的穿着方式，在脚踝处用纽扣绑紧扣合。

当作为阅兵服穿戴时，军官上衣配勋带饰绳和M1935款织锦腰带，非军官配神枪手饰绳和黑色腰带。1938年10月17日，装甲部队启用了一种新的神枪手饰绳。1—4级饰绳上有一个圆环，其中是亚光铝制"鹰标"和坦克图案；5—8级饰绳将圆环替换为橡树叶花环图案；9—12级饰绳则采用金色，并且从1938年12月9日起，将炮弹附片替换为橡子附片。在战场上，所有军阶佩戴皮带以及手枪和枪套。

其他兵种特殊制服

总参谋部军官的礼服上衣佩戴亮光铝制领章和袖口穗带，在作战制服上佩戴传统的"科尔本"样式的亚光铝制螺纹领章。同时，最高统帅部和陆军总司令部的军官在礼服上衣上佩戴同样样式的亮光金色螺纹领章，在作战上衣上佩戴亚光金色螺纹领章。这些军官还穿有深红色饰面色绳边和编织穗带的将官版长裤。

1940年5月，一名通讯员骑手走在被德军占领的佛兰德斯一处街道上。他穿着M1934款涂胶大衣，带着M1935款地图盒，将M1938款防毒面具罐挂在胸前，以免妨碍坐在他摩托车后座上的人。

山地部队并不佩戴作战帽，而是采用了一种德国和奥匈帝国在第一次世界大战期间采用的带檐山地帽——山地部队主要从奥地利征召。其标准版本启用于1930年，采用"战场灰"布料，有用两颗12毫米直径亚光灰色纽扣固定的帽边附片，将官版为亚光金色纽扣。"鹰标"和国家标识与M1938款军官版及M1934款士兵版作战帽相同，但在1942年10月3日后，军官版山地帽上才采用了铝制和金色帽冠及帽边绲边。

山地部队还穿M1935款石灰色（从1939年后改为"战场灰"）滑雪长裤，搭配"战场灰"裹腿，以及浅黄色、棕色或黑色镶钉皮革登山及踝靴。有时他们会穿着泛绿卡其色双排扣密织平纹布防风衣，该款防风衣可能启用于1925年，唯一的标识是肩章。另有M1938款带兜帽式两面穿"战场灰"防水布料滑雪服。登山携具中包括M1931款泛绿卡其色帆布背包。

德国陆军情报部门的突击部队，根据需要穿德国或外国制服。在"闪电战"期间，有些突击队穿着波兰、比利时和荷兰军队的制服。1939年11月13日后，4个陆军惩罚营的人员穿着标准德国陆军制服，但没有任何装饰物、国家标识、军衔标识和兵种标识，而且很有可能皮带扣也是没有任何装饰物的平板带扣。

35

表2：德国陆军军阶
1939年9月1日—1945年5月9日

军阶	军衔（参谋部和步兵）	指挥职务（步兵）	军衔变称（其他军种）	英国陆军对应军衔
军官				
帝国元帅	—	—	大德意志帝国元帅	—
将官	陆军元帅	集团军群	—	陆军元帅
将官	陆军大将	集团军、集团军群	—	陆军上将
将官	步兵、山地兵上将	军、集团军	骑兵/装甲兵/炮兵/工兵/通信兵上将 上级医师参谋将军、上级兽医参谋将军、上级军法参谋将军、上级行政参谋将军	陆军中将
将官	陆军中将	师、军	医师参谋将军、兽医参谋将军、军法参谋将军、行政参谋将军	陆军少将
将官	陆军少将	旅、师	军需/工兵 少将 医师将军、兽医将军、军法将军、行政将军	陆军准将
校官	上校	团	参谋/军需/工兵 上校 最高医师、最高兽医、最高军法、最高行政	陆军上校
校官	中校	营、团	参谋/军需/工兵 中校 上级战地医师、上级战地兽医、上级战地军法、上级战地行政	陆军中校
校官	少校	营	参谋/军需/工兵 少校 上级参谋医师、上级参谋兽医、上级参谋军法、上级参谋行政	陆军少校
上尉	上尉	连、营	参谋/军需/工兵上尉 骑兵领队 参谋医师、参谋兽医、参谋军法、参谋行政	陆军上尉
其他尉官	中尉	排、连	军需/工兵 中尉 上级医师、上级兽医、上级军薪行政	陆军中尉
其他尉官	少尉	排	军需/工兵 少尉 助理医师、兽医、军薪行政	陆军少尉
军乐团军官				
军乐总监	—	军乐督察	上级军乐监督	陆军上校，军乐指挥
军乐总监	—	军乐督察	军乐监督	少将，军乐指挥
高级军乐指挥	参谋军乐队长	团级指挥	—	军乐上尉
低级军乐指挥	上级军乐队长	团级指挥		军乐中尉
低级军乐指挥	军乐队长	团级指挥		军乐少尉
军士				
技术军士	—	教导员	上级兽医教导员、上级要塞工程教导员	一级准尉（参谋军士长）
技术军士	—	教导员	兽医教导员、要塞工程教导员	二级准尉（参谋军士长）
高级军士	军士长（12年以上服役）	排、连级军士长	侦察军士长、卫生军士长	二级准尉
高级军士	附属官	连级军士长	侦察附属官、卫生附属官	二级准尉
高级军士	上士	排、连级军士长	侦察上士、卫生上士	连级军士长

续表

军阶	军衔（参谋部和步兵）	指挥职务（步兵）	军衔变称（其他军种）	英国陆军对应军衔
高级军士	中士	排	侦察中士、卫生中士	中士
低级军士	高级下士	班（6年以上服役）	高级侦察下士、高级卫生下士	代理中士
	下士、上级猎兵	班	卫生下士	下士
士兵					
士兵	参谋一等兵（新）	班成员（5年以上服役）	卫生参谋一等兵（新）	代理下士
	6年以上上等兵	班成员（6年以上服役期）	6年以上卫生上等兵	代理下士
	6年以下上等兵	班成员（2年以上服役期）	6年以下卫生上等兵	代理下士
	一等兵	班成员（6个月以上服役期）	卫生一等兵	代理下士
	上级骑兵 上级步枪兵 上级掷弹兵 上级燧发枪兵	班成员（1年以上服役期）	上级骑兵、上级装甲步枪兵、上级装甲掷弹兵、上级装甲燧发枪兵、上级装甲列车步枪兵、上级炮兵、上级工兵、上级通信兵、上级无线电兵、上级驾驶员、上级驭手、上级卫生兵、上级战地宪兵	列兵
	列兵 步枪兵 掷弹兵 燧发枪兵 猎兵	班成员	骑兵、装甲步枪兵、装甲掷弹兵、装甲燧发枪兵、装甲列车步枪兵、炮兵、工兵、通信兵、无线电兵、驾驶员、驭手、卫生兵、战地宪兵	—

注：
1. 国防军军衔，存续于1940年7月19日—1945年5月9日，赫尔曼·戈林是唯一持有者，是德国军队的最高军衔。
2. 在1935年设立了代理陆军元帅军衔，是陆军最高军衔（4星），但从未真正颁发过。
3. 军乐队军官的军衔介于军官和军士之间。
4. 是一个职务任免而非军衔，通常委任上士，但也会委任军士长。如果有中士、高级下士或下士出任这一职务，则称为代理附属官。
5. 参谋一等兵，启用于1928年1月6日，在1934年10月1日后没有再晋升，1942年4月25日启用了参谋一等兵（新）军衔，有格外的薪金补贴。
6. 在陆军总司令部任职。

  骑兵部队所有军阶的骑兵以及其他兵种都穿着有灰色皮质加固补丁的"战场灰"骑兵马裤。1934年11月12日后，摩托车侦察营中的摩托车骑手和其他人员配发了"战场灰"特殊衣物，包括摩托车手防护大衣、呢质圆翻领毛衣和呢质长筒袜，以及防水棉布手套。另有"战场灰"厚人字斜纹布M1934款大衣，双面涂胶，并有宽大的"战场灰"布面衣领，1935年6月22日后采用"战场灰"饰面，1935年11月后改为泛蓝深绿色饰面，最终在1940年5月改回了"战场灰"饰面，其上的标识为肩章。

37

表3：德国陆军军衔标识
1939年9月1日—1945年5月9日

1. 陆军元帅（陆军元帅）（1939.9.1—1941.4.2）	2. 陆军大将（陆军上将）	3. 步兵上将，等（陆军中将）	4. 陆军中将（陆军少将）	5. 陆军少将（陆军准将）	6. 上校（上校）
7. 上级战地军法（中校）军法部门	8. 少校（少校）"德意志领导者"步兵团	9. 参谋行政（上尉）行政管理部门	10. 上级兽医（中尉）兽医部门	11. 上级军乐队长（中尉）军乐队	12. 少尉（少尉）陆军防空炮兵
13. 军士长（二级准尉，军士长）第21工兵营	14. 附属官（二级准尉，连级军士长）	15. 侦察上士（上士）第11侦察营	16. 侦察中士（中士）炮兵	17. 高级下士（代理中士）"大德意志"步兵团	18. 上级猎兵（下士）轻步兵
19. 参谋一等兵（5年服役期代理下士）1942.4.24—1945.5.9	20. 6年以上上等兵（6年服役期代理下士）	21. 6年以下上等兵（2年服役期代理下士）	22. 一等兵（6个月服役期代理下士）	23. 上级兵（6个月服役期列兵）	24. 步枪列兵/掷弹列兵（列兵）"统帅殿"步兵团

摩托化炮兵和摩托化步兵的车辆驾驶人员、摩托化运输部队司机，以及卫兵和哨兵配发了"战场灰"防水 M1934 款外套，采用了与作战大衣同样的设计，但长度及踝，并且腰部裁剪宽松可以罩在战场大衣外穿着。烟幕部队① 配发了特殊的防护衣物，包括深棕色单排扣皮质上衣、长裤、手套、大檐帽、面具和护目镜。

1929 年 8 月 26 日，220 个 1700 人编制的施工营是由 RAD（纳粹劳工部门）的人员组成，在东线和西线战场中承担建设任务。其人员穿 RAD 制服和标识，但在 1939—1940 年冬季中换为了陆军制服。

所有医疗部门的人员，在左臂上方佩戴有红十字标识的白色袖标，启用于 1937 年 5 月 6 日。另外还有两个滑面棕色皮革盒，用来装急救用品。

军阶和职责

德国陆军的军阶结构采取了 1920 年 12 月 6 日启用的军衔系统。军官被划分为四个层面：将官、校官、上尉和其他尉官。按照传统，上将军衔又按照该将官原先服役的兵种有所区别，但在战斗兵种中，上将的军衔标识其实没有区别。

1936 年 3 月 31 日后，军乐队军官被划分为特殊的军衔等级，包括军乐总监、高级军乐队指挥和初级军乐队指挥。这些军乐队军官没有指挥权，但穿戴军官制服和标识，享受军官待遇，这一点与英国和美国陆军相似。军乐总监，是德国陆军总司令部的职位，属于参谋军官，而军乐队指挥则分别领导步兵、轻步兵、骑兵、炮兵团级和工兵营级军乐队。

德国陆军军士被划分为三种类型。技术军士，设立于 1937 年 12 月 23 日，授予要塞工程兵和后来的兽医部门的资深指导员；高级军士，又称"剑饰军士"；低级军士，又称"无剑饰军士"。军士长军衔启用于 1938 年 12 月 14 日，授予服役超过 12 年的延长服役军士，最初是授予参加过"一战"的老兵。附属官② 并不是军衔，而是一种职务任命，启用于 1938 年 12 月 28 日。作为连级高级军士，在连部任职，并有"刺头"的绰号。这一职务通常由上士担任，其军衔高于军士长（后者也经常被任命为附属官）。其他被任命这一职务的军士被称为"代理附属官"，但通常很快就会晋升为上士。

1940 年 5 月，一名在法国的德军炮兵侦察中士，可以看清其 M1935 款作战上衣的细节。他没有佩戴作战装备，并且携带了一个地图盒，说明他可能是一名团级参谋军官。

① 由于凡尔赛条约的限制，德军不能发展装甲部队，但可以发展无毒烟幕类气体。因此在魏玛共和国时期成立了所谓的"烟幕部队"，试图掩盖其化学部队的本质。
② 为德军创立的编制，美军和英军中无对应职务。类似于主管首席参谋和助理。值得一提的是，中国国民革命军效仿德军编制，也设立了附属官一职，有"排附""连附""营附""团附"等。一般的提法"排副"或"连副"是错误的写法，并不指副排长或副连长。

39

1940年5月，法国。一个轻机枪班的第1、第2射手正穿着作战服操作他们的LMG34轻机枪。两名士兵都在头盔上涂满了泥巴以作伪装。他们的M1935款作战服上配了M1938款原底肩章，按照之前的条例去掉了部队番号。

士兵军衔包括所有的列兵和代理下士，后者是经验丰富的列兵，相比其他国家的军队，德国代理下士在士兵阶层中的比重要大很多。

大多数军衔都有多种军衔称谓。其中一些，比如医疗部门，就用特殊的军衔称谓来表明没有战场指挥权的军官军衔。其他，如"队长""上级猎兵"等，则是传统军衔称谓。

几乎所有的德军军官都有实任职级——英国军衔体系中的"代理"军衔在德军中并不存在——因此德国军官和军士经常拥有比英国军队同级军官更高的指挥权。因此，一名德军中尉可以指挥一个连的情况并不少见。在德军标准步兵连中，一排排长通常是少尉，二排和三排排长通常是军士长或上士。普通步兵下士晋升时，依据部队的编制空缺，依次递补中士、上士，这也是一名有能力的军士的正常晋升途径。其他军士和更低的军衔，则按照资历晋升。上级兵军衔是授予那些缺乏资质和能力晋升一等兵的士兵，而上等兵则是授予那些并不适合晋升军士军衔的"老油条"。

军衔标识

大多数军衔标识都有两个版本——在礼服上衣、礼服大衣和绲边作战服上使用的礼服质地版本，以及作战上衣和作战大衣上使用的作战服质地版本。

在所有制服上，将官佩戴礼服质地嵌毛肩章，在亮红色兵种色饰面底布上，有两根4毫米金色丝线（或从1938年7月15日起的金黄色螺纹线）及一根4毫米亮光铝制编织中央丝线组成的绕线图案。元帅另有银色交叉元帅权杖，其他将官则是0—3颗2.8—3.8厘米直径的白色铝制德国军衔星。兵种标识为银色铝制。1941年4月3日后，元帅肩章上的三根纹线都改

表 4：德国陆军兵种和部队标识节选
1939 年 9 月 1 日—1940 年 6 月 25 日

部队	存续时间	兵种色	肩章标识	其他识别
战斗部队 - 参谋				
将官	1939.9.1—1940.6.25	亮红色	None	拉里施领章、红色裤条纹
最高统帅部军官	1939.9.1—1940.6.25	深红色	None	金色领章、深红色条纹
总参谋部军官	1939.9.1—1940.6.25	深红色	None	金色领章、深红色条纹
5 个集团军群参谋部	1939.9.2—1940.6.25	白色	G (Nord, Süd, A, B, C)	—
14 个集团军参谋部	1939.9.1—1940.6.25	白色	A/1-10、12、14、16、18	—
2 个装甲集群参谋部	1940.3.5—1940.6.25	白色	十九、二十二	—
33 个军参谋部	1939.9.1—1940.6.25	白色	一到三十九	—
6 个摩托化军参谋部	1939.9.1—1940.6.25	白色	十四、十五、二十二、三十九、四十一	—
第十六摩托化军参谋部	1939.9.1—1940.6.25	粉色	十六	—
战斗部队 - 步兵				
143 个步兵师师部	1939.9.1—1940.6.25	白色	D/1-557	—
431 个步兵团	1939.9.1—1940.6.25	白色	1-664	—
第 17 步兵团	1939.9.1—1940.6.25	白色	17	"布伦瑞克骷髅"帽徽
4 个摩托化师师部	1939.9.1—1940.6.25	白色	D/2、13、20、29	—
12 个摩托化步兵团	1939.9.1—1940.6.25	白色	5, 15, 25, 33, 66, 69, 71, 76, 86, 90, 92-3	—
大德意志步兵团	1939.9.1—1939.9.30	白色	GD 交织首字母	"大德意志"袖口标识
大德意志摩托化步兵团	1939.10.1—1940.6.25	白色	GD 交织首字母	"大德意志"袖口标识
希特勒保卫（元首警卫）营	1939.9.29—1940.6.25	白色	GD 交织首字母	元首司令部袖口标识（1939.12）
3 个防空营	1939.10.6—1940.6.25	白色	Fl/31-32、46	—
步兵团中的 6 个轻步兵（猎兵）营	1939.9.1—1940.6.25	浅绿色	2 (I)、4 (II)、10 (I)、15 (III)、17 (III)、83 (III)、	—
4 个山地师师部	1939.9.1—1940.6.25	浅绿色	D / 1-3, 6	"雪绒花"帽徽、山地帽
11 个山地步兵团	1939.9.1—1940.6.25	浅绿色	98-100, 136-143	"雪绒花"帽徽、山地帽
1 个突击队营（保尔突击教导营）	1939.9.1—1940.9.31	—	—	任何合适的衣物
1 个突击队团（勃兰登堡突击团）	1940.10.1—1940.6.25	—	—	任何合适的衣物
惩戒营	1940.1.8—1940.6.25	白色	无（无肩章）	没有标识的衣物
战斗部队 - 机动部队				
1 个骑兵师师部	1939.10.25—1940.6.25	金黄色	D / 1	—
4 个骑士团	1939.9.1—1940.6.25	金黄色	1, 2, 21, 22	骑兵马裤和鞋
4 个快速师师部	1939.9.1—1940.6.25	金黄色	D / 1-4	—
7 个摩托化骑兵团	1939.9.1—1940.6.25	金黄色	S / 4, 6-11	—
4 个装甲营	1939.9.1—1940.6.25	粉色	33, 65-67	"骷髅"领章、黑色制服
10 个装甲师师部	1939.9.1—1940.6.25	粉色	D / 1-10 (6.7.39)	"骷髅"领章、黑色制服

续表

部队	存续时间	兵种色	肩章标识	其他识别
17 个装甲团	1939.9.1—1940.6.25	粉色	1-8, 10-11, 15, 23, 25, 31, 33, 35, 36	"骷髅"领章，黑色制服
1 个装甲教导营	1939.9.1—1940.6.25	粉色	L	1936 西班牙 1939
袖口标识				
11 个摩托化步兵团	1939.9.1—1940.6.25	粉色	S / 1-3, 12-4, 33, 69, 86, 110-1	—
7 个摩托化步兵团	1939.9.1—1940.6.25	粉色	S / 4, 6-11	（原摩托化骑兵团）
5 个摩托车侦察营	1939.9.1—1940.6.25	粉色	K / 1-2, 6-8	—
第 3 摩托车侦察营	1939.9.1—1940.6.25	粉色	K / 3	"龙骑兵鹰标"帽徽
3 个装甲侦察营	1940.3.1—1940.6.25	粉色	A / 4-5, 8	—
15 个骑兵侦察营	1939.9.1—1940.6.25	金黄色	A / 54-187 series	—
第 179 骑兵侦察营	1939.9.1—1940.6.25	金黄色	A / 179	"龙骑兵鹰标"帽徽
32 个师级侦察营	1939.9.1—1940.6.25	金黄色	A / 1, 3-12, 14-9, 21-8, 30-2, 35, 44-6, 156	—
第 33、35、36 师级侦察营	1939.9.1—1940.6.25	金黄色	A / 33-4, 36	"龙骑兵鹰标"帽徽
10 个摩托化侦察营	1939.9.1—1940.6.25	金黄色	A / 1-8, 20, 29	—
148 个反坦克营	1939.9.1—1940.6.25	粉色	P / 1-672（师级番号）	—
144 个装甲猎兵营	1940.3.16—1940.6.25	粉色	P / 1-672（师级番号）	—
3 个山地反坦克营	1939.9.1—1940.6.25	粉色	P / 44, 47-8	"雪绒花"、山地帽
4 个山地装甲猎兵营	1940.3.21—1940.6.25	粉色	P / 44, 47-8, 55	"雪绒花"、山地帽
战斗部队 - 炮兵				
147 个炮兵团	1939.9.1—1940.6.25	亮红色	1-557（师级番号）	—
4 个摩托化炮兵团	1939.9.1—1940.6.25	亮红色	2, 13, 56/20, 29	—
4 个山地炮兵团	1939.9.1—1940.6.25	亮红色	79, 111-2, 118	"雪绒花"、山地帽
2 个骑兵炮兵营	1939.9.1—1940.6.25	亮红色	R / 1-2	骑兵马裤和鞋
1 个骑兵炮兵团	1940.1.10—1940.6.25	亮红色	R / 1	骑兵马裤和鞋
10 个装甲炮兵团	1939.9.1—1940.6.25	亮红色	73-6, 78, 80, 90, 102-3, 116	—
40 个观测营	1939.9.1—1940.6.25	亮红色	B / 1-36, 39, 40, 43, 44	—
军需官	1939.9.1—1940.6.25	亮红色	金色交叉加龙炮	—
3 个烟雾营	1939.9.1—1939.9.30	枣红色	1, 2, 5	—
9 个火箭炮营	1939.9.22—1940.6.25	枣红色	1-9	—
战斗部队 - 工兵				
148 个工兵营	1939.9.1—1940.6.25	黑色	1-557（师级番号）	—
4 个摩托化工兵营	1939.9.1—1940.6.25	黑色	2, 13, 20, 29	—
5 个山地工兵营	1939.9.1—1940.6.25	黑色	54, 82, 83, 85, 91	"雪绒花"、山地帽
10 个装甲部队工兵营	1939.9.1—1940.5.14	黑色	37-9, 49, 57-9, 79, 86, 89	"骷髅"帽徽、黑色制服
10 个装甲工兵营	1940.5.10—1940.6.25	黑白	37-9, 49, 57-9, 79, 86, 89	"骷髅"帽徽、黑色制服

续表

部队	存续时间	兵种色	肩章标识	其他识别
220 个施工营	1939.9.1—1939.12.22	—	无 (1-360 sorties)	RAD 制服
220 个施工营	1939.12.23—1940.6.25	浅棕	1-360 series	—
15 个要塞施工营	1939.12.9—1940.6.25	黑色	19-314 series	—
4 个要塞工兵营	1939.9.1—1940.6.25	黑色	305-8	—
要塞工程教导员	1939.9.1—1940.6.25	深红色	白色 Fp	黑白色肩章饰绳
5 个铁路施工团	1939.9.1—1940.6.25	黑色	E / 1-4, 68	—
工兵将官	1939.9.1—1940.6.25	亮红色	银色木齿铁轮	拉里施肩章、红色裤条纹
工兵军官	1939.9.1—1940.6.25	橙色	金色木齿铁轮	—
战斗部队 - 通信兵				
148 个通信营	1939.9.1—1940.6.25	柠檬黄	1-557（师级番号）	—
4 个摩托化通信营	1939.9.1—1940.6.25	柠檬黄	2, 13, 20, 29	—
4 个山地通信营	1939.9.1—1940.6.25	柠檬黄	54, 67-8, 91	"雪绒花"、山地帽
10 个装甲通信营	1939.9.1—1940.6.25	柠檬黄	37-9, 77, 79, 82-5, 90	"骷髅"领章、黑色制服
1 个通信教导营	1939.9.1—1940.6.25	柠檬黄	L	1936 西班牙 1939 袖口标识
14 个战地通讯连	1939.9.1—1940.6.25	柠檬黄	501-690（野战军番号）	宣传连 袖口标识
支援部队				
608 个摩托化运输队	1939.9.1—1940.6.25	浅蓝色	N / 1-557（师级番号）	—
920 个马驮运输队	1939.9.1—1940.6.25	浅蓝色	N / 1-557（师级番号）	骑兵马裤和鞋
20 个山地马驮运输队	1939.9.1—1940.6.25	浅蓝色	N / 79, 94, 111, 112	"雪绒花"、山地帽
医疗教官	1939.9.1—1940.6.25	亮红色	银色埃斯克拉庇俄斯权杖	拉里施领章、红色裤条纹
医疗军官	1939.9.1—1940.6.25	深蓝色	金色埃斯克拉庇俄斯权杖	红十字袖标
166 个马驮医疗连	1939.9.1—1940.6.25	深蓝色	1-557（师级番号）	红十字袖标，医疗袖口徽
摩托化医疗连	1939.9.1—1940.6.25	深蓝色	1-557（师级番号）	红十字袖标，医疗袖口徽
166 个野战医院	1939.9.1—1940.6.25	深蓝色	1-557（师级番号）	红十字袖标，医疗袖口徽
兽医将官	1939.9.1—1940.6.25	深红色	银色蛇	拉里施领章、红色裤条纹
兽医军官	1939.9.1—1940.6.25	深红色	金色蛇	骑兵马裤和鞋
兽医教导员	1939.9.1—1940.6.25	深红色	白色马蹄铁	黄色呢质肩带
27 个卫戍营	1939.9.1—1940.6.25	白色	1-557（师级番号）	—
10 个战地宪兵营	1939.9.1—1940 年初	—	502-631 series	宪兵制服、绿色袖标
10 个战地宪兵营	1940 年初至 1940.6.25	橙色	(None)531, 541, 551, 561, 571, 581, 591, 682-3, 685	臂章、战地宪兵袖口标识
10 个宪兵交通指挥营	1939.10.26—1940 年初	—	531, 541, 551, 561, 571, 581, 591, 682-3, 685	宪兵制服、粉色袖标
10 个宪兵交通指挥营	1940 年初至 1940.6.25	橙色	None (751-760)	臂章、战地宪兵袖口标识
201 个宪兵部队	1939.9.1—1940 年初	—	None (1-557)	宪兵制服、绿色袖标
201 个宪兵部队	1940 年初至 1940.6.25	橙色	1-557（师级番号）	绿色袖标

续表

部队	存续时间	兵种色	肩章标识	其他识别
陆军巡逻队	1939.11.18—1940.6.25	任何颜色	原部队	副官饰绳
安全部队				
24 个后方司令部	1939.9.1—1940.6.25	白色	K／501-672 系列，挪威	—
14 个军区司令部	1939.9.1—1940.6.25	白色	K／540-680 系列	司令部颈饰
49 个边防步枪团	1939.9.1—1940.3.31	白色	1／1-3（军区番号）	—
21 个边防步枪团	1940.4.1—1940.6.25	白色	L／22-183 系列	—
306 个边防步枪营	1939.9.1—1940.3.31	白色	一／一到十二／十八（军区番号）	—
238 个边防步枪营	1940.4.1—1940.6.25	白色	L／201-912 系列	—
33 个战俘营 - 军官	1939.9.1—1940.6.25	白色	KG／Ⅱ／A-二十一／C（军区番号）	—
45 个战俘营 - 非军官	1939.9.1—1940.6.25	白色	KG／Ⅰ／A-二十一／E（军区番号）	—
陆军军官 - 深绿色肩章底（除牧师外）特殊军衔标识				
军事法庭将官	1939.9.1—1940.6.25	亮红色	None	拉里施领章、绿色裤条纹
军事法庭军官	1939.9.1—1940.6.25	枣红色	None	—
军区行政将官	1939.9.1—1940.6.25	亮红色	银色 HV	拉里施领章、绿色裤条纹
军区行政军官	1939.9.1—1940.6.25	亮红色	金色 HV	—
军薪军官	1939.9.1—1940.6.25	白色	金色 HV	—
战地邮局将官	1939.9.1—1940.6.25	柠檬黄	银色 FP	拉里施领章、绿色裤条纹
166 个战地邮局军官	1939.9.1—1940.6.25	柠檬黄	金色 FP（1-557 师级番号）	—
37 个战地秘密警察部队	1939.9.1—1940.6.25	浅蓝色	金色 GFP	—
牧师将军	1939.9.1—1940.6.25	紫色	无肩章	金色领章，紫色帽墙
牧师	1939.9.1—1940.6.25	紫色	无肩章	银色领章，紫色帽墙
战地牧师	1939.9.1—1940.6.25	紫色	无肩章	紫色帽墙
杂项				
军乐总监	1939.9.1—1940.6.25	亮红色	七弦琴	金色领章，特殊肩章
军乐队军官	1939.9.1—1940.6.25	兵种色	七弦琴／所属部队团／营级番号	特殊肩章
军乐队非军官	1939.9.1—1940.6.25	兵种色	所属部队团／营级番号	双翼肩章
特殊军官和士官	1939.9.1—1940.3.2	—	无（银色埃斯克拉庇俄斯权杖或蛇）	所属部队制服
特殊军官和士官	1940.3.21—1940.6.25	灰蓝色	无（银色埃斯克拉庇俄斯权杖或蛇）	"老普鲁士"式领章，灰蓝色帽墙

为亮金色或金黄色，搭配缩小的银色元帅权杖。

校官的礼服质地嵌毛肩章，为兵种色饰面底部上有两根5毫米款亮光铝制绕线，缀1.5厘米、2厘米或2.4厘米直径的0—2颗德国军衔星，军衔星为镀铜铝制，1935年11月7日后改为镀金铝制。在大战期间，军衔星的材质则变为镀锌铝制或涂灰铝制。战场之地肩章为亚光铝制，后改为"战场灰"穗带，启用于1935年9月10日的M1935款兵种徽章，在当年11月7日后采用镀铜或镀金铝制；在战争期间，则采用金色镀锌或涂灰铝制或锌合金材质。

上尉和其他尉官的礼服质地肩章，为兵种色饰面，有两根并排的7—8毫米亮光铝制饰线，缀0—2颗镀金德国军衔星及与校官同样的兵种标识。作战服质地肩章为亚光铝制丝线，后期改为"战场灰"穗带。

军乐总监，佩戴校官版肩章，在亮红色饰面底上（1943年2月18日后改为军乐队兵种色）有两根4毫米亮光铝制绕线及1根3毫米鲜红色中央丝线，缀有镀金铝制竖琴和0—1颗镀金铝制德国军衔星。高级和初级军乐队指挥佩戴的肩章，为在兵种色饰面底上（包括白色、浅绿色、鲜红色、金黄色或黑色）5根并排7毫米亮光铝制丝线，间杂以4根5毫米的鲜红色丝线，缀镀金铝制竖琴和最多2颗镀金铝制德国军衔星。作战服质地肩章为亚光铝制丝线，后期改为"战场灰"穗带。

技术军士，有着区别明显的嵌毛肩章，上有白色铝制附件和军衔星，在大战期间改为灰色铝制或锌合金材质。1937年12月23日起，兽医指导的肩章为深红色兵种色衬底，其上有交错编织的三组金黄色呢质饰绳，

1940年6月，法国。一名穿着常服的附属官。有这一职位特有的双袖口穗带和插在衣服前襟的汇报册。他将肩章反戴以隐藏部队番号。可以看到国防军长期服役勋带。他放松的表情和没有携带装备，表明法国战役已经结束。

1940年5月，法国。一名坦克手一等兵，在德军装甲部队穿越法国"冲向大海"的进攻中显得精疲力竭，正在他的坦克旁边抽烟休息。他并没有在自己的M1934款坦克手特殊制服外穿M1935款"战场灰"作战大衣。可以看到坦克手护目镜、平民衬衣和M1936款套头衫。

1940年5月，法国。一张典型的坦克指挥官照片，他穿着M1934款特殊坦克手制服，戴着配坦克指挥官耳机的M1934款垫料贝雷帽。这名军官佩戴着总参谋部军官的铝制丝线饰绳。

另有双股金黄色呢质饰边，缀马蹄和1—0颗德国军衔星。1939年1月9日起，要塞工兵工头佩戴同样样式的黑色兵种色衬底肩章，其上有黑色人造丝线纹路和白色人造丝线内饰边，缀木齿铁轮（1939年6月9日后改为哥特式字体的Fp）以及1—0颗德国军衔星。1942年5月7日，这两种肩章都改为红色，有亮光铝制和红色交错编织饰绳，双股红色饰边。兽医指导为深红色衬底，缀马蹄；要塞工兵工头为黑色衬底和Fp字符，1—2颗德国军衔星。

高级军士的礼服质地军衔标识为M1935款泛蓝深绿色布质肩章上的1—3颗亮光铝制德国军衔星（1.8厘米、2厘米及2.4厘米直径），这款启用于1935年9月10日的肩章，有兵种色绳边，四周边缘都有9毫米的亮光铝制"单钻"形纱线穗带。作战服质地的军衔标识为M1933、M1934、M1935款无绳边肩章和M1938、M1940款绳边作战肩章，上面有同样的军衔星和穗带设计。另外还有一种9毫米银灰色人造丝线穗带，在战争时期缀涂灰铝制或锌合金德国军衔星，1940年4月25日后改为战场灰亚光人造丝线或纤维素纤维穗带。兵种徽章采用了与军衔星同样的材质。附属官和代理附属官，在礼服上衣的袖口上有另一根1.5厘米宽的亮光铝制"双钻"样式纱线穗带，在其他制服的袖口上则为两根9毫米穗带。

低级军士与高级军士有同样的肩带和穗带。高级下士在肩带周围有穗带，下士则去掉了在肩带底部的穗带。肩带上的礼服质地的兵种标识为兵种色刺绣，作战服质地则为兵种色呢质或棉质纱线，1937年3月19日后，改为人造丝线的链式缝法样式。工兵的黑色兵种标识和医疗兵的深蓝色兵种标识，因为在泛蓝深绿肩章上，因此采用了白色链式缝法针脚勾出框线以更为显眼。大战期间，刺绣经常替换为细纱线。

士兵佩戴与低级军士同样的肩带，有兵种色兵种标识，但没有穗带。M1936款军衔标识为V形章，尖头朝下，有9毫米的士官式穗带，混合银灰色刺绣或铝制螺纹德国军衔星（私人采购的衣服上有手工刺绣亮光铝制丝线军衔星）。这款标识缝在一个泛蓝深绿色饰面三角底布上（上级兵为圆形），1940年5月改为"战场灰"布质，坦克手制服则为黑色。这种军衔标识启用于1936年9月25日（1936年10月1日生效），是从原来魏玛防卫军在1920年12月22日启用的军衔系统基础上发展而来。

1938年11月26日后，在白色和芦苇绿人字斜纹劳务服上的军衔标识，为1厘米宽的"战场灰"布和"单钻"穗带，有两根黑色窄内绳边。军士长在两侧袖子下方，有两根尖头朝上的V形穗带，其下有一个环形穗带；上士为一个环形一根V形穗带；中士，只有一个环形。高级下士和上士只有衣领边缘穗带。在1942年8月22日，这些军士标识被新的臂章军衔标识所取代。士兵佩戴同样的V形穗带，上有在白色或芦苇绿底色上的编织德国军衔星。

1940年5月，法国北部。两名穿着M1935款作战服的士兵，军士（左）拿着一把MP28/II冲锋枪，在看守着英国战俘。可以看到基本的作战装备——M1938款防毒面具罐、M1931款帆布面包袋和刺刀——但没有Y形支撑带。

兵种和部队标识

德国士兵的兵种可以用使用在衣领、肩带和肩章上的兵种色，以及帽子、上衣和裤子的绲边色区别。兵种色系统，是源自德意志帝国时期的德国陆军团级饰面色，启用于1920年12月22日，持续使用而少有变化，直到1945年5月9日。

兵种标识还包括一种符号或哥特字体的一个字母，用来标明某一兵种的某些特殊部队，佩戴在部队标识——阿拉伯或罗马数字，或如陆军军校这样的部队使用的哥特字体字母之上。这种标识的范围非常宽广，所以本书中只涉及主要战斗部队的部分。

这些严格的部队标识有助于提高人员和部队的士气，但对于军事信息安全来说却有害处，因此从1939年9月1日起，野战军中的部队被要求去掉或隐藏部队标识。许多部队用一个"战场灰"（装甲部队为黑色）的肩部滑片来遮盖肩章上的部队标识，或者干脆把肩章反过来佩戴。但是补充军或不在前线的野战军还是佩戴部队标识。事实上，在战场上，经常有违反条例佩戴部队标识的情况。1940年1月24日，为军士和士兵设计的3厘米宽的"战场灰"肩部滑片被启用，上有用兵种色链式缝法缝制的兵种和部队标识，但高级军士经常还是佩戴他们的白色铝制标识。礼服上的标识因为并不出现在战场上，所以不受影响。

在大战前，在士兵的肩章扣上有数字番号——空白的是团级人员，I—III是营级人员，1—14则是各连的番号——在大战期间则替换成了标准的

1940年5月，法国北部。一名下士穿着M1935款作战服，用他的毛瑟Kar98k步枪指着法国战俘。他配了一个单袋弹药袋以及标准的6×30望远镜，可能是一名班长，并且违反着装条例戴了一条平民毛巾。

空白肩章扣。

特殊部队或精锐部队，以及一小部分继承了德意志帝国陆军称号的部队，佩戴特殊标识，通常是额外的帽徽，佩戴在纳粹"鹰标"和国家帽徽之间。或者按照从准军事组织"冲锋队①"抄来的方式，用袖标方式佩戴。

表4中给出了1939年9月—1940年6月25日间主要部队的名单，包括他们的兵种色、兵种标识、部队和特殊标识。在此时期之前和之后的部队没有包括在内，也并非所有在这一时间段曾经参加过战斗的部队。

1939年5月2日起，山地师的所有军阶佩戴阿尔卑斯山花——"高山火绒草"②标识，该标识最初是由"一战"中的德国和奥匈帝国部队佩戴。其中一款白色铝制"雪绒花"徽章有镀金花蕊，佩戴在大檐帽的国家帽徽之上。一款徽章为有一根茎干、两片叶子的白色铝制"雪绒花"，镀金花蕊（大战期间为涂灰铝制搭配黄色花蕊）佩戴在山地帽左侧，奥地利籍军人经常加上一个泛蓝深绿色饰面底部。还有一款机器刺绣的白色"雪绒花"——黄色花蕊，浅绿色茎干和叶片，置于鼠灰色绳环中，下有椭圆形深绿色饰面布（1940年5月后改为"战场灰"），佩戴在上衣和大衣的右臂上方。

有6个步兵营还使用浅绿色的猎兵兵种色来表明他们的轻步兵传统，但他们依旧只是步兵营——真正的特殊猎兵部队要到1942年6月28日才成立。

有两种亚光铝制纪念帽徽授予某些特殊团的所有军衔，佩戴在常服帽或非官方地佩戴在作战帽的"鹰标"和帽徽中间。1938年2月25日起，第17步兵团佩戴不伦瑞克"骷髅"帽徽，纪念德意志帝国第92步兵团。1937年6月21日起，第3摩托车侦察营，1939年8月26日起，第179骑兵侦察营，以及第33、34和36师级侦察营，佩戴"龙骑兵鹰标"，也称"施韦特鹰标"，以纪念德意志帝国第2龙骑兵团。

"大德意志"步兵团是于1939年6月12日，在原柏林卫戍团的基础上建立起来的并发展成为精锐部队。他们完全不顾军事保密的要求，在整个大战期间都佩戴着自己的部队徽章。GD交织首字母肩章（启用于1939年6月20日），交织铝线"大德意志"字符和边缘的袖口标识（启用于1939年6月20日）。这些标识在1940年夏季曾短暂地被一款银灰色交织哥特式字体"大德意志步兵团"标识替代，这款标识佩戴在所有制服的右袖口上。被派遣到希特勒司令部担任勤务的"大德意志"部队士兵，即元首卫队，有黑色呢质袖标，其上有金黄色机器刺绣、机器交织或手工刺绣（也有银灰色丝线）的哥特式字体"元首司令部"。

1939年6月21日起，装甲教导营和通信教导营在左袖口上佩戴紫红色布面标识，上有金色机器交织的"1936西班牙1939"字样，以纪念他们在西班牙内战期间在"秃鹰军团"的服役经历。1938年9月16日起，

---

① 德语简写SA，成立于1921年8月3日，是德国纳粹的武装组织，后作用被武装党卫队取代，逐渐消亡。
② 即"雪绒花"。

1940年5月，法国北部。一个轻机枪班组，穿着作战服，在班长（左起第2人）的带领下静候敌人。LMG34轻机枪夹在一个三脚架上作为重机枪使用。可以看到机枪射手的突击装备，包括用腰带支撑带绑在他腰带背后的饭盒。

新成立的战地通讯部队的人员在右袖口上佩戴黑色袖标，上有机器或手工刺绣的铝线哥特式字体"宣传连"字样。

德军宪兵是在1939年8月26日动员8000名原德国军事警察的基础上成立的。摩托化的三连制宪兵营配属给野战集团军，每个步兵师分配一个33人的宪兵队，每个装甲师或摩托化师分配一个47人的宪兵队，军分区则分配一个32人的宪兵队。最开始德国宪兵穿他们的M1936款军事警察制服，搭配陆军肩章和中灰色袖标，上有橙黄色机器刺绣的"战场宪兵"字样。在1940年早期，替换为陆军制服，并在左臂上方佩戴警察的"雄伟鹰标"——机器交织或绣的橙色老鹰和黑色卍字符，外围为"橙色花环"（军官为手工刺绣铝线纹），军灰色底色。在左袖口上，有棕色袖标，上有机器交织铝线"战场宪兵"字样，边缘为铝线，后期改为银灰色纱线的机器刺绣。在执行任务时，宪兵佩戴亚光铝制饰颈，上有"鹰标"和一个深灰色卷轴图案，其上有铝制的"战场宪兵"字样。交通指挥人员穿宪兵制服，但没有这三样标识，而是在左臂上方佩戴一个浅橙色袖标，上有黑色棉质交织纹线的"交通主管"字样。陆军巡逻勤务，等同于英国军队中的团级警察，在作战上衣和作战大衣上佩戴过时的M1920款亚光铝制丝线副官饰绳。

军乐总监佩戴参谋军官式亮金色或亚光金色领章和袖口章，从1938年4月12日起，所有军乐队军官在正式制服上佩戴亮光铝制和亮光红色丝线饰绳。在礼服上衣和作战服上衣上，团级军乐队指挥佩戴M1935款"燕窝双翼"肩章，为兵种色饰面布底，以及亮光铝线军士版穗带，启用于1935年9月10日，鼓手另加上铝制云图条纹。

49

奖章

1936年3月16日，设立了德国国防军长期服役嘉奖，为浅蓝色绶带及银色或金色"鹰标"及卐字符。4—12年服役期授予银色或金色奖章，18—25年服役期授予银色或金色十字，并且从1939年3月10日后，40年以上服役期授予有金色橡树叶的金色十字。

在大战前，颁发过5种战役奖章。1938年5月1日，亚光银质的"1938.3.18纪念奖章"，通常被称为"德奥合并奖章"，搭配红白黑三色勋带，授予参加了占领奥地利行动的部队。1938年10月18日，铜质的"1938.10.1纪念奖章"，黑红两色勋带，授予占领苏台德的部队，并在1939年3月15日，授予占领波希米亚-摩拉维亚的部队。铜质的"1938.3.13纪念奖章"，搭配红白绿三色勋带，在1939年5月1日授予占领默默尔的部队。1939年4月14日，铜质、银质或金质的西班牙十字和佩剑奖章，以及最高级的十字和钻石奖章，配发给在西班牙内战中服役的人员；这款奖章以别针的形式佩戴在右胸带上。最后，在1939年8月2日，铜质的"德意志防御墙奖章"，有白色和黄棕色勋带，授予在德国西部边境修筑西墙——"齐格菲防线"[①]的部队。

德军中最常见的用于奖励英勇行为的奖章是铁十字奖章，在1939年9月1日重设，为黑银两色十字奖章，搭配红白黑三色勋带。二级铁十字奖章以勋带形式佩戴，附在作战上衣的第二颗扣眼处，或是一枚小型银色纳粹"鹰标"和"1939"字样，搭配黑白两色1914款勋带。一级铁十字奖章以奖章形式别在左胸袋上，或是一枚大型"鹰标"，其下有1914款十字。骑士十字奖章，设立于1939年9月，以勋带挂在脖子上。战功十字奖章，是黄铜十字奖章，搭配红白黑三色勋带，其中二级战功十字奖章以勋带形式佩戴，一级战功十字奖章别在左胸袋上。它用于奖励那些在战场之外做出功绩的军人。

其他奖励

1939年5月22日，设立了一种椭圆形铝制别针式受伤勋章，佩戴在左胸袋上，颁发给那些在西班牙内战中服役过的军人，其图案为花环中的交叉双剑，其上有纳粹卐字符和西班牙头盔，共有三种版本——黑色，授予1—2次受伤者；银色，授予3或4次受伤者；金色，授予5次以上受伤者，但正如意料之中，金色的受伤勋章从来没有颁发过。1939年9月1日，在这款勋章的基础上，将西班牙头盔改为了德国头盔，用于记录德军军人在"二战"中的受伤情况。

在左胸袋上，还有4种别针式战斗资质章可以佩戴。"秃鹰军团"坦

[①] 指德国在1936—1939年间，在西部边境构筑的对抗法国马奇诺防线的筑垒体系。其北起德荷边境，南至瑞士巴塞尔，全长630千米。

1940年6月，穿着M1935款作战服和圆框通用护目镜的山地部队，在8人橡皮艇上渡过挪威的一处峡湾。画面中放松的景象和没有佩戴作战装备，说明抵抗已经停息。

克战斗章，是铜质或白色铝制骷髅、坦克和花环图案，设立于1939年7月10日。步兵突击章，为白色铝制雄鹰、步枪和花环图案，从1939年12月20日开始配发；1940年6月1日后，为摩托化步兵增设了一种铜质版本。坦克战斗章，为白色铝制雄鹰、坦克和花环图案，设立于1939年12月20日，授予坦克手和医疗支援人员；其后在1940年6月1日增加了一个铜质版本，授予装甲车驾驶人员和医疗人员。工兵突击章，即后来的通用突击章，为白色铝制雄鹰、交叉刺刀和手雷、花环图案，设立于1940年6月1日，最初是授予突击工兵。

纳尔维克战役盾徽在1940年8月19日授予那些参加了1940年4月9日至6月9日的挪威纳尔维克战役的人员。其为灰色铝制雄鹰、"NARVIK"字符和交叉的雪绒花、螺旋桨、海锚图案，佩戴在左袖上部的"战场灰"椭圆底布上。

陆军人员还可以佩戴"一战"奖章和例如"冲锋队防卫奖章"在内的纳粹奖章。

插图图说

A: 典礼制服

A1: 1939 年 7 月，德国，伯布林根，全套典礼制服，第 8 装甲团，中校

这名营长隶属于第 8 装甲团，该部队隶属于第 10 装甲师，参加了入侵波兰、卢森堡和法国的战斗。他穿着 M1935 款着装条例规定的全套典礼制服，搭配"鲜花战争"装饰和纳粹装饰，以及陆军长期服役奖章。军官版的 M1935 款剑穗，使用"战场灰"皮革制成，有铝制小球，启用于 1935 年 11 月 7 日，挂在他个人采购的军官指挥刀上，通常军官都会自己采购指挥刀以替代 1922 年 2 月 17 日启用的 M1922 款配发军刀。

A2: 1939 年 7 月，德国，加尔米施—帕滕兴基，阅兵制服，第 79 山地炮兵团，炮兵附属官

作为一名炮兵炮组（连级）军士，这名附属官是一名相貌严肃的人，佩戴着附属官职务对应的两根军事袖口穗带，并将记录本塞在自己的礼服或作战上衣里。他佩戴着神枪手饰绳，上面有显示嘉奖次数的炮弹附片，携带有剑穗的军官佩剑。作为精锐的第 1 山地师的一员，他佩戴着雪绒花臂章。该师后来参加了波兰战役和法国战役。

A3: 1939 年 7 月，德国，希施贝格，外出制服，第 83 步兵团，第三（猎兵）营，旗手侍从一等兵①

这名征召兵，正在接受军官训练，穿着有军官版袖口的士兵版作战上衣，另有兵种色绲边和礼服质地标识，以代替礼服上衣。低阶士兵的"刺刀"装饰挂在刺刀环扣上，是他身份的唯一表征。

B: 波兰战役

B1: 1939 年 9 月，波兰，卢布林，作战服，第 14 步兵师，中将

这是第 14 步兵师的师长，该师曾隶属于第 10 集团军，参加了波兰南部的战斗，后来又划归第 6 集团军参加了比利时的战斗。这名将官在他的作战上衣外穿着在将官中非常流行的皮革大衣。他戴了一顶 M1938 款军官版作战帽，在腰带上有瓦尔特 PPK7.65 毫米手枪，以及 10×50 蔡司望远镜。

1940 年 6 月，法国。一个隶属于大德意志步兵团的步兵班，穿着 M1935 款卫戍制服。这支德国精锐部队在包括作战服在内的所有制服上都有团级袖口标识和交织首字母肩章。可以看到"神枪手"饰绳。

B2: 1939 年 9 月，波兰，卢布林，作战服，第 14 步兵师，参谋上尉

德军总参谋部的军官军衔从大将到参谋上尉。这名军官，是排名第三的师级参谋军官，"1C"（情报官），佩戴着作战服质地的领章，马裤上有装饰条纹，戴着 M1934 款"旧式"作战帽。他在硬壳枪套里有一把鲁格 P08 手枪，穿着交叉腰带，但这种腰带在波兰战役后被废除。

B3: 1939 年 9 月，波兰，罗赞，第 2 骑士团，参谋一等兵

这名骑兵，是一名魏玛防卫军时期的老兵，在 1934 年 10 月 1 日参谋一等兵军衔被废除之前晋升到这一军阶。他身着骑兵作战服以及加厚的马裤和骑兵靴。"闪电"臂章表明他是一名团级通信排里的通信兵。他携带着 1934 年 5 月 7 日启用的专为骑马士兵设计的 M1934 款马鞍袋，

---

① 按照德国军衔制度，该军衔授予正在参加进阶战地训练的学员，基本类似于士官学员、士官生。

装备着一把 M1934 款毛瑟 Kar98k 步枪，这也是德军的标准步枪。他所在的团隶属于第 1 骑兵师，参加了入侵波兰和法国的战斗。

C："闪电战"时期步枪班

C1: 1939 年 9 月，波兰，海乌姆，作战服，第 96 步兵团，下士

作为一名步兵班长，这名军士穿戴着标准的作战装备，另有一支电筒和 6×30 标配望远镜。他装备着毛瑟 Kar98k 步枪——1941 年以前步兵班长并未普遍配发冲锋枪——以及一颗 M1924 款木柄手榴弹，又称"土豆捣碎器"。他将自己的肩章反过来佩戴以隐藏部队标识，并在他的头盔上绑了一根厚橡胶带以固定伪装树叶。他所在的团隶属于第 32 步兵师，参加了入侵波兰、比利时和法国的战役。在前景中的地上，是被丢掉的波兰 M1931 款头盔。

C2: 1939 年 9 月，波兰，海乌姆，作战服，第 96 步兵团，上等兵

这名德国步兵班的第一射手，按惯例是一名上等兵，装备了一挺 7.62 毫米 IMG34 款通用轻机枪。全身装备着机枪射手的作战装备：一支用于近距离战斗的放在硬壳枪套里的 P38 手枪，一个 M34 备用弹药袋，胸前是按规定方式收纳防毒披肩的袋子，另有两根 50 发的 7.92*57 子弹的子弹带。

C3: 1939 年 9 月，波兰，海乌姆，作战服，第 96 步兵团，步枪列兵

笨重的 M1934 款背包，启用于 1934 年 2 月 10 日，另有 M1939 款，启用于 1939 年 4 月 18 日，通常会留给部队的辎重队照看，而让步兵轻装上阵。刺刀和刺刀扣环与战壕锹一起固定在左臀后方，饭盒、伪装帐篷组件、防毒面具罐扎在后背下半部，面包袋和水壶在右臀后方。这名列兵装备着毛瑟 Kar98k 步枪，并把面包袋的捆索绑在头盔上以固定伪装树叶。他违反条例地在肩章上佩戴了团级番号。

D: 丹麦和挪威

D1: 1940 年 4 月，丹麦，哥本哈根，作战服，第 198 步兵师，师级参谋部，高级下士

这名第 198 步兵师的摩托车通信员穿着 M1934 款摩托车手涂胶大衣。携带一个毛瑟 Kar98k 步枪的备用弹药袋，M1935 款地图盒和皮质手套。头盔上有"方框镜"护目镜。该师在波希米亚－摩拉维亚地区成立，占领了丹麦，将丹麦国旗作为其载具涂装标识，之后参加了入侵法国的战斗。

D2: 1940 年 4 月，挪威，克里斯蒂安桑，作战服，医疗连，医疗上等兵

这名医疗兵，隶属于在挪威的第 163 步兵师的一个医疗连，戴 M1934 款作战帽，穿 M1935 款作战大衣。在腰带上有医疗包，背上挂着防毒面具，在左臀前方挂有一公升大容量的医用水壶。在左袖上方佩戴着红十字袖标，在右袖口上也有医疗兵资质章。

D3: 1940 年 5 月，挪威，纳尔维克，作战服，第 138 山地猎兵团，中尉

这名军官隶属于第 3 山地师，该师参加了波兰和挪威战役。他在 M1925 款防风上衣外佩戴着标准排长装备，有他的 MP38 冲锋枪的第一款弹药袋，该枪在此图中枪托

1940 年 5 月，法国。一名步兵上校穿着 M1935 款作战服。马鞍状的 M1935 款军官大檐帽非常醒目。其显眼的军官版领章，不同于其他非军官版领章，在整个"二战"期间都保留了兵种色绲边。这名军官佩戴着骑士十字奖章，领章上的部队番号用一个"战场灰"滑片盖住。

1940年7月，一名上尉穿着 M1935 款全套典礼制服和他的新娘在婚礼当天拍照。他佩戴着一级和二级铁十字奖章，国防军长期服役奖章和"鲜花战争"战役纪念章，另外还有通用突击章。折叠。他违反着装条例戴着军官版棕色皮带，携带着一个 M1931 款背包，后来改为更实用的战时版本。可以看到头盔上的国家盾徽，德军在丹麦和挪威战役中都有此涂装，但在 1940 年 3 月 21 日被下令取消，另外在山地帽上有显眼的"鹰标"和国家徽章组成的"T"形图案。

E: 荷兰和比利时

E1: 1940 年 5 月，荷兰，布雷达，作战服，侦察营，少尉

这名自行车中队长穿着着装条例规定的排长作战装备，佩戴着士兵版黑色腰带，有一个 MP38 弹药袋和 M1935 款地图盒。在作战服肩章上，有骑兵的橙黄色兵种色和哥特字体 A 代表的"侦察队"。他所在的营隶属于第 254 步兵师，在 1940 年 5 月入侵荷兰。

E2: 1940 年 5 月，比利时，那慕尔，作战服，第 49 步兵团，上级步枪兵

作为第二射手，这名步兵携带了毛瑟 Kar98k 步枪的弹药袋，以及一支用于近距离战斗的鲁格 P08 手枪。他还携带着两个 300 发的弹药盒，并在背后背了一个 M34 机枪的备用枪管——LMG34 机枪在全自动射击模式下，每射击 250 发子弹就要更换枪管。该团隶属于第 28 步兵师，参加了波兰、比利时和法国的战斗。

E3: 1940 年 5 月，比利时，默兹河，第 30 工兵营，一等兵

这名突击舟桥工兵用泥巴伪装了自己的头盔，并装备着简化的作战装备——一个装他的 MP28/Ⅱ 施迈瑟冲锋枪子弹的 M1928 款皮革弹药袋、一个防毒面具罐、刺刀和掘壕工具。他佩戴着启用于 1935 年 11 月 7 日的铝线及其刺绣版舵手资质章，并且违反前线着装条例，在肩带上配了"战场灰"部队番号滑片。他携带着攻击艇划桨和 M1924 款木柄手榴弹。他的营隶属于第 30 步兵师，在波兰、比利时、法国参加了战斗。

F: 法国战役 (1)

F1: 1940 年 5 月，法国，康布雷，作战服，第 25 装甲团，少校

这名营长穿着 M1935 款坦克手制服，戴 M1938 款

1940 年 7 月，一名隶属于驻扎在德国的第 17 步兵团的下士，穿着外出制服，佩戴着该团的"布伦瑞克骷髅"和"交叉骨头"帽徽。可以看到神枪手饰绳，二级铁十字扣眼勋带和典型的大战前的肩章部队番号。

1940年9月18日，卢森堡。一名骑兵侦察中士穿着阅兵制服，但没有戴钢盔，而是戴了一顶很受欢迎的M1938款作战帽，正在试图同一个本地小女孩交朋友。与大多数类似情景的照片不同，这张看上去并不像是摆拍。他佩戴着一级铁十字奖章，而且看起来刚刚才获得了二级铁十字勋带。可以看到其穿着高帮的波兰式骑兵靴。

这名营长，正在检视一顶法国M1935款坦克手防护头盔，他的头盔上已经去掉了国家盾徽。他在左胸袋上佩戴着为摩托化步兵设立的步兵突击章，携带着M35地图盒，带枪套的鲁格P08手枪，以及6×30标准双筒望远镜。

G：法国战役（2）

G1：1940年6月，法国，贝桑松，作战服，第37装甲工兵营，工兵上士

1940年5月10日起，装甲师的工兵营启用黑白两色两种色绲边，代替了原有的在他们的黑色制服上并不显眼的黑色绲边。在1941年启用特殊的"战场灰"装甲车辆人员制服时，又将绲边色换回了黑色。这名上士（工兵上士），负责监管他所在连队的技术装备，在泛蓝深绿色饰面圆形底上有黄色呢质刺绣徽章，边缘有铝线装饰，标识着他的军士身份。他的营成立于1940年4月15日，隶属于第1装甲师，参加了入侵法国的战斗。

G2：1940年6月，比利时，德帕内，作战服，第154步兵团，步枪列兵

启用于1939年4月18日的A形框架作战包，在1940年时还是很稀少，因此步兵和突击工兵临时发挥，用M1939款黑色腰带支撑带将M1931款帐篷组件捆在M1931款饭盒外。这名步兵，隶属于在法国和比利时作战的第58步兵师，在左臀上配了标准的短柄战壕铲、刺刀、刀鞘和挂件，在背部下方配了M1938款防毒面具罐，其下是M1931款面包袋，在右臀上是M1931款水壶。

G3：1940年6月，法国，亚眠，劳务服，第66（摩托化）步兵团，下士

此人隶属于第13摩托化步兵师，最近才抵达法国，他穿着M1933款白色人字斜纹劳务服，正在进行劳作。这款制服已经被替换为更实用的芦苇绿，其上佩戴的低级士官领章在1942年8月22日后被移除。

军官版"战场灰"作战帽，他的"战场灰"肩带滑片盖住了团级番号，但没有挡住军衔标识。他携带了套在硬壳枪套里的鲁格P08手枪，以及10×50双筒望远镜。他的奖章包括左胸上的铝制坦克战斗章和衣领第一个扣眼上的1939年二级铁十字勋带。他拿了一具坦克指挥官头部通话设备，有橡胶听筒。他的团隶属于第7装甲师，参加了比利时和法国的战斗。

F2：1940年5月，法国，埃纳，作战服，第5装甲侦察营，装甲步枪列兵

装甲车辆的乘员经常穿着"战场灰"作战大衣，来保护他们的黑色制服免于灰尘和油污——虽然黑色制服的设计初衷就是看上去不太显脏。这名装甲车驾驶员戴着不受欢迎的垫料贝雷帽，装备着硬壳枪套里的瓦尔特P38手枪和通用护目镜。该营隶属于第2装甲师，参加了波兰、卢森堡和法国的战斗。

F3：1940年5月，法国，斯通尼，作战服，大德意志（摩托化）步兵团，上尉

该团在德国陆军总司令部的直接指挥下参加了波兰、卢森堡和敦刻尔克战役，是第一支有精锐部队袖口标识和肩带交织首字母标识的部队，在战斗中也会佩戴这些标识。

H：占领军

H1：1940年7月，法国，阿拉斯，作战服，交通指挥营，下士

德军中的交通指挥营是成立来管理调度快速推进的德军所使用的交通线。其人员穿着警察制服，在1940年早期改为陆军制服，有橙色兵种色绲边和显眼的袖标，但没有

德国宪兵的臂章、袖口标识和护颈饰片。尽管在 1940 年 5 月就已经设计了"战场灰"的领章、肩章和长裤,但直到 1941 年 2 月前都没有大规模配发。因此这名军士——他的营部署在法国北部占领区,受陆军总司令部直接控制——还是佩戴 M1935 款泛蓝深绿色饰面领章和肩章,穿石灰色长裤。

H2:1940 年 9 月,法国,肖蒙,常服,第 215 步兵师,少将

这名副师长所属的第 215 步兵师,隶属于第 1 集团军群,在法国东部执行占领任务。他穿着军官版常服,有 M1927 款军官版绲边作战上衣,携带放在硬壳枪套里的瓦尔特 PPK7.65 毫米手枪,在第二颗扣眼处有 1914 年二级铁十字勋带,另有纪念挪威战役的纳尔维克战役盾徽。

H3:1940 年 9 月,比利时,布鲁塞尔,卫戍制服,第 672 战区司令部,上等兵

这名士兵隶属于第 672 战区司令部,位于布鲁塞尔,穿着卫戍制服。这是一种较为正式的作战服,配有神枪手饰绳,装备仅限于腰带、弹药袋、刺刀和刀鞘。作为一名代理下士,他有 6 年的资历,但基本没有晋升为军士的可能,他佩戴着不常见的 V 形纹路和德国军衔星组成的臂部军衔标识。这种标识是授予那些不能晋升到 1942 年 4 月新参谋一等兵军衔[①] 的士兵。

---

①参谋一等兵军衔最初设立于 1928 年的魏玛防卫军时期,但在 1934 年被废除。1934 年后国防军又重设了这一军衔,称为"新参谋一等兵"。

德国陆军 1939—1945 年 (2)
北非和巴尔干

The German Army 1939—1945 (2)
North Africa & Balkans

北非和巴尔干战役背景

1940年6月25日签订的德法停战协议让德国统治了整个西欧。希特勒最初计划在1940年秋天入侵大不列颠，接着准备在1941年5月执行巴巴罗萨计划，征服苏联的欧洲领土。急于模仿希特勒的成功的意大利独裁者墨索里尼，开始在北非和巴尔干地区采取不必要的军事冒险，最终将希特勒拖入其中，分散和消耗了德国的军事资源，并使得巴巴罗萨计划被迫延期6个星期。这间接导致了纳粹德国在东线战场的失败和1945年5月的最终灭亡。

陆军部队素质

1940年7月31日，希特勒开始准备巴巴罗萨计划。以下是按照战斗地域表述的德国陆军师的质量和素质——在北非战场上基本都是临时拼凑的部队，反映了这一战区并没有获得优先地位；执行"玛丽塔"行动——入侵南斯拉夫和希腊的部队是准备执行巴巴罗萨计划的前线陆军师。在巴尔干的德军后来被机动能力和战斗能力有限的二线部队替代，直到1943年8月，强大的第2装甲集团军才抵达该地。

一名非洲军的成员，戴着M1940款热带作战帽，穿着M1940款热带衬衣，正在一个车门上用白色油漆版印军团的战术标识。

德国陆军在北非和巴尔干的编制情况

1941年10月5日起，装甲集群被升级为装甲集团军。1940年9月后成立了山地军，1942年6月后将摩托化军改建为装甲军。1942年9月后，为了管辖在占领区中训练的后备师部队成立了后备军。

1942年之前，德国一线步兵师基本上保持着1939年的编制情况，但经常增加一个补充营以分配补充兵。为了提高士气，在1942年10月15日，将所有的步兵团改称掷弹兵团，并在1943年5月31日将罗德岛卫戍部队改称"突击"师。第22空中登陆师是一支接受过空降训练的步兵师。"非洲人"称谓则用来称呼那些缩编部队或"非正规"军事人员——归附德国的原法国外籍军团或因为轻微罪行被判定有罪，但可以立功减免的"惩戒"部队人员；这一称谓也会用来称呼那些在希腊执行静态卫戍任务的要塞部队。"特种"称谓则是特指德军参谋部直属的混合部队。

1941年4月13日，"700系列"步兵师只有8000人编制，作为二线部队执行占领任务。其下辖两个步兵团，缺乏重型装备，有一个炮兵营，另有侦察、工兵和通信连以及小规模的后勤支援部队。1943年4月1日，这些师连同轻步兵师（1940年12月组建，用于山区作战）以及挑选出来的预备师，被重建为步兵（猎兵）师。人员组成较为年轻并采用M1939步兵编制，但还是只有两个步兵团。1942年起，边防步兵部队被组建改编为安全部队。

由陆军情报部门控制的最重要的野战部队是第800勃兰登堡特种突击团。1942年11月20日，被重新命名为勃兰登堡特种部队，有5个团、1个通信营及1个海岸突击队营；1943年4月1日被改建为勃兰登堡师；1944年9月15日，变为勃兰登堡机械化师。

第287、288特种部队是最初为在波斯湾执行突击队任务而组建的特种部队混成团，后来被改为执行传统作战任务。第287特种部队，成立于1942年8月4日，曾在高加索地区作战，有2个机械化营，通信营、反坦克连、装甲侦察连和工兵连各1个，还有突击炮兵组和火箭炮组，以及1个后勤支援组。1943年5月2日后，被改编为第92摩托化团，部署在南斯拉夫。

第288特种部队，成立于1941年7月24日，有一个司令部（指挥部、装甲侦察连和阿拉伯连），下辖8个独立连队（爆破、山地、摩托化步兵、机枪、反坦克、防空、工兵和通信连），在北非战斗。在1942年10月31日被改编为非洲机械化团。

1941年的装甲师编制与1939年不同，有1个装甲团和2个摩托化步兵团。1941年8月，所有的机动师都转制为装甲师，1942年7月5日装甲师和非洲轻型装甲师中的摩托化步兵团被改建为机械化（装甲掷弹兵）团。1943年3月24日，摩托车侦察营被改编为装甲侦察营，配备装甲车、摩托车和吉普车。1943年10月2日启用了部分人员装备自行车的师级燧发枪手营编制，替换了原来的师级侦察营，而"AA"营则保留了骑兵传统。

1940年3月，成立了反坦克突击炮组，1940年8月10日这些炮组被纳入突击炮营编制，每个营有31辆自走炮。陆军防空炮营编制启用于1941年2月，

几名装甲工兵班的成员正在列队准备发起进攻。他们戴着有用面包袋捆索固定的麻布罩的头盔（在1941年末配发给一线部队的第1款），穿着M1940款热带作战上衣，热带马裤和第1版M1940款热带高帮靴。可以看到机枪手的装备（右），以及装手榴弹和突击装备的麻布口袋、备

有 3 个炮组，装备可以用作反坦克炮的 88 毫米口径防空炮。

后勤支援勤务由师级后勤军官统一协调，在 1942 年 10 月，将这一职务任命为师级后勤司令，指挥摩托化运输队和油料运输队（1942 年 11 月 25 日起整合为摩托化运输连）、马驮运输队（1943 年 11 月 15 日其整合为一个连）、战地车间连和后勤连（后来改为后勤营）。

外籍志愿兵

德军日益增长的对人力资源的需求，使其开始从外国寻找补充。

第 287 特种部队第 3 营，即德国－阿拉伯教导营，成立于 1942 年 1 月 12 日，参加了突尼斯战役。1942 年 11 月 22 日，维希法国的非洲方阵部队在突尼斯成立；1943 年 3 月，它的 220 名人员随同德国第 334 步兵团参加了突尼斯战役。1943 年 1 月 9 日，"德国－阿拉伯部队"（KODAT）也被称为"自由阿拉伯军团"在突尼斯成立，最终其下辖一个摩洛哥营、一个阿尔及利亚营和两个突尼斯营，由德国人充当骨干，战斗力很弱。

在南斯拉夫，为了对抗铁托的游击队，成立了 3 个"克罗地亚军团"步兵师——1942 年 8 月 21 日成立第 369"魔鬼"师；1943 年 1 月 6 日，成立第 373"老虎"师；1943 年 8 月 17 日，成立第 392"蓝色"师。1941 年 9 月 12 日，成立了一支白俄罗斯人部队，最终拥有 5 个团的兵力，并改名为"俄罗斯军"，部署在塞尔维亚。第 845 德国－阿拉伯步兵营，成立于 1943 年 6 月 5 日，是在第 287 特种部队第 3 营的基础上建立，部署在希腊；另有第 125 步兵团的第 1 亚美尼亚步兵营，隶属于第 297 步兵师，参加了阿尔巴尼亚的战斗。

1943 年 9 月，德军在整个第二次世界大战中最富有外国情调的部队——第 1 哥萨克师，隶属于第 2 装甲集团军，抵达克罗地亚。这支部队于 1943 年 8 月 4 日成立于波兰占领区，曾和德军一起参加了东线战役，下辖由德国人担任骨干的 2 个骑兵旅，有 2 个顿河、1 个西伯利亚、1 个库班和 2 个捷列克哥萨克骑兵团，1 个炮兵团和师级支援部队。其被加强配属于克罗地亚东部的第六十九军，执行反游击队作战任务，在当地臭名昭著。

一名突击工兵排的少尉排长。可以看到 MP38/40 帆布弹药袋、M1924 款木柄手榴弹和 MP40 冲锋枪，都挂在肩下。这名军官保留了他的 M1935 款大陆版军官作战领章，并在他的头盔上覆盖了粗糙的麻布盔罩。

北非军事行动

1940年9月13日，意大利第十集团军从昔兰尼加（利比亚东北部）入侵埃及，但在大英帝国驻防军的第一次攻势中就被打回的黎波里塔尼亚（利比亚西北部）。希特勒决定派出一支小规模的远征军帮助意大利阻止盟军进一步进攻，并防止意大利在利比亚全线崩溃。

在最初的成功之后，北非德军司令官、陆军中将隆美尔，开始幻想征服埃及并进入中东地区，将德国征服的苏联南部和伊朗、伊拉克连接起来，并威胁英属印度。但是，随着盟军逐步加强了力量（在利比亚有4个师），让这一设想变得不现实。隆美尔受困于长期的后勤和增援短缺，这些援助大部分要经由海路从那不勒斯运抵的黎波里，但却被英军不断骚扰。

一名师级新教牧师，正在主持一场墓边葬礼，他的身后是隆美尔。牧师穿着M1940款热带作战制服，作为一名新教徒，戴了没有装饰的胸前十字架。他的M1940款热带上衣上没有肩章，但保留了大陆版领章。遮阳盔在战斗中没有什么用，更常见的是在后方的正式场合中佩戴。

北非军事力量组成

1941年2月14日抵达的黎波里的德军派遣队，在2月18日编成了第5快速师（机动化师），下辖拥有120辆坦克的第5装甲团（常规编制为一个有44辆坦克的装甲营）、第3侦察营、第39防空营、第75炮兵团第1营（常规编制为一个炮兵团）以及摩托化师级支援部队——1/83医疗连、4/572战地医院、第309战地宪兵队和第735战地邮局，但没有工兵和通信兵。在此基础上，增加了第2、第8机枪营，配备88毫米防空炮的第606防空连、第606反坦克营。如此编制的一个师，在坦克和反坦克炮数量上得到了增强，但在步兵方面较弱。1941年8月，该师改编为第21装甲师，下辖第5装甲团、第104摩托化步兵团（后改为机械化步兵团）、第155炮兵团、第15摩托车侦察团和师级支援部队（防空营、工兵营、通信营、后勤营、医疗连、野战医院、宪兵队和战地医院）。1941年2月19日，其作为第一支部队并入新成立的德国非洲部队——德国非洲军（DAK）——由隆美尔指挥，名义上归意大利的"北非最高司令部"指挥。

1941年9月1日，德国非洲军——最终下辖第15、21装甲师、第90非洲师和第164轻型非洲师，以及1—3个意大利军——改称"非洲装甲集群"；1942年1月30日，改称"非洲装甲集团军"；1942年10月1日，改称"德国-意大利装甲集团军"；1942年2月22日改称"意大利第一集团军"，由意大利将军乔瓦尼·梅赛指挥。1942年11月14日为突尼斯战役成立了内宁司令部，11月19日被改编为第八十军，在12月8日又被改编为第五装甲集团军，下辖三个德国师。在1943年2月22日，该集团军与意大利第一集团军合并为非洲集团军群。

1941年6月，阿尔弗雷德·高斯少将，刚刚被任命为北非的意大利司令部联络官，正在与两名意大利军官接洽。他在自己的M1940款热带作战上衣上，按照规定佩戴着将官版的肩章和领章，但自行加上了一枚金色金属"雄鹰胸标"。他佩戴着骑士十字奖章。

隆美尔的第一次攻势

1941年3月23日，隆美尔指挥德军第5机动师和3个意大利师发动了第一次攻势，攻克了阿尔阿格盖拉并穿过了昔兰尼加，在5月27日攻势停止前抵达哈尔法亚隘口，刚刚进入埃及境内。

4月30日，第15装甲师抵达，下辖第8装甲团、第15摩托化步兵旅（第104、115团）、第33战地补充营、第33炮兵团、第33摩托化侦察营和师级支援部队，另有第15摩托车侦察营和第2机枪营，全为摩托化部队。1942年4月，第15摩托车侦察营和第104摩托化步兵团被调离，第115摩托化步兵团和第2机枪营合并组建了第115机械化团，另调入了第200轻步兵（后改为机械化）团。

1941年8月，非洲特设师也调归隆美尔。该师是于1941年6月26日在由原法国外籍军团组成的第361补充步兵团和第155摩托化步兵团的基础上成立的（两个团都在1942年4月改建为轻步兵团，1943年7月改建为机械化团）。11月26日，该师改称"第90轻型非洲师"，加入了第580混成侦察连、第361炮兵营、第900工兵营和第190通信连。1942年4月，改称"第90轻步兵师"；又于7月26日改称"第90非

一名反坦克营的中尉——他保留着"P"兵种符号——穿着 M1940 款热带作战上衣，佩戴非官方的大陆版 M1935 款领章和"雄鹰胸标"以及"非洲军"袖口标识。他佩着缴获的英国防尘护目镜，戴着有军官版铝线绲边的 M1940 款带檐作战帽。此外，他装备着一个装了防护透镜盖的 10×50 双筒望远镜。

洲师"，并扩充了第 200 机械化团、第 190 炮兵团、第 190 装甲营和第 90 装甲侦察营、第 190 反坦克营，另有摩托化师级支援部队。

隆美尔的第二次攻势

1941 年 11 月 18 日，英国第八集团军在昔兰尼加开始了第二次英国"十字军"攻势，迫使隆美尔退回了的黎波里塔尼亚。在 12 月 31 日，他在阿尔阿格盖拉停下。1942 年 1 月 21 日，从此地开始隆美尔发起了他的第二次攻势，推进了 250 英里，攻入埃及，最终在阿拉曼停下。

1942 年 7 月，备受压力的隆美尔获得了增援，克里特要塞师被调入，并在 8 月 15 日改编为机械化部队——第 164 轻型非洲师，下辖第 125（1943 年改编为非洲机械化团）、第 382、第 433 机械化团，第 220 炮兵团、第 164 装甲侦察营（1943 年改编为第 220 摩托化侦察营）和摩托化师级支援部队。

利比亚大撤退

1942 年 10 月 23 日，23 万人的盟军部队进攻阿拉曼，迫使隆美尔的 10 万人（4 个德国师和 10 个意大利师）撤退。德国－意大利装甲集团军穿越利比亚溃退，最终于 1943 年 2 月 15 日在突尼斯境内 100 英里的马雷斯防线站稳脚跟。2 月 19 日，隆美尔在凯赛林隘口击溃美军，然后将指挥权移交给陆军大将冯·阿尼姆，并返回德国。

突尼斯结局

1942 年 11 月 8 日，盟军在摩洛哥和阿尔及利亚登陆。当 11 月底，德军第 10 装甲师作为第九十军的一部分抵达北非时（后改为隶属第 5 装甲集团军），盟军已经进入突尼斯境内 50 英里。这支部队下辖第 7 装甲团、第 10 机械化旅（第 69、86 机械化团）、第 10 装甲侦察营、第 90 装甲炮兵团、第 302 防空营和摩托化师级支援部队。1942 年 12 月末，又调入第 334 步兵师（成立于 11 月 25 日，下辖第 754、755 掷弹兵团，第 756 山地团、第 334 炮兵团和师级支援部队）。接着，在 1943 年 3 月末，第 999 非洲师抵达。该师最初是在 1942 年 10 月 6 日成立的一个旅，后在 1943 年 2 月 2 日扩充为一个师，所有的下级部队都有"黑色数字"999，是由德军正规军军官和军士指挥的惩戒部队。最初是一支步兵部队，下辖第 961—963 非洲步兵团、第 999 炮兵团、第 999 装甲侦察营和师级支援部队。

第 5 装甲集团军还下辖从德国非洲军调入的第 21 装甲师、拼凑的"曼托菲尔"混成师①、两个德国空军防空师和其他德国及意大利部队。1942 年 11 月，该部队从突尼斯桥头堡阵地突破，在 1943 年 2 月时围绕着突尼斯城建立起了一个 40 英里纵深的防御圈。但在 3 月 20 日，英军第 8 集团军突破了马雷斯防线，5 月 11 日，冯·阿尼姆在突尼斯投降。

北非战场的陆军制服

热带制服生产

1940 年 7 月，汉堡大学热带研究院在 1918 年 11 月前德国殖民部队的制服基础上设计出了一套热带制服。1940 年 12 月，这套制服开始全力生产，其生产数量甚至超过了从 1941 年 2 月起陆续部署到利比亚的第 5 机动师和第 15 装甲师所需。

M1940 款热带制服的大多数物件采用厚全棉斜纹面料制成。规定的颜色是浅橄榄色，是一种泛绿的黄褐色，在英国被称为"卡其色"，在美国被称为"橄榄褐"，与海军的 M1941 款和空军的 M1941 款黄褐色或棕褐色热带制服形成强烈反差。但这种颜色的制服在 1941 年后才开始连续生

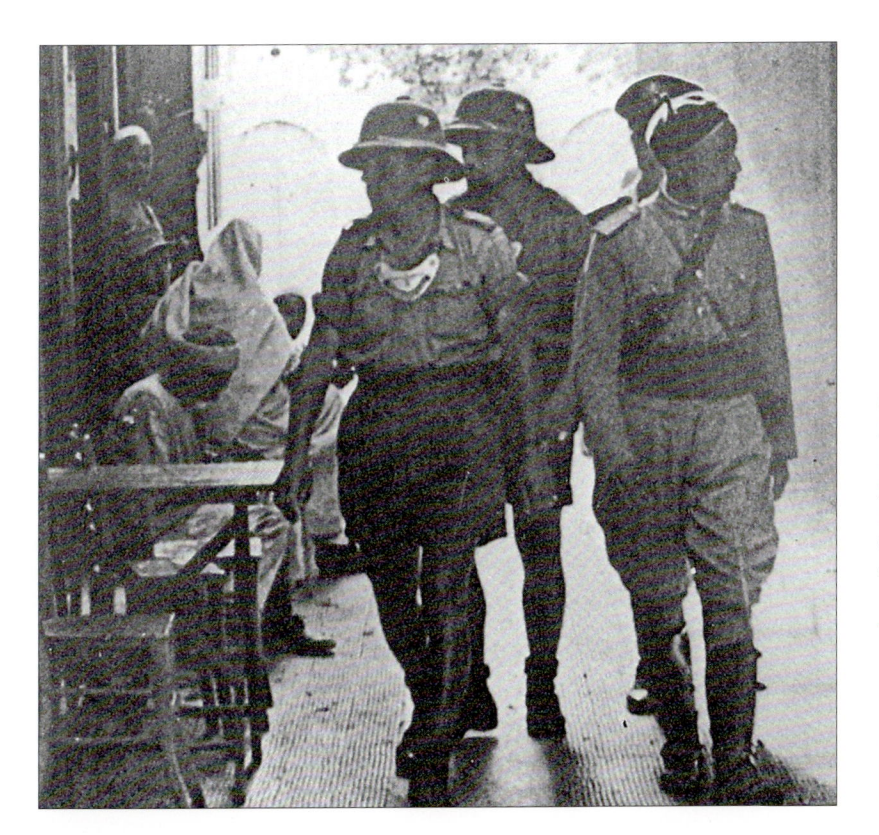

这名正在用饭盒吃饭的非洲军团士兵，也许是出于怀念自己的遮阳帽的原因，违反着装条例将原本遮阳帽上的国防军鹰徽别在了 M1940 款热带作战帽上。而且这款作战帽上，还保留着从 1942 年 9 月 8 日起已命令废除的兵种色布饰面 V 形纹。这样的服装搭配在北非战场上很少见。

在昔兰尼加，一队混合的警察正在穿过德玛的市场——两名德国宪兵军士（左侧前后两人）以及一名利比亚警察（右侧前方）和一名意大利宪兵（右侧后方）。德国宪兵戴着 M1940 款遮阳盔，穿着热带衬衣、短裤和第 1 版 M1940 款热带及踝鞋，佩宪兵的勤务颈饰。

① 该师为混合部队，包括德国空军部队、陆军部队和意大利部队，以师长冯·曼陀菲尔的名字命名。曼陀菲尔后升任陆军上将，指挥了阿登战役。

1941年7月，哈尔法亚隘口。第15装甲师第104摩托化步兵团第1营的士兵，正在列队接受嘉奖。可以看到M1940款热带带檐作战帽（许多已经褪色成白色）、热带衬衣和短裤。队列中士兵们疲乏的表情，说明可能刚刚经历过一场艰苦的战斗。

产，在1940年生产的制服颜色从深绿棕色到深棕色、黄褐色都有。M1940款热带大衣使用深巧克力棕色呢布制成。与传统的"战场灰"衣物不同，几乎所有的热带制服装备都不分军官版和士兵版，而是标准配发。

M1940款热带制服非常受欢迎，1943年时其穿着范围扩大到了南欧战场。北非战场上的陆军人员被禁止穿着"战场灰"大陆版制服或是海军、空军及意大利热带制服，但由于北非的补给短缺，个别人员特别是高级军官，往往违反这一条例。

着装规范

1939年12月28日发布的着装条例，是在大战期间对原有着装进行简化后的版本，同样适用于北非战场。正式典礼服、非正式典礼服、阅兵服、汇报服、便装和卫戍装被废除，所有军阶只保留了4种着装规范——正式和半正式场合的常服或外出服；训练和兵营勤务时的常服；战斗时的作战服。劳作时的劳务服并没有出现在北非战场上。

军官版热带常服

这套制服包括热带遮阳盔或带檐作战帽、作战上衣、衬衣、领带、套衫、大衣、腰带、手枪和枪套，以及搭配高帮靴的马裤或短裤、搭配及踝鞋和长裤。

M1940款标准热带遮阳盔采用软木制成，外面覆有浅橄榄色，后改为棕褐色的帆布，搭配棕色皮质颈带。头盔右侧有黑白红三色斜纹国家盾徽，左侧有银白色国防军"鹰标"，为黄铜刻印质地（后来按照1943年钢盔的着装规范，改为铝制刻印）。M1942款热带遮阳盔，采用无缝的中橄榄色毡布覆盖，启用于1942年末期，但并未在北非战场上列装。在1940年"闪电战"中缴获的英军头盔或法国、荷兰头盔，也被德军佩戴。遮阳盔其实在部队中并不受欢迎；他们更倾向于戴热带带檐作战帽，但经常会保留遮阳盔以出席稍微正式一点的场合。

M1940款标准热带带檐作战帽，启用于1941年中期。用浅橄榄色厚全棉斜纹布制成，外形设计与M1930款"战场灰"山地帽相似，但帽檐更长，有假翻边，没有扣子。帽上的标识包括鼻烟色底上的机器缝制的泛蓝灰色螺纹纳粹"鹰标"。其下是鼻烟色底上的机器缝制的黑白红螺纹国家帽徽，外围是兵种色饰面 V 形纹，尖口朝上（1942年9月8日后去掉）。将官为金色人造丝线 V 形纹。军官在帽冠和假翻边前扇形上有3毫米铝线（将官为金线）绲边。有些军官则自行保留了在泛蓝深绿色饰面布底上的 M1935款大陆版亮铝线"鹰标"和国家徽章。这种帽子成为了德国非洲军最显眼和最喜爱的制服物件。在热带阳光下的长时间暴晒，使其褪色为一种灰白色，戴着这种褪色的帽子成为了非洲军"老油条"的一种值得夸耀的特色。

M1940款标准热带作战上衣使用浅橄榄色厚全棉斜纹布制成，设计基于M1933款非军官版作战上衣，袖口无装饰，5颗（有时4颗）浅橄榄色前襟雾面扣，4个有扇形翻盖的折褶明贴衣袋，但领设计了开口领和时尚的翻领。M1942款热带作战上衣，见于1942年10月后，去掉了衣袋折褶。后来由于生产得太晚没有赶上北非战役的M1943款上衣，为方形翻盖无折褶衣袋。有一些军官则自己采购了上衣，有一部分还穿着意大利的黄褐色撒哈拉热带作战上衣。

在上衣的右胸袋上，有缀在鼻烟色底部上的机器缝制泛蓝灰色螺纹纳粹"鹰标"（就是作战帽上的版本放大），其纳粹卐字符经常叠在口袋翻

1941年12月。一群筋疲力尽的第5机动师或第21装甲师的士兵，被迫再一次撤向阿拉盖拉，勉强对着镜头露出笑脸。他们戴着褪色的M1940款热带带檐帽或头盔，穿M1940款热带作战上衣、马裤和第1版M1940款热带高帮靴。不舒服的领带通常都被弃之不用，有时候会被换成更实用的平民围巾。

一名专业技术少尉，可能是一名意大利语翻译，正同一名意大利中尉愉快地交谈。他戴着泛白的 M1940 款热带带檐作战帽，穿 M1940 款热带作战上衣，有大陆版技术少尉的肩章和领章（启用于 1940 年 3 月 21 日），并有"非洲军"袖口标识。

盖上。但也有许多军官自行保留了 M1935 款大陆版泛蓝深绿色饰面布底的亚光铝线编织"雄鹰胸标"。在作战上衣的衣领上有两条直接绣上去的机器缝制泛蓝灰色近卫穗带，各有一根鼻烟色中央条纹和分割条纹。上衣上佩戴的是大陆版作战服质地肩章。许多，但不是大部分军官自行采用了更显眼的 M1935 款大陆版泛蓝深绿色饰面布领章，有两根亚光铝线近卫穗带。各有一根兵种色丝线刺绣中央饰纹。

将官版上衣配亚光金色雾面衣扣和由 1927 年 8 月 1 日启用的传统 M1927 款大陆版领章。领章上有亚光黄色纱线的两枚矢车菊图案，其下为亮红色饰面色。大多数人自行佩戴泛蓝深绿色饰面布底的大陆版亮光或亚光金色螺纹"雄鹰胸标"。

M1940 款标准热带衬衣采用浅橄榄色棉布制成，有 4 颗复合纤维前襟扣和 2 个扇形翻盖折褶胸袋，每个胸袋有一颗浅橄榄色带扣。原法国陆军的 M1935 款卡其色热带衬衣，有显眼的下翻带扣衣领和 3 颗前襟扣，在 1942 年底前也被德国陆军穿着。当这款衬衣作为外穿衣物时，用可拆的浅橄榄色扣将大陆版作战服肩章固定在肩部。M1940 款标准热带领带，也是用浅橄榄色棉布制成，在作战或军官佩戴衣领饰物时通常不戴。M1940 款标准橄榄棕色呢质套衫，有圆翻领设计，穿在作战上衣下。

M1940 款标准热带大衣，设计在沙漠寒冷的夜晚穿着，采用 M1935 款战场灰作战大衣的样式，使用了深巧克力棕色呢布，有两排 6 颗亚光"战场灰"衣扣，带 2 颗扣子的背部半腰带，后翻袖口和大陆版作战服质地肩章以及分开的后衣摆。将官版为亚光金色衣扣，上面两颗扣子解开露出亮红色饰面布翻领里衬。其他佩戴了衣领饰物的军官也会将这两颗扣子解开。军官还会穿皮革大衣。

M1940 款军官版热带腰带采用厚橄榄绿色帆布材质，配圆形铝制带扣，上有带橡树叶花环的橄榄绿纳粹"鹰标"图案，但大多数军官还是保留着自己的铝制双爪开放式带扣的棕色大陆版皮带。通常还有装在棕色皮质枪套里的鲁格 P08、P38 或瓦尔特 PPK 手枪。

M1940 款标准热带马裤采用浅橄榄色厚全棉斜纹布制成，有内置腰带。将官版在外裤缝保留了传统的 2 毫米绲边，两侧各有一根 4 厘米款条纹，都采用的是亮红色饰面布。马裤搭配 M1940 款第 1 版标准热带高帮靴，用浅橄榄色帆布制成，有棕色皮质鞋舌、脚背鞋面和脚踝内侧加厚层，配黑色鞋带。后来在 1941 年中期被第 2 版取代，扩大了脚背鞋面。1941 年末启用了稍微短一点的第 3 款，扩大了皮质鞋舌和脚背鞋面。一些高级军官，包括隆美尔在内，更喜欢穿大陆版黑色皮质高帮靴。

M1940 款标准浅橄榄色厚全棉斜纹布长裤要比马裤更实用一些，德军经常加上绑带以让裤腿紧紧绑在踝关节处。将官在长裤上有亮红色裤纹。长裤搭配 M1940 款第 1 版标准热带及踝鞋，这种鞋也是用浅橄榄色帆布制成，棕色皮质鞋舌和鞋面，配黑色鞋绳。启用于 1942 年末的第 2 款，也同样扩大了皮质鞋舌和鞋面。

M1940 款标准热带浅卡其色厚全棉斜纹布短裤，既可搭配热带高帮靴，也可以搭配 M1940 款浅橄榄色及膝长袜和热带及踝鞋。

非军官版热带常服

非军官（除了高级军士外）采用与军官版同样的制服，但没有手枪；在制服标识的质量上也有些微的差别。他们穿戴标配的制服和标识，并不像军官那样享有自行采用非标配的大陆版制服配件和标识的权力。军衔标识则是一个例外。

非军官阶层穿戴着与军官同样的热带遮阳盔、衬衣和领带、马裤、长裤、短裤、及膝长袜、高帮靴和及踝鞋，但在 M1940 款热带带檐作战帽上没有绳边。军士在作战上衣上有 9 毫米宽的铜棕褐色铝制钻石纹路衣领穗带，但在热带大衣上没有此配置，他们的热带大衣与军官版为同样的剪裁设计。非军官版的热带腰带为橄榄绿或浅棕褐色的厚帆布，配方形铝制带扣，带

1942 年 9 月。在隆美尔元帅之前担任非洲装甲集团军司令的装甲兵上将格奥尔格·施图米，正在视察托布鲁克港的建设情况。施图米穿了一件自行采购的 M1940 款热带版作战上衣，以及有将官条纹的马裤，在大陆版 M1935 款大檐帽上戴着太阳护目镜。他右边的助手戴着 M1940 款热带大檐帽，穿 M1940 款热带作战上衣，但在左后方的军官穿着短一些的褪色的作战上衣。

扣上有圆环中的橄榄绿色的纳粹"鹰标"图案，另有"上帝与我们同在"的箴言和橡树叶片图案。

军官版热带外出制服

这套制服包括热带遮阳盔或带檐作战帽、作战上衣、衬衣、领带、大衣和搭配高帮靴的马裤或短裤，搭配及踝鞋的长裤，基本与常服类似，但没有腰带、手枪和枪套。

在更正式一些的场合，高级军官会采用个人采购的优质制服，有后翻袖口和大陆版领章及"雄鹰胸标"的高品质作战上衣、灰色绒面手套、搭配黑色大陆版皮革绑带鞋的长裤。有时候，他们会违反着装条例，戴M1935款鞍状"战场灰"军官大檐帽，有些将官则戴热带大檐帽，是用高品质的浅橄榄绿布代替了"战场灰"棉布。

非军官版热带外出制服

非军官阶层的外出制服与军官相似，佩戴自己的标识，以及M1940款非军官热带腰带和大陆版M1936款神枪手饰绳，后者在1939年有改进款。其设计为亚光铝线折褶饰绳，有一个铝制国防军"鹰标"，其下的图案是盾牌上的交叉双剑，都在一个小型花环中，另有1—3个铝制橡子附片（炮兵则为炮弹）代表2—4级饰绳嘉奖。5—8级饰绳嘉奖有一个大一些的花环图案；9—12级饰绳嘉奖则为镀金材质。这款饰绳从右肩肩带上垂下，扣在上衣的第一颗衣扣上。

军官版热带作战制服

所有军官戴热带遮阳盔或带檐作战帽（后来改为钢盔），穿作战上衣、衬衣、领带、套头衫、大衣、腰带、搭配高帮靴的马裤或短裤和搭配及踝鞋的长裤。

1942年10月23日，盟军发起阿拉曼攻势当天。布里尔少校（左），指挥着第90非洲师的第200装甲掷弹兵团，戴着破旧的头盔，穿着M1940款热带作战上衣，上有非官方的M1935款军官版大陆领章和德意志十字奖章，正在与随同的军官交谈。他的右手缠着绷带。可以看到中间的军官穿着热带网眼袜。

在1943年初以前，钢盔并非北非战场上的德军标配，但机械化步兵、反坦克部队和工兵在1941年末就已经获得了配发的钢盔。M1935款和M1942款钢盔（启用于1942年8月1日）有黑色盾形底上的银白色国防军"鹰标"——通常是涂印的——位于钢盔左侧。大多数士兵自行将头盔涂装成浅黄色、芥末米色或橙棕褐色载具伪装涂装，有时还会混入沙色；在涂抹时经常会覆盖掉国防军"鹰标"盾徽。非洲军的载具标识，是白色棕榈树图案和纳粹⁄字符，有时会被德军自行涂装在头盔一侧。沙包麻布也经常用来作为实用的头盔伪装。

除了步兵排长之外的军官会携带手枪和枪套，以及装在棕色皮盒或人造橡胶盒里的6×30黑色双筒望远镜。步兵排长逐渐配发针对北非战场的改良版装备，并经常将其中的金属物品涂装成沙黄色伪装色。他们佩戴士兵版M1940款橄榄绿帆布腰带和M1940款橄榄绿帆布热带步兵Y形支撑带，上面的铝制配件涂装成战场灰或橄榄绿色；在腰带前方有三组MP38或MP40冲锋枪配套的M1938/1940款"战场灰"帆布弹药袋中的两组；腰带左侧是棕色或黑色皮质M1935款地图盒、装在黑色刀鞘里的85/98款刺刀挂在M1940款橄榄绿或棕褐色帆布热带刺刀环扣上。M1940款折叠战壕铲佩戴在腰带左后侧，M1941款棕色或棕褐色热带面包袋和两个有M1940款橄榄绿或棕褐色热带帆布吊绳的M1931款棕色毡布外套水壶和铝制水杯佩戴在腰带右后侧。在背后上半部有用网具装着的M1931款饭盒，其上有M1940款橄榄绿热带帆布捆带和M1941款伪装帐篷组片。在背后下半部分有用"战场灰"帆布捆带固定的防毒披肩，另有棕褐色帆布罩面捆住的M1930或M1938款防毒面具。另外还佩戴望远镜、指南针、信号哨和战地手电。

装甲部队和摩托化部队的所有成员都配发了蔡司暗影太阳护目镜，有一些人员——尤其是隆美尔——佩戴缴获的英军式护目镜。

非军官版热带作战制服

非军官阶层穿戴与军官一样的制服，佩戴自己的标识。

在10人的步兵班中，班长通常为下士，佩戴排长的装备。副班长和五名步枪手携带标准步枪兵装备。包括热带腰带和热带Y形支撑带，在腰带前方有三组浅棕色纹面皮革步枪弹药袋中的两组（或者更常见的大陆版黑

1943年初。一名第287特种部队的德国下士，在一个阿拉伯营中担任骨干。他戴着M1935款头盔，穿有铜棕褐色军士领章和肩章穗带的M1940款热带作战上衣，另有第288特种部队也同样佩戴亮光铝线军衔绲边和东方军臂章。

色纹面皮革弹药袋，有时涂装成沙黄色）。在腰带左后方是刺刀、刀鞘和热带刺刀环扣以及战壕铲；右后侧是热带水壶和面包袋；背后上半部是饭盒和帐篷组件；下半部是防毒面具；前胸上半部是防毒披肩。蔡司暗影太阳护目镜也广泛佩戴。

第一射手——三人轻机枪小组中的射手——配热带腰带，在腰带左前方有一把套在枪套里的鲁格 P08 或 P38 手枪，在右前方有一个大陆版黑色皮质备用弹药袋。第二射手——后备射手——穿戴标准步兵装备，在腰带左前方佩戴装在黑色皮质大陆版枪套里的手枪，而非步兵的弹药袋，另有 4 个 50 发弹鼓、1 个 300 发弹药盒，1 到 2 根装在金属枪管套里的备用枪管。第三射手采用标准步兵装备，携带两个弹药盒。

坦克手热带制服

M1934 款黑色坦克手制服在北非地区并不实用，因此坦克手穿着标准的 M1940 款热带制服。但是 3 个装甲团——第 5、第 7、第 8 装甲团的所有成员，包括配属的行政军官（以及第 287 突击炮组）——在他们的热带作战上衣的翻领上，佩戴从黑色领章上拆下来的铝制"骷髅"徽章。

1943 年 1 月，突尼斯。一名隶属于第 287 特种部队，第 3 营的阿拉伯士兵，正在执勤。戴着没有装饰的 M1935 款钢盔、M1940 款热带作战上衣，有白色兵种色肩章，以及自由阿拉伯臂章。这款臂章在 1943 年时也配发给了部署在希腊的第 845 德国－阿拉伯步兵营。

M1940 款标准热带坦克手作战帽（其实就是没有帽檐的 M1940 款热带带檐作战帽）与 M1934 款第 2 版战场灰士兵版作战帽相似的设计。用浅橄榄色棉质斜纹布制成，与后者有同样的标识——纳粹"鹰标"、国家徽章，并且在 1942 年 8 月前有粉色（装甲部队）兵种色饰面布 V 形纹，军官版另有铝线绲边。这款帽子取代了在密闭的装甲载具中并不实用的遮阳盔，但后来也被热带带檐作战帽取代。有些装甲部队成员违反条例保留了黑色大陆版坦克手 M1940 款军官版或非军官版作战帽。

其他兵种的特殊制服和徽章

第 999 非洲师的骨干军官、军士和士兵穿戴标准的热带制服和全套标识，但惩戒部队成员去掉了所有标识，佩戴在带扣处为无装饰纹面圆盘的 M1940 款士兵版热带腰带。

直接向陆军情报局汇报的勃兰登堡部队，继续根据任务所需选择穿着德军或外国制服，甚至平民衣物。

第 287 和第 288 特种部队穿戴标准热带制服，搭配适当的兵种色绲边。

1942年初，曾在左胸袋上佩戴非官方版的青铜质"东方军"载具标识，1942年末替换为在右臂上方佩戴的布质徽章——泛蓝深绿色椭圆底，有月桂花环图案，中间是机器缝制的黄色旭日和白色棕榈树图案、纳粹卐字符图案。在热带大衣上这是泛蓝深绿色饰面布底上的机器刺绣图案。

北非战场上的两支山地部队——第756山地步兵团和第288特种部队第2连——1943年两者都部署在突尼斯，穿标准热带作战制服，经常搭配热带马裤、大陆版棕色或黑色皮质登山及踝鞋和裹腿。士兵携带标准大陆版M1931款热带泛绿卡其色帆布山地背包，佩M1939款山地帽徽——一朵有一根茎干、两片叶片的白色（后来改为灰色）铝制雪绒花图案及镀金（后改为黄色）花蕊，佩戴在热带带檐作战帽的左侧。另有M1939款山地臂章——为椭圆形深绿色（后改为"战场灰"）饰面布底上，有机器缝制的黄色花蕊、浅绿色茎干和叶片的白色雪绒花图案，周围是鼠灰色绳环，佩戴在右臂上方。

M1940款热带摩托车手大衣，采用了M1934款大陆版涂胶大衣的设计，用深橄榄棕褐色厚全棉斜纹布制成。载具驾驶员和部分军官也喜欢穿着这款大衣，以取代更厚的呢质大衣。

第33师级侦察营的部分人员，可能只包括前第6骑兵团的军官和军士，在M1940款作战帽和带檐作战帽上佩戴亚光铝制龙骑兵"鹰标"传统帽徽。

突击工兵配发了用橄榄绿或棕褐色帆布制成的M1940款热带A型框架，用来携带他们的工兵突击装包，将饭盒和帐篷组件捆在上半部，腰部左右两侧各有一个浅橄榄色帆布装备袋，或是在脖子下挂两个浅橄榄色帆布装备袋。在左后臀上携带刺刀、刀鞘和刺刀环扣及掘壕铲，另有1到2个水壶、面包袋和装在黑色皮盒里的线钳。

宪兵穿配大陆版标识的普通热带制服。包括宪兵臂章，为"战场灰"底面上的橙色花环图案，其中有机器缝制或机器刺绣的橙色雄鹰和黑色纳粹卐字符（军官为手工刺绣铝制螺纹），但在战场上经常没有佩戴。在左袖口上有机器缝制的铝线"战地宪兵"字样，绣在有铝线饰边（后改为银灰色机器刺绣饰边）的棕色袖口环标上。在执行勤务时，佩戴亚光铝制颈饰。在穿短袖制服时，只佩戴颈饰。

1943年1月，突尼斯。一个阿拉伯营的新兵正在列队受阅，穿着M1935款法国陆军上衣和皮质作战装备，戴着德军头盔和臂章。德国骨干军士则穿戴着标准的M1940款热带作战制服。

外国志愿者制服和标识

第287特种部队和在希腊的第845步兵营的德国骨干和阿拉伯成员都穿正常的热带制服（有步兵的白色兵种色绲边），在右臂上方佩戴白红黑绿四色的伊拉克人盾徽，上有用阿拉伯语和德语印刷的"自由阿拉伯"字样。执行劳作任务时，阿拉伯成员戴传统白色头巾。

KODAT营（德国-阿拉伯部队）的阿拉伯人穿法国大陆版M1935款卡其色作战制服，配棕色皮质携具，戴德国头盔，并在右臂上方戴启用于1941年10月1日的袖标，上有"附属于德国国防军"字样。非洲方阵部队则有法国三色盔徽，并在右胸袋上配一个斧形徽章。作战时穿戴德国热带制服。

军衔标识

将官、校官、上尉和其他尉官在热带作战上衣、衬衣（短袖穿着时）、大衣和摩托车手大衣上佩戴与大陆版"战场灰"制服同样的作战服质地军衔标识。

所有军士和士兵配浅橄榄色厚全棉斜纹圆底肩章（大衣上为橄榄棕呢质肩章），有兵种色绲边。军士有9毫米宽铜棕褐色铝线钻石纹领章穗带，缀有与军衔匹配的大陆版1.8cm、2cm及2.4cm宽亮光铝制德国军衔星。附属官或代理附属官在作战上衣和大衣的袖口处有两根热带军士穗带。

1943年4月，突尼斯。在加贝斯战役中被俘的第15装甲师机械化步兵，可能来自第115机械化团。对于即将到来的囚禁生涯，他们的表现大相径庭，有的认为是一种解脱（左起第三人），有的是恐惧（右），有的则是沮丧（左起第2人）。这些士兵穿着M1940款折褶袋版或M1941款无折褶袋版热带作战上衣，以及M1940款热带帆布腰带和Y形支撑带。

（右）1943年4月，突尼斯。一名被英国第1集团军俘虏的德国军官正行军走向战俘营。他戴着M1940款热带帆檐作战帽，去掉了兵种色V形纹路（1942年9月8日后）。佩戴着M1935款大陆版作战领章，以及一级铁十字奖章和银色通用突击章。

士兵的军衔标识为采用了热带军士穗带的∨形臂章，与军阶搭配的一颗银灰色刺绣或铝线螺纹德国军衔星，底面为浅橄榄色厚全棉斜纹三角布或圆布。

1942年8月22日，为军官和军士设计了一套佩戴在M1940款热带衬衣左袖上部的新军衔标识。为黑色矩形上的绿色和金黄色标识，但它并不受欢迎，并且由于补给问题，在北非战场上很少见到。

兵种标识

德国士兵的主要兵种辨识方式是兵种色。除了将官外，热带制服的领章上并没有兵种色，官方的兵种区别限定在军官的肩章底色，士兵的肩章绳边和1942年9月8日之前的M1940款无檐帽和带檐作战帽的兵种色饰面布∨形纹上。

低级军士和士兵的M1940款热带肩章上没有兵种符号或数字。军官和高级军士的肩章上去掉了部队番号，但经常保留了他们的金色镀锌、灰色涂漆铝制或锌合金质地兵种符号，例如代表反坦克部队的哥特字体的"P"。当在后方或难得地回德国休假时，可以佩戴兵种符号和单位番号标识。

在北非的部队很大一部分都是机动化部队，所以在欧洲战场上最常见的步兵使用的白色兵种色，在这一战场上反而很少见到。

摩托化步兵团，曾经佩戴一个哥特字体的"S"符号，另有部队番号和装甲兵的粉色兵种色。但在1939年9月25日后，根据命令去掉了"S"符号，并采用了草绿色兵种色。这种方式持续到1942年7月5日，之后摩托化步兵和轻步兵都被改建为机械化团。

个别从原骑兵团改建而来的师级侦察营使用骑兵的金黄色兵种色而非步兵的白色。

非洲军袖口标识

1941年7月18日，为所有在德国非洲军中服役超过两个月的人员设计了一款袖口标识，后来在11月4日扩展到配发给所有非洲装甲集团军的人员。

75

它仅限于在北非使用,但很少在战场佩戴;当出差或休假返回德国时,也可以佩戴。这款袖口标识,佩戴在热带作战上衣和大衣的右袖口上,为深绿色布面底,有机器缝制的白色或亮光铝线内边及浅棕褐色布质外边,中间是机器缝制的白色或亮光铝线"非洲军"德文字样。1941年春,部分部队曾短暂地佩戴了一种非标准版本,为黑色呢质袖口标识,军官版有白色刺绣边缘,中间为白色刺绣的"非洲军"德文字样。

在1943年1月15日,标准版的袖口标识被替代为"非洲"袖标,这是一款褐色细羊毛袖标,中间是银灰色棉质螺纹线"非洲"德文字符,两边是两棵"棕榈树",佩戴在所有上衣和大衣的左袖口边缘。它专门授予在北非受伤或有6个月服役记录的人员(如曾于1943年4—5月间在突尼斯服役,则只需4个月;如因热带病致残只需3个月)。在德军于突尼斯投降前,只有极少数部队获得了这一袖口标识。

1943年5月,突尼斯。这些德国战俘穿着山地裹腿和及踝鞋而非很不受欢迎的热带高帮靴。可以看到左起第一人佩戴的大陆版M1935款泛蓝深绿色饰面布质肩章,以及他们沮丧放弃的表情。

巴尔干军事行动

1940年10月28日,墨索里尼从阿尔巴尼亚入侵希腊。但是意大利在希腊的反击中遭遇惨败,再加上英军占据了具有重要战略意义的克里特岛(此处可以威胁对于德国至关重要的罗马尼亚油田),1941年3月7日,53000人的盟军"W"特遣部队抵达希腊,3月27日南斯拉夫成立了亲盟国的政府,这些情况迫使希特勒发动了"玛丽塔"行动,以避免希腊和南斯拉夫协助盟军。

入侵南斯拉夫

入侵的德军包括第2集团军(冯·魏克斯大将),下辖四个军——第五十一、五十二、四十六装甲军和第四十九山地军;以及第12集团军(李斯特元帅)大部,下辖五个军——第十八山地军、第四十装甲军,以及由第十一、十四装甲军和第四十一摩托化军组成的第1装甲集群(冯·克莱斯特大将)。其部队共计24个师:8个步兵师、7个装甲师、4个山地师、2个摩托化师、1个轻型师和2个武装党卫军摩托化师,由意大利和匈牙利部队进行协助。

入侵发起于 4 月 6 日。第 2 集团军在 4 月 10 日抵达萨格勒布，4 月 12 日抵达贝尔格莱德，4 月 16 日抵达萨拉热窝，4 月 17 日抵达杜布罗夫尼克。第 1 装甲集群的第十一和第十四装甲军在 4 月 8 日和 4 月 12 日分别占领了尼思和贝尔格莱德，与从罗马尼亚进攻的第四十一摩托化军会师。第四十装甲军和第十八军的部分部队占领了南斯拉夫马其顿，在 4 月 6 日夺取了斯特鲁米察，4 月 7 日夺取了斯科普里，4 月 9 日夺取了莫纳斯提尔，然后向南攻入希腊。

南斯拉夫的 30 个师在德军"闪电战"战术进攻中很快败下阵来。在北方，一些斯洛文尼亚人和克罗地亚人的部队拒绝与德军战斗，但在南方的塞尔维亚师发动反击攻入了意大利占据的阿尔巴尼亚。4 月 17 日，南斯拉夫最高统帅部投降，但许多部队加入了民族主义的南斯拉夫祖国军和后来的共产主义游击队。

入侵希腊

希腊陆军共有 21 个师，分别隶属于第 1（伊庇鲁斯）集团军和第 2（东马其顿）集团军，另有盟军"W"特遣部队的协助。

4 月 6 日，德国第 12 集团军的第三十军入侵由希腊第 2 集团军守卫的西色雷斯的地区，在 4 月 9 日占领了克桑西。5 月 4 日，又占领了爱琴海群岛。4 月 9 日，第十八山地军突破了位于希腊马其顿的迈塔克瑟防线，并继续

1941 年 4 月，南斯拉夫。德军士兵在一条乡村小路上拖着一门 37 毫米反坦克炮。他们穿着 M1935 款和 M1940 款作战上衣以及全套作战装备。可以看到左侧领头的下士班长佩戴的 MP38 冲锋枪和 MP38/40 帆布弹药袋。

推进突破希腊东部，在4月19日抵达拉里萨。第四十装甲军突破了希腊西部，在4月14日攻克科扎尼州，在4月20日攻克约阿尼纳州，迫使被侧翼包围的希腊第1集团军在4月23日投降，接着追击盟军"W"特遣部队，在4月20日夺下拉米亚，4月24日夺下塞莫皮莱，在4月27日攻克雅典。4月30日，伯罗奔尼撒半岛全境沦陷，盟军"W"特遣部队撤退到克里特岛。

德国入侵克里特岛的行动——"水星"行动——发动于1941年5月20日，德国空军的第7航空师空降至克里特岛，并且从5月22日起，第5山地师和第6山地师的第141山地团也通过机降方式投入到克里特岛。41500人的盟国防军进行了顽强抵抗，但6月1日全岛沦陷。

南斯拉夫占领军

1941年6月中旬，在执行了8个星期的绥靖任务后，德国第2、第12集团军被调往东线。希特勒和他的意大利、匈牙利、保加利亚盟友瓜分了南斯拉夫，在贝尔格莱德成立了由塞尔维亚司令为首的塞尔维亚政府，并支持成立了包括克罗地亚和波斯尼亚－黑塞哥维那的克罗地亚国。

德国占领军仅限于驻扎在贝尔格莱德的第六十五军，在1942年5月1日改建为塞尔维亚司令部，在1943年8月13日改为东南军事司令部，并最终在1944年9月26日改为陆军塞尔维亚分区，然后在1944年10月

1941年4月，南斯拉夫。一名摩托车通信一等兵在他的摩托车上照相。他穿着有"战场灰"M1940款肩章和M1936款V型军衔章的M1935款作战服，携带了一个皮质文件盒。

27日被废除。1942年10月，成立了克罗地亚司令部（在1943年7月8日改为第六十九后备军，在1944年1月20日改为第六十九军）在克罗地亚和波斯尼亚协助德军执行安全任务，另有斯雷姆州司令部，成立于1944年1月，控制东克罗地亚地区。

从1941年6月中旬到1944年10月4日，在长达39个半月的占领中，被纳入东线战场的巴尔干战区里，德军和意大利、保加利亚、克罗地亚及塞尔维亚军队总共进行了13次大规模作战。他们最初是对抗南斯拉夫祖国军和游击队，然后随着1943年9月8日意大利签订停火协议，又转而对抗意大利，之后在保加利亚于1944年9月10日脱离轴心国之后，又对付保加利亚军队。

随着当地游击队活动的加强，驻扎在此的平均德军师数量从1941年的4个增加到1942年的5个、1943年的9.5个（1943年9月8日，第2装甲集团军的4个军——第十五、二十一山地军，第六十九后备军和武装党卫军第三装甲军——抵达此地，以缴械意大利陆军并预防盟军可能的登陆作战），1944年则为12个。到1944年10月4日，有24个德军师部署在南斯拉夫：13个步兵师、1个轻步兵师和2个后备师；3个克罗地亚步兵军团；1个山地师；1个哥萨克师；2个武装党卫军山地师和1个武装党卫军机械化师。

希腊占领军

1941年6月中旬，在希腊的德国第12集团军的下属各师被调往东线战场，大部分希腊领土留给了意大利军队控制，保加利亚军队占领了东色雷斯地区，德军则占领了雅典、东马其顿（含萨洛尼卡），以及希腊-土耳其边境、克里特岛西部和部分岛屿。在雅典的第12集团军司令部（1941年10月起移防萨洛尼卡）也被称为东南总司令部，由李斯特元帅领导，指挥第十八山地军，下辖第164步兵师和在萨洛尼卡的第125独立步兵团、在克里特岛的第5山地师、在雅典的第6山地师和在塞尔维亚和克罗地亚的第六十五军。

在1941年希腊游击队的活动很少，德国可以专注于克里特岛，撤出了第5、6山地师，将第164、713步兵师改编为克里特岛要塞师。1942年8月，第22空降师抵达克里特岛，将克里特岛要塞师调往北非。

1943年，希腊民族主义的EDES游击队和共

1941年4月，南斯拉夫。两名士兵都穿着M1935款作战上衣。一等兵（左），可能是一名班长，佩了一个银色受伤纪念章（3—4次受伤），另有MP38/40款帆布弹药袋，装备了一把MP28/II冲锋枪。右边的上级步枪兵佩戴了M1940款"战场灰"肩章，另有一组步枪弹药袋和一个轻机枪备用弹药袋。两人都在腰带上别着M1924款木柄手榴弹。

产主义的 ELAS 游击队对德军的威胁加大，再加上意大利签订停战协议和可能的盟军登陆，迫使德国重组了此地驻军。1943 年 1 月 1 日，第 12 集团军编为 E 集团军群，由德国空军大将洛尔指挥（从 1943 年 8 月起其指挥权限于希腊地区），向由冯·魏克斯陆军元帅指挥的，驻扎在贝尔格莱德的 F 集团军群汇报。从 1943 年 1 月起，雅典由德国空军第 11 野战师驻防；从 5 月起罗德岛由罗德岛突击师驻防；东希腊和伯罗奔尼撒半岛从 6 月起由第六十八军（第 117 步兵师、第 1 装甲师）驻防；希腊西部从 9 月起由第二十二山地军（第 104 步兵师、第 1 山地师）驻防。从 1944 年 1 月起，第 41 要塞师，加上 22 个惩戒部队的"999"要塞营，驻防伯罗奔尼撒半岛，克里特岛驻防部队则改建为第 133 要塞师。1944 年 8 月，在萨洛尼卡成立了第九十一军，下辖数个要塞旅，以代替撤入南斯拉夫的 E 集团军群。这些部署最终在 1944 年 11 月 2 日完成，爱琴海各岛上的驻防部队则在 1945 年 5 月投降。1944 年 10 月 17 日，罗德岛突击师的部分部队在贝尔格莱德加入了新的勃兰登堡机械化师。

阿尔巴尼亚占领军

1943 年 9 月 9 日，第 2 装甲集团军的第二十一山地军占领了阿尔巴尼亚，下辖第 100 步枪师和第 297 步兵师，缴械了意大利驻防军队并进攻阿尔巴尼亚共产主义的 UNCS 游击队。第 100 步枪师在 1944 年 3 月调离，其空缺在 6 月由阿尔巴尼亚第 21 武装党卫军山地师填补。11 月 29 日，第二十一军撤入南斯拉夫。

巴尔干战场的陆军制服

1941 年 4 月—1944 年 10 月的巴尔干战役，属于东线战场，将在后几卷详细论述。此处只列举特殊的巴尔干陆军制服。

许多部队都混合穿戴着新式和旧式的制服及标识。这是源于各种着装条例在颁布顺序上的混乱以及替换标识的官方命令内容与补给困难的现实之间的矛盾——特别是在孤立的作战部队中——也因为士兵个人的喜好、感情，以及更倾向于按照自己的作战经验来保留质量更好、更实用的旧装备。除此之外，在战争的继续过程中，制服和标识的质量水准也不断下降，德国陆军总司令部不得不规定了许

一名军官戴着 M1934 款老式作战帽，穿着 M1935 款军官版作战上衣，上有军官版领章。穿着 M1940 款非军官版大衣，有"战场灰"衣领，衣领敞开露出骑士十字奖章。可以看到标准的 6×30 双筒望远镜。

1941年2—4月，抵达非洲

1: 1941年3月，的黎波里塔尼亚，的黎波里，热带常服，第5轻型师，少将
2: 1941年4月，阿杰达比亚，热带作战制服，第8装甲团，上尉
3: 1941年4月，昔兰尼加，托布鲁克，热带作战制服，摩托车营，上等兵

2　　　　　　　1　　　　　　　3

A

1941年5—11月，昔兰尼加和埃及西部
1：1941年5月，昔兰尼加，托布鲁克，热带作战服，机枪营，高级步枪兵
2：1941年5月，埃及，哈尔法亚隘口，热带作战服，第33装甲猎兵部队，步枪列兵
3：1941年11月，昔兰尼加，卡普佐港，热带作战服，第900（摩托化）工兵营，下士

B

1941年11月—1942年10月，埃及战役
1：1941年11月，昔兰尼加，布特，热带作战服，第33（摩托化）侦察部队，少尉
2：1942年5月，昔兰尼加，托布鲁克，热带作战服，第5装甲团，附属官
3：1942年5月，昔兰尼加，比尔哈凯姆，热带作战服，第361轻步兵团，一等兵

1

3

2

C

1942年10月,阿拉曼战役
1:阿拉曼,热带便服,德国－意大利装甲集团军,陆军元帅,埃尔文·隆美尔
2:切德尼山脊,热带作战服,第115装甲掷弹兵团,下士
3:切德尼山脊,热带作战服,第155炮兵团,高级炮兵

1943 年 1—5 月，突尼斯战役
1：1943 年 2 月，凯瑟琳隘口，热带作战服，第 200 装甲掷弹兵团，上士
2：1943 年 2 月，朗斯普山，热带作战服，第 756 山地猎兵团，中士
3：1943 年 3 月，丰杜克，热带作战服，第 981 非洲步兵团，步枪列兵

1941年4—5月，入侵南斯拉夫和希腊

1：1941年4月，南斯拉夫，尼思，第33装甲团，中士
2：1941年4月，南斯拉夫，萨格勒布，作战服，第330步兵团，上等兵
3：1941年5月，克里特岛，马利姆机场，作战服，第100山地猎兵团，一等兵

F

1941年4月—1944年10月，南斯拉夫占领军
1: 1942年1月，塞尔维亚，贝尔格莱德，作战服，边防步兵营，步枪列兵
2: 1943年5月，波斯尼亚东部，戈拉日代，作战服，第370（克罗地亚）掷弹兵团，中校
3: 1944年5月，克罗地亚，彼得里尼亚，夏季作战服，第1顿河哥萨克骑兵团，上等兵

1941年4月—1944年11月，希腊和阿尔巴尼亚占领军
1：1942年10月，希腊，阿格里尼翁，夏季作战服，第104猎兵师第1卫生连，下级医师
2：1943年10月，希腊，科斯岛，夏季作战服，第65掷弹兵团，一等兵
3：1944年3月，阿尔巴尼亚，地拉那，作战服，第552掷弹兵团，上等兵

1941年4月，南斯拉夫。一个轻机枪班组正操作三脚架上的轻机枪射击。可以看到伪装盔罩。

一名轻机枪班组的第一射手用一种广泛流行的方式扛着他的MG34轻机枪。他穿着M1935款作战上衣，有M1938款标准领章和M1940款肩章。他的头盔上覆盖着伪装网，却并没有佩戴其他携具或Y形支撑带。

多变通的方法来应对这一不可避免的趋势，并应对在 1939 年前无法预料的作战环境。

着装规范

根据 1939 年 12 月 28 日颁布的着装条例，陆军人员穿戴常服、外出服、作战服或劳作服。劳作服的细节将在下一章节讲解。

在南欧炎热的环境中作战所带来的困难促使陆军总司令部在 1943 年规定将在北非非常成功的 M1940 款热带制服推广到南斯拉夫、希腊、阿尔巴尼亚、保加利亚和罗马尼亚地区，在夏季月份穿着（这些月份被含混地统称为"热季"）。这意味着每一种着装规范都有冬季和夏季版，但许多德军混搭穿着大陆版和热带版制服。

军官版常服

这套制服，在整个大战期间的变更其实很少，包括常服帽、作战上衣、作战大衣、马裤和高帮鞋、手套，配有手枪和枪套的腰带；在夏季，军官穿戴热带版常服。

M1935 款军官大檐帽采用"战场灰"棉布或"爱斯基摩"布料制成，有泛蓝深绿色饰面布帽墙，看上去像是薄的毡布，有兵种色饰面布绲边，无装饰黑色帽檐和亚光铝制丝线颔带，缀有一枚 M1935 款亮光铝制纳粹"鹰标"，其下是橡树叶花环图案环绕的亮光铝制国家帽徽。

一名战地宪兵正在挥舞着指挥棒指挥交通。他穿着摩托车手的 M1934 款涂胶作战大衣，戴着 M1935 款钢盔，下面有"战场灰"的毛线帽盖住耳朵，另有非军官版 M1935 款腰带、P38 硬壳枪盒和宪兵的勤务颈饰。

将官有金色金属丝线绲边以及金色或黄色丝线颔带，从 1942 年 11 月 16 日起，另有镀金铝制帽徽。但是，许多将军违反着装条例，选择手工刺绣亮光金线帽徽，下面佩泛蓝深绿色饰面布底。

M1933 款军官版作战上衣，于 1935 年最终改款，采用上等质地的"战场灰"布料，有 5 颗亚光涂灰前襟扣、4 个明贴衣袋、后翻袖口和泛蓝深绿色饰面布衣领。所有标识都为战场服质地，包括：泛蓝深绿色饰面布底的亚光铝制螺纹 M1935 款军官版"雄鹰胸标"；有手工刺绣、手工缝制或机器刺绣亚光铝线近卫穗带的 M1935 款军官版泛蓝深绿色饰面布领章，另有兵种色丝线刺绣中央条纹；肩章上的军衔标识。将官有礼服质地的亮光或亚光金色螺纹或金黄色手工刺绣"雄鹰胸标"，以及有金色双叶矢车菊图案拉里施纹路的亮红色饰面布领章。1940 年 7 月 19 日，希特勒获得了

90

元帅军衔并史无前例地一次性晋升了9名将官。从1941年4月3日起，元帅佩戴有亮金色丝线刺绣三叶矢车菊图案衬拉里施纹路的领章。

有些军官，特别是将官，保留着6扣的M1938款或8扣的M1920款常服上衣，去掉了前襟绲边，或是M1937款军官版绲边作战上衣，搭配作战服质地标识。为了应对军官版作战上衣质量下降的问题，在1941年5月26日，将前襟扣的数量从5颗增加到了6颗。

M1935款"战场灰"军官版作战大衣，有泛蓝深绿色饰面布衣领。将官将最上面两颗扣子解开以露出亮红色饰面布翻领里衬。从1940年5月9日起，规定使用"战场灰"衣领替代泛蓝深绿色衣领，但这一命令经常被忽略。

无修饰的石灰色军官版马裤，以及将官版的有鲜红色（参谋军官为深红色）饰面布绲边和宽条纹的马裤，从1940年5月9日起都采用"战场灰"。黑色高帮靴，通常采用比骑兵靴更软一点的皮革制作，被保留下来，搭配灰色绒面手套。

棕色皮革的M1934款军官版腰带有一个亚光铝制带扣，将官版为亚光镀金。1939年9月20日，在野战军中将官以下所有军官的交叉腰带被废除，1939年11月29日则推及到所有军队军官。许多军官自行佩戴着缴获的敌军军官的棕色皮带。

军官穿戴热带版常服作为夏季常服，有时戴M1935款大檐帽，并在M1940款热带作战上衣上增加了泛蓝深绿色衣领和M1935款领章以及"雄鹰胸标"。

非军官版常服

技术和高级军士以及许多低级军士的常服包括常服帽或作战帽、作战上衣、作战大衣、长裤和行军鞋、有手枪和枪套的皮带、灰色绒面手套。其他低级军士和士兵只戴作战帽，佩戴刺刀和刀鞘而非手枪和枪套。

非军官版M1935款大檐帽，为"战场灰"棉布质地，有黑色专用皮质或硫化纤维质地颏带。M1935款非军官版作战帽，用"战场灰"布制成，从1939年2月5日后，有泛蓝深绿色底的银灰色机器刺绣纳粹"鹰标"，

骑士十字奖章获得者——威迪特上士，正在与崇拜希特勒的少年交谈。他戴着M1930款山地作战帽，上有浅绿兵种色饰面布底，缀有奥地利山地部队最喜欢的M1939款"雪绒花"帽徽。他穿着一件M1935款作战上衣，有带浅绿色中央条纹的M1935款领章，以及M1935款尖底肩章。他佩戴着骑士十字奖章、一级铁十字奖章和步兵突击章。

以及泛蓝深绿色底国家帽徽。在1940年6月4日，两者都替换为"战场灰"底上的鼠灰色图案。国家帽徽外围为4毫米呢质兵种色V形纹，尖头朝上，但在1942年7月7日后废除。

M1935款非军官版作战上衣，采用"战场灰"布料，有泛蓝深绿色衣领和亚光涂灰前襟扣、普通袖口及非军官版作战服质地标识；M1937款银灰色刺绣"雄鹰胸标"为泛蓝深绿色底；1939年2月5日，刺绣改为银灰色。泛蓝深绿色饰面布的M1938款标准穗带领章，启用于1938年11月26日，有两根战场灰近卫穗带，各有泛蓝深绿色中央条纹和分割条纹。军士佩戴9毫米宽亮光铝制钻石纹路穗带，启用于1935年12月10日，或是银灰色人造丝线穗带，佩在作战上衣的前襟和衣领下沿。M1936款圆底泛蓝深绿色饰面布肩章，外缘有兵种色饰面布绲边，佩戴在作战大衣上，在1938年11月26日后，也佩戴在作战上衣上，取代了没有兵种色绲边的M1935年款尖底泛蓝深绿色饰面布领章。

1940年4月25日，军士衣领和肩章穗带变成了鼠灰色人造丝线或人造呢布。1940年5月9日，M1935款作战上衣的泛蓝深绿色饰面布衣领和肩章被替换为M1940款作战上衣上的"战场灰"制服布质地。也是在1940年5月9日，启用了第2款的"标准穗带"领章，有鼠灰色中央条纹和分割条纹，配在战场灰制服布领章上。1941年后，则直接绣在衣领上。

1940年6月4日起，"雄鹰胸标"采用鼠灰色机器刺绣质地，其下是"战场灰"制服布底面。这些变化，从1940年底开始执行，但在1941年4月后才在巴尔干地区见到实例。1941年5月26日，为了应对衣服质

1942年。四名师部的军官合影，表现出了各种可能的军官作战上衣的样式。右起第1名军官穿着8扣式的改良版M1920款上衣，右起第2名穿着5扣版的M1935款上衣，左边的两人则穿着6扣版的M1941款。可以看到衣领有不同形状，并且右起第二人的鞋上还有马刺。

量下降的问题，将前襟扣的数量增加到6个。

1940年5月9日后，M1935款非军官版作战大衣的泛蓝深绿色衣领改用"战场灰"制服布质地；设计有吊带的长裤，也从鼠灰色改为"战场灰"布质。1943年8月26日，启用了M1943款长裤，有腰带环；1939年11月9日，黑色皮质行军鞋为了节省材料被缩水到32—34厘米高。

非军官版M1936款黑色皮质腰带有一个暗色铝制（1941年后改为滑面钢制）带扣，上有国防军"鹰标"和"上帝与我们同在"的箴言。84/98款常服刺刀装在蓝色钢制刀鞘中，用黑色皮质刺刀环扣挂在腰带上。

军官版外出制服

这款制服包括大檐帽、作战上衣、作战大衣、搭配高帮靴的马裤或是搭配及踝鞋的长裤，以及手套。与常服基本相似，但没有腰带、手枪和枪套。许多军官穿M1937款绲边作战上衣。1940年5月9日后，长裤由石灰色改为"战场灰"，1943年8月26日后启用了新的M1943款长裤。及踝鞋其实就是黑色绑带鞋。

非军官版外出制服

非军官军阶戴大檐帽，穿作战上衣、作战大衣、搭配及踝鞋的长裤、黑色皮革腰带和神枪手饰绳。军士戴灰色绒面手套；低级军士和士兵佩戴刺刀、刀鞘和刺刀刀饰。夏季，穿戴非军官版热带外出制服。

军官版作战制服

在战场上，除了排长之外的所有军官佩戴标准钢盔或军官版作战帽，穿作战上衣（或作战大衣）、棕色皮带、马裤和骑兵靴、灰色绒面手套、手枪、枪套和6×30望远镜。

M1935款和M1942款钢盔按照1940年5月21日的命令，涂装为亚光泛绿灰色，并对表面进行了糙化处理。在左侧有黑色盾形底上的银白色国防军"鹰标"，但在1943年8月28日后被废除。

1941年，克里特岛。这名第5山地师的第100山地步兵团上校团长，在他的M1940款"战场灰"山地帽上有一枚铝制丝线帽徽，在他的M1940款热带作战上衣上也有相似的"雄鹰胸标"。可以看到非官方但很普遍的M1935款军官版大陆领章，以及他左胸袋上的"一战"一级铁十字纪念杠。

无檐护片式 M1938 款军官版新式作战帽，采用"战场灰"布料，有铝线绲边。上有铝线刺绣国家标识，四周是兵种色饰面布 V 形纹路，其上是机器缝制或手工刺绣的亮光铝线"鹰标"，泛蓝深绿色饰面布底。

将官有金色螺纹线绲边和金色人造丝线 V 形纹；从 1942 年 11 月 16 日起，他们佩戴手工刺绣金色螺纹线的纳粹"鹰标"和国家标识。1942 年 7 月 7 日，所有军官被要求去掉 V 形纹。

M1934 款老式作战帽，从 1942 年 4 月 1 日起被官方废除，但之后继续生产了军官版和军士版。它其实是没有金属帽冠固件和颏带及纽扣的军官版常服帽，有黑色软皮帽檐和亮光机器缝制的铝线纳粹"鹰标"、国家帽徽和花环图案，都为泛蓝深绿色饰面布底。有些军官自行加上常服帽上的亚光铝线颏带。

从 1939 年 10 月 31 日起，战斗部队中将官以下的所有军官被命令穿戴非军官版作战上衣、长裤和行军鞋，搭配黑色皮带，但许多军官继续穿着他们的 M1935 款作战上衣或改良版的士兵版上衣，加上了军官版翻口衣袖、领章和泛蓝深绿色军官版衣领。夏季，穿戴军官版热带作战制服。

排长穿戴与北非战场上一样的作战装备，但保留了如棕色或黑色皮带、黑色皮革 M1939 款 Y 形支撑带、黑色皮革刺刀环扣、M1931 款橄榄绿或棕褐色面包袋以及 M1931 款水壶在内的大陆版装备。夏季可能穿戴热带版装备。

1941 年，克里特岛。一辆德国挎斗摩托车正经过一群意大利法西斯青年团成员。摩托车手戴着沙色伪装的钢盔，穿 M1940 款热带衬衣和长裤，另有热带帆布 Y 形支撑带。摩托车是春达普 KS750cc 重型摩托车。

非军官版作战制服

这套作战制服包括头盔或作战帽、作战上衣、作战大衣、长裤和行军鞋。军士有灰色绒面手套。许多军士戴 M1934 款老式作战帽。非军官携带与北非战场上同样的作战装备，但许多部件替换为大陆版。夏季时，穿戴非军官版热带作战制服。

坦克手制服

M1934 款黑色坦克手制服 [在 1940 年 5 月后也被装甲师中的炮兵、通信兵和工兵（1941 年前）部队穿戴]，包括 M1940 款军官版或非军官版黑色无檐作战帽，有兵种色 V 形纹（1942 年 7 月 10 日取消），M1934 和 M1936 款黑色坦克手作战夹克和长裤、灰色衬衣、黑色领带和黑色绑带鞋。在夏天，坦克手穿戴 M1940 款热带作战制服，有时会佩 M1934 款粉色绲边褐色领章和"骷髅"徽章。

装甲师、军、集群和集团军中的一些将官，会自行在黑色制服上佩戴将官版标识，而且许多军官继续戴着 M1935 款"战场灰"军官版常服帽。1942 年，为了节省布料，上衣和领章的尺寸都有少许缩水，衣领绲边也被取消。1943 年，M1936 款夹克的扣子从 4 个减少到 3 个，并且左翻领上的扣眼也从 3 个减为 1 个。

1942 年，南斯拉夫。两名德国坦克手（后排左侧和前排左起第二人）在他们的原法国陆军哈奇开斯 H-39 轻型坦克前与刚刚和他们签订了区域停火及反共产主义协定的南斯拉夫祖国军游击队合影。前排的坦克手穿着标准的黑色制服，但另一人则是在 M1933 款奥地利陆军作战服上加上了黑色衣领和领章。可以看到一名虚张声势的游击队员（左起第一人）正用他的冲锋枪瞄准镜头。

一名穿着非军官版 M1940 款作战上衣的下士，正向两名穿着同样款式上衣但配 M1935 款军官版领章的军官指着什么东西。

其他兵种的特殊制服和标识

步枪（散兵）师和独立散兵营（不包括在步兵团中的散兵营）——是轻装的机动化部队，用于在不需要真正的山地师的特别山地作战技巧的多山地带作战——（1942 年 10 月 2 日）配发了有浅绿色兵种色的山地部队的制服以及 M1939 款战场灰山地长裤、灰色踝部绑腿和登山鞋。在山地帽的左侧有 3 片亮光铝制或暗色铝锌合金的橡树叶图案饰片，另在右臂上方有绿色、灰色或白色裹边的泛蓝深绿色或战场灰橄榄臂章，其上也有三片浅绿色机器刺绣橡树叶图案。

在 1941 年 4 月曾在贝尔格莱德战斗的大德意志摩托化团，（1940 年 10 月 7 日）启用了一种新的黑色布面袖口标识，上面有手工或机器刺绣的铝线螺纹手写体"大德意志"字样。

外国志愿兵的制服和标识

克罗地亚军团师的人员在头盔左部涂印有直边盾形红白两色棋盘徽章。并在作战上衣和大衣的左臂或右臂上方也有棋盘徽章，其上另有一个机器缝制或机器刺绣的黑色裹边曲边纹章盾，上有红色的"赫尔瓦次卡（克罗地亚）"字样（德国骨干人员没有这一行字）。1941年7月起，克罗地亚军团中的老兵，在右胸袋上佩戴一片银灰色金属月桂叶图案饰片。

第1哥萨克骑兵师穿德国骑兵制服，戴各个团特有的皮帽，另有骑兵马裤和"布尔卡"斗篷。1944年3月18日，原有的长矛样式的领章和改良版的沙皇俄国式军衔标识被换为标准的德军样式。在塞尔维亚的俄罗斯军穿戴改良版的沙皇俄国制服和标识，在1942年11月30日改为标准德军制服和标识，并且没有可识别的部队徽章。

第845德国－阿拉伯步兵营穿戴德军制服和标识，并在右臂上方佩戴与第287特种部队一样的"自由阿拉伯"徽章。1943年6月，第287特种部队的第287突击炮组，划归罗德岛突击师的第1坦克营，其人员继续在他们的热带制服上佩戴装甲部队的翻领"骷髅"徽章和"东方军"臂章。

第125步兵团的第1亚美尼亚步兵营有特殊的领章和肩章标识（启用于1942年8月，并在1944年3月18日替换为标准德军标识），并在左臂上方有机器缝制或机器刺绣的黑色裹边曲面纹章盾，中间金黄色或白色的"亚美尼亚"字样，其下是红蓝和金黄三色杠。

1942年，南斯拉夫。4名75毫米口径新式野战加农炮——"一战"版本的改进版——的炮手，正在炮轰一个被怀疑藏匿了游击队的村庄。远端左侧为下士炮长。穿着M1940款作战上衣，并装备着炮手在战斗中通常配备的最少标准的作战装备。

军衔标识

将官佩戴礼服质地的折褶肩章，有两根金色丝线或金黄色人造螺纹丝线及一根亮光铝制编织中央饰绳，交织在亮红色兵种色饰面布底上。陆军元帅另有银色交叉的元帅权杖；其他将官为0—3颗银色或白色铝制德国军衔星以及兵种标识。1941年4月3日后，陆军元帅肩章上的三根线都改成了亮光金线或金黄色人造丝线。

校官肩章为兵种色饰面布底，上有两根5毫米亚光铝线穗带，以及0—2颗金色镀锌或涂灰铝制或锌合金德国军衔星。上尉和其他尉官的领章为兵种色饰面布底，上面有两根7—8毫米宽并排排列的亚光铝线（后改为"战场灰"）穗带，缀同样的军衔标识。

高级军士的领章为M1935款泛蓝深绿色饰面布底或M1940款"战场灰"制服布肩章，有兵种色饰面绲边，四周边缘都有9毫米宽的鼠灰色人造丝线或人造纤维呢质钻石纹穗带，缀1—3颗涂灰铝制或锌合金军衔星。附属官和代理附属官在作战上衣和作战大衣的袖口上有两根军士穗带。

低级军士佩戴与高级军士同样的肩章和穗带，高级下士的穗带同样为四周包裹，但下士的穗带没有肩章底部的一边。

士兵佩戴与低级军士一样的肩章带，有三角形（上级兵为圆形）泛蓝深绿色饰面布（1940年5月9日后改为"战场灰"制服布）臂章，黑色坦克制服上为黑色布质，臂章上有M1936款军士穗带V形纹和刺绣银灰色或铝线螺纹军衔星。

兵种标识

1939年9月1日后，野战军的所有部队出于军事保密原因，被命令去掉或隐藏可以比兵种色更容易判断部队类型的兵种符号，同样还有他们肩章上的部队识别番号。军官和高级军士倾向于保留他们的兵种符号。1940年1月24日后，低级士官和士兵的肩章，除了如大德意志团等精锐部队外，生产时就已经没有了兵种符号和部队番号。可以拆卸的"战场灰"肩章滑片，有兵种色呢质或棉质纱线刺绣的链式缝法兵种符号和部队番号，配发于在后方或休假时佩戴。工兵的黑色标识和医疗部门的深蓝色标识上去掉了过去的白色链式缝法外缘。

两名在莱罗斯岛上的军官，穿着夏季制服，有M1940款热带带檐作战帽，上有铝线军官绲边，去掉了兵种色V形纹，穿M1940款热带作战上衣，配非官方的M1935款大陆领章，搭配M1940款热带长裤。

（右）1942年，南斯拉夫。一门20毫米防空炮的炮组成员在他们的武器前摆拍。军官戴着M1934款老式作战帽，穿M1935款作战上衣和浅色马裤及高帮靴。左起第2名士兵穿着M1940款大衣，配M1935款肩章，携带着一个作战手电筒，有亮光、红色、和绿色三种透镜。右起第2名士兵穿有M1935款肩章的M1940款大衣。右起第1名士兵穿着配泛蓝深绿色衣领的M1935款大衣。

表1：德国陆军候补军官标识
1939年9月1日—1940年1月29日

军衔标识	军衔说明	军衔称谓
	标识同列兵 接受军官训练。在补充军营中作为征召兵接受4个月的基础训练	旗手侍从 旗手侍从（卫生部门实习）——医疗部门 旗手侍从（兽医部门实习）——兽医部门 旗手侍从（工兵部门实习）——工兵部门
	标识同一等兵，佩低级军士刺刀刀饰 接受军官训练。在补充军营中接受5个月的进阶训练	旗手侍从一等兵 旗手侍从一等兵（卫生部门实习）——医疗部门 旗手侍从一等兵（兽医部门实习）——兽医部门 旗手侍从一等兵（工兵部门实习）——工兵部门
	标识同下士，佩非正式高级军士白色金属部队标识 在军士学校参加2个月的课程培训	旗手侍从下士 旗手侍从上级猎兵——轻步兵 旗手侍从下士（卫生部门实习）——医疗部门 旗手侍从下士（兽医部门实习）——兽医部门 旗手侍从下士（工兵部门实习）——工兵部门
	标识同高级下士，佩高级军士白色金属部队标识 通过军校考核，在兵种专科学校及医疗、兽医或工兵学院参加4个月的课程培训	旗手 旗手（卫生部门实习）——医疗部门 旗手（兽医部门实习）——兽医部门 旗手（工兵部门实习）——工兵部门
	标识同上士，另有军官版制服 通过兵种专科学校考核或医疗、兽医或工兵学院的考核。在正式提拔为军官前在作战部队实习2个月	上级旗手 下级医师——医疗部门（银色埃斯科拉庇俄斯权杖） 下级兽医——兽医部门（银色蛇） 上级旗手（工兵部门实习）——工兵部门（没有标识） 上级技工能手——军械部门（银色木齿铁轮）

99

表 2：德国陆军候补军官标识
1940年1月30日—1945年5月9日

军衔标识	军衔说明	军衔称谓
	标识同列兵（1942.10.20 后增加双环）接受军官训练。在补充军部队和野战军部队分别完成 4 个月和 1 个月的基础训练	步枪兵（OB）等 步枪兵（SOB）等——医疗部门 步枪兵（VOB）——兽医部门
	标识同一等兵（1942.10.20 后增加双环）接受军官训练。在野战军部队中接受 2 个月的排长训练	一等兵（OB） 一等兵（SOB）——医疗部门 一等兵（VOB）——兽医部门
	标识同下士（1942.10.20 后增加双环）开始候补军官课程，或在医疗/兽医学院接受专业学习	下士（OA） 上级猎兵（OA） 旗手侍从（W）——军械部门 旗手侍从（卫生部门实习）——医疗部门 旗手侍从（兽医部门实习）——兽医部门
	标识同中士（1942.10.20 后增加双环）完成候补军官课程，或在医疗/兽医学院完成 3 个月的学习	中士（OA） 观测中士（OA）——骑兵、炮兵等 旗手侍从中士（卫生部门实习）——医疗部门 旗手侍从中士（兽医部门实习）——兽医部门 旗手侍从技工中士——军械部门
	标识同上士（1942.10.20 后增加双环）正在参加候补军官课程的原上士等	上士（OA） 观测上士（OA）——骑兵、炮兵等 旗手侍从上级技工军士——军械部门
	标识同军士长（1942.10.20 后增加双环）正在参加候补军官课程的原军士长等	军士长（OA） 观测上士（OA）——骑兵、炮兵等 旗手侍从技工军士长——军械部门
	标识同上士，另穿军官制服 通过在医疗、兽医或工程学院的初步考试，在完成学业前在野战部队实习数月	战地下级医师——医疗部门 战地下级兽医——兽医部门 旗手侍从工程师——工兵
	标识同上士，另穿军官制服 通过候补军官课程，或通过在医疗、兽医或工程学院的最终考试。在正式提拔为军官前在野战部队实习 2 个月	上级旗手 下级医师——医疗部门 下级兽医——兽医部门 战地工程师——工兵

其他标识

军官生和士官生

1940 年 1 月 29 日前，接受成为正规军官训练的士兵，首先要在当地的补充军部队接受基础训练，然后被送往全兵种学校——战争学校——成为军官生。在这里他开始穿戴未来要派往的兵种的制服和兵种色。战斗部队的军官生之后要送往特别的兵种学校——武装学校——而医疗、兽医和工兵军官生则送往专业学院，之后会以代理少尉的身份在野战部队实习一段时间才会得到正式任命。

1940年1月30日后，军官训练加速，高级军士可以直接成为候补军官。一名候补军官（从1941年起改称军官生）可以免去基础训练直接送往武装学校，这种学校在1942年改称候补军官学校，1943年4月28日改称军官生学校。

为了应对野战部队中专业军官的短缺，部分有资格的医疗、工兵和兽医候补军官会中断在学院的学习，作为一名战地代理少尉直接派往野战部队。1943年7月，在作战部队中恢复了"上级旗手"军衔①。

1939—1940年间的候补军官的军衔和标识与普通军士和士兵没有太大区别，详见表1。

1940年1月30日后，启用了基于标准军衔的后缀，（OB）——士兵的"军官申请人"，以及（OA）——"候补军官"，并在1941年增加了军士使用的"旗手侍从"前缀。1940年后，候补军官的标识与普通部队已经没有太大区别，因此在1942年10月20日为所有的候补军官和军官生在他们的肩章带上增加了两道军士穗带环（见表2）。

候补士官（军士学员，1943年11月10日后改为军士申请人）在集团军军士学校学习，在肩章上增加一根军士穗带环。

职务章

1920年12月22日，德军启用了一大批为通过专业课程考核的军士和士兵所设立的职务章。这些技术人员，相当于英军的技术准尉和技术军士，是一支现代机械化陆军中不可或缺的部分。

职务章佩戴在作战上衣和大衣的右袖口上，为圆形布质章，其上有哥特字体或符号（从1920年12月20日起为"战场灰"饰面布底上的金黄色呢质或丝线或金线，从1935年9月起改为泛蓝深绿色布面底，从1940年5月9日起为"战场灰"制服布，在黑色坦克手夹克上则为黑色布面）。热带制服中，作战上衣的职务章为浅橄榄色厚全棉斜纹布上的金黄色毛线，在大衣上为橄榄棕色毛线。

德军在第二次世界大战中佩戴的职务章详见表3。1939年8月15日的着装条例中规定，在团部或营部担任特定职务的通过职务考核的军士，在职务章上增加一条3毫米亮光铝制手工刺绣内缘饰线。没有获得任职但通过职务考核的军士，以及获得任职并通过职务考核的士兵，佩戴没有饰线的职务章。1943年，许多职务章都参考德国空军的做法，增加了一条2毫米的铝线外缘。

1944年春，塞尔维亚。一名上尉，戴着M1934款老式军官作战帽，穿着M1935款作战大衣，拿着标配的6×30望远镜，与他所在营的高级军士在一起。可以看到中士的M1940款作战服上有M1935款泛蓝深绿色肩章，以及亮光铝线领章和肩章穗带。

①德军军衔，专门授予从军校毕业在作战部队实习的军官生，军衔相当于德国陆军上士或英军中的代理少尉。

表3：德国陆军职务章
1939年8月15日—1945年5月9日

职务	职务章	军衔	职务细节
马铁匠（马蹄铁军士和士兵） 步兵、骑兵、侦察兵、炮兵、边防队、猎兵、马驮运输、医疗、兽医		参谋蹄铁能手，上级蹄铁能手，蹄铁能手，蹄铁匠…… 高级观测下士／下士／参谋一等兵／一等兵／高级步枪兵等／步枪兵等	团级或营级铁匠铺由军士负责，士兵辅助。 1939.8.15：军士——任职时职务章有饰边，不任职时没有；士兵——无。
军械技工（正规技工军士） 实习军械技工（战时临时技工） 军械部门		（正规）参谋军械技工、上级军械技工、军械技工、夏季军械技工、军械技工下士（1940.2.20设立，战时临时技工）——军械部门 观测军士长、观测上士、观测中士／参谋一等兵／上等兵／一等兵…… 1944.7.31后只有观测中士军衔	重武器、弹药和装备的试用、检查和管理。 军级、师级司令部，1939.8.15：正规——任职时职务章有饰边，不任职时没有；1940.2.20：正规——饰边；战时临时——无。
技术军士（正规技术军士） 实习技术下士（战时临时技术军士） 所有兵种		参谋技术军士、上级技术军士、技术军士、高级技术下士、技术下士（Ch）–烟雾／防毒气，（EP）–铁路，（F）–马驮运输，（Fz）–军械，（K）–摩托化，（P）–工兵，（Sch）–探照灯	团、营部技术装备养护。1939.8.15：正规——任职时职务章有饰边，不任职时没有；1941.8.7：战前获得资质者有饰边，战时获得资质者无饰边。1943.7.8：战时临时——穗带杠。
通信上士（通信军士） 实习通信员（战时临时通信军士） 所有兵种		（正规）参谋通信军士、通信上士信军士、通信中士、通信下士 （战时临时，1943.8.18起）参谋上士／上士／中士／下士 实习通信员	团、营部通信维护。1939.8.15：正规——任职时职务章有饰边，不任职时没有；1943.8.18：正规——饰边；战时临时——无。
信鸽站管理员（信鸽站军士） 所有兵种		参谋信鸽管理员、信鸽管理上士、信鸽管理中士、高级信鸽管理下士、信鸽管理下士	团、营部信鸽站日常管理。 1939.8.15：正规——任职时职务章有饰边，不任职时没有
卫生人员（医疗军士和士兵） 医疗部门		医疗军士长／附属官／上士／中士／下士／参谋一等兵／上等兵／一等兵／上级兵／列兵	医疗部门任职 1939.8.15：正规——任职时职务章有饰边，不任职时没有； 1943.12.31：所有军衔都有饰边
武器军官（正规武器军士） 武器代理军士（战时临时武器军士） 步兵、骑兵、武器兵、武器步兵、反坦克、炮兵、烟雾、工兵、通信、宪兵、边防		（正规）武器军士长、武器上士、武器中士、武器下级中士（骑兵、侦察兵、炮兵、烟雾、通信）、武器下士 （战时临时）实习武器 军士长／上士／中士／高级下士／下士	团、营部武器维护 1939.8.15：正规——任职时职务章有饰边，不任职时没有； 1940.12.18：正规——饰边；战时临时——无。
筑墙能手（防线军士） 工兵		筑墙军士长、筑墙上士、筑墙中士、高级筑墙下士、筑墙下士	团、营部监管防御器械制造。 1939.8.15：正规——任职时职务章有饰边，不任职时没有。
堡垒中士（要塞中士） 工兵		堡垒军士长、堡垒上士、堡垒中士	团、营级负责堡垒建筑。 1939.8.15：正规——任职时职务章有饰边，不任职时没有。
防毒气军士（正规防毒气军士） 实习防毒气军士（战时临时防毒军士） 所有兵种		（正规）军士长、上士、中士、高级下士、下士 （战时临时，1944.2.26）实习防毒 军士长／上士／中士／高级下士／下士	1941.3.11后设置，在团、营部负责防毒装备养护。 1943.8.26：正规——饰边。 1944.2.26：战时临时——无。
设备管理军士（HK/WG） （军需军士） 步兵、装甲步兵、炮兵		军需中士、高级军需下士、军需下士（炮兵为军需观测下士），（HK）–卫戍；（WG）–武器和防毒	1943.11.18设置，在营部管理装备。 正规：战前获得资质者有饰边，战时获得资质者无饰边。

续表

职务	职务章	军衔	职务细节
汽车和装甲劳工 （摩托载具和坦克机师） 装甲部队和摩托化部队		任何军衔都可以加上以下牵制： 2 级汽车 / 装甲机师 1 级汽车 / 装甲机师 工匠、工头	1943.6.1 设置，汽车和坦克保养、维修和修复。 2 级机师——无绲边；1 级机师——粉色绲边； 工匠——银色绲边；工头——金色绲边。
装甲通信劳工 （装甲通信机师） 装甲部队		任何军衔都可以加上装甲通信前缀	1944.1.22 设置，装甲部队中的通信设备操作和维护（金色绲边）。
通信技工 （通信机师） 所有兵种		任何军衔都可以加上通信技工前缀	1944.5.10 设置，通信装备技师。 军士有饰边，士兵无。

表 4：北非和巴尔干地区兵种和部队标识节选
1941 年 2 月 14 日—1944 年 10 月 4 日

部队	兵种色	肩章 利比亚、埃及、突尼斯 1941.2.14—1943.5.12	肩章 南斯拉夫、希腊、阿尔巴尼亚 1941.4.6—1944.10.4	其他标识
作战部队 - 参谋				
将官	亮红色	无	无	拉里施领章、红色条纹
总参谋部军官	深红色	无	无	银色领章、深红色条纹
3 个集团军群司令部	白色	G（非洲）	G（E, F）	—
2 个集团军司令部	白色	—	A / 2, 12	—
2 个装甲集团军司令部	粉色	A / 5，（非洲）	A / 2	—
2 个装甲集群司令部	白色	?/（非洲）	1	—
10 个军司令部	白色	LXXX, (DAK)	XI, XXX, LI–LII, LXV, LXVIII, LXIX, LXXXXI	—
1 个后备司令部	白色	—	LXIX	—
1 个摩托化军司令部	白色	—	XXXXI	—
5 个山地军司令部	浅绿色	—	XV, XVIII, XXI–II, XXXXIX	—
3 个装甲军司令部	粉色	—	XIV, XXXX, XXXXVI	—
战斗部队 - 步兵				
26 个步兵师部	白色	D / 334	D / 46–718	—
1 个空降师部	白色	—	D / 22	—
1 个突击师部	白色	—	D（罗德斯岛）	—
59 个步兵团	白色	—	16–750 系列	—
37 个掷弹兵团	白色	754–5	359–991 系列（罗德斯岛）	—
2 个机枪营	浅绿色	2, 8	—	—
22 个补充营	白色	220, 598–9	83–392 系列（罗德斯岛）	—

续表

部队	兵种色	肩章		其他标识
		利比亚、埃及、突尼斯	南斯拉夫、希腊、阿尔巴尼亚	
		1941.2.14—1943.5.12	1941.4.6—1944.10.4	
2个非洲师部	白色	D / 90, 999	—	—
3个非洲步枪团	白色	961-3	—	—
2个摩托化步兵师部	白色	—	D / 16, 60	
3个摩托化掷弹兵团	白色	200	120, 156	
2个摩托化步兵团	白色	—	60, 92	
大德意志摩托化步兵团	白色	—	GD交织首字母	"大德意志"袖标
4个山地师部	浅绿色	—	D / 1, 4-6	"雪绒花"帽徽、山地帽
9个山地步兵团	浅绿色	756	13, 85, 91, 98-9, 100, 141, 143	"雪绒花"帽徽、山地帽
3个山地补充营	浅绿色	—	91, 94-5	"雪绒花"帽徽、山地帽
1个特种师部	白色	D（非洲）	—	
1个特种团	白色	200	—	
3个要塞师部	白色	—	（克里特岛）	
3个要塞营	白色	—	F / 621-3	
22个要塞步兵营	白色	—	F / (I - XIII , XVI , XVIII - XXII), 999	
6个猎兵师部	浅绿色	—	D / 42, 100, 104, 114, 117-18	"橡树叶"帽徽、山地帽
12个猎兵团	浅绿色	—	25-750 系列	"橡树叶"帽徽、山地帽
2个后备师部	白色	—	D / 173, 187	
5个后备掷弹兵团	白色	—	17, 45, 130, 231, 462	
2个防空营	白色	Fl / 608	F1 / 22	
1个特别部队	各种颜色	288	—	"东方军"臂章
4个勃兰登堡突击营	各种颜色	II / 1, I / 4	I / 1, I / 2	任何适当的制服
作战部队 - 机动部队				
1个机动师部	金黄色	LD / 5	—	
10个装甲师部	粉色	D / 10, 15, 21	D / 1, 2, 5, 8-9, 11, 14	"骷髅"领章、黑色制服
10个装甲团	粉色	5, 7, 8	1, 3, 10, 15, 31, 33, 36	"骷髅"领章、黑色制服
6个摩托车侦察营	草绿色	K / 15	K / 2, 8, 55, 59, 64	—
1个摩托车侦察营	金黄色	—	K / 59	
1个摩托车侦察营	粉色	—	K / 61	
8个装甲侦察营	粉色	A / 3, 10, 90, 164, 220, 999	A / 1, 59	特殊领章和制服
15个摩托化步兵团	草绿色	104, 115, 155	2, 8, 10-1, 13-4, 28, 110-1, 103, 108, 304	
2个轻步兵师部	浅绿色	D / 90	D / 101	
2个轻型非洲师部	浅绿色	D / 90, 164	—	

续表

部队	兵种色	肩章 利比亚、埃及、突尼斯 1941.2.14—1943.5.12	肩章 南斯拉夫、希腊、阿尔巴尼亚 1941.4.6—1944.10.4	其他标识
2 个轻步兵团	浅绿色	200, 361	—	—
15 个机械化团	草绿色	69, 86, 104, 115, 125, 155, 200, 361, 382, 433	1, 113, 382, 433	—
17 个师级侦察营	金黄色	A / 580	A / 42-392 系列	—
7 个摩托化侦察营	金黄色	A / 3	A / 5, 8, 9, 40, 231	—
1 个摩托化侦察营	金黄色	A / 33	—	"游骑兵鹰标"帽徽
4 个山地侦察营	金黄色	—	A / 54, 94-5, 112	"雪绒花"帽徽、山地帽
4 个师级侦察营	白色	—	277, 334, 367（罗德斯岛）	—
2 个师级侦察营	金黄色	—	181, 297	—
32 个反坦克营	粉色	P / 33, 39, 90, 190, 334, 605, 999	P / 52-392 师级番号	—
9 个摩托化反坦克营	粉色	P / 90	P / 4, 37-8, 43, 50, 53, 160, 228	—
4 个山地反坦克营	粉色	—	P / 47, 94-5	"雪绒花"帽徽、山地帽
战斗部队 - 炮兵				
36 个炮兵团	亮红色	33, 75, 155, 220, 334, 999	83-670 师级番号	—
5 个炮兵营	亮红色	361	653-4, 661, 668, 670	—
2 个后备炮兵营	亮红色	—	10, 96	—
10 个摩托化炮兵团	亮红色	33, 190	4, 74, 80, 102, 116, 119, 146, 160	—
4 个山地炮兵团	亮红色	—	79, 94-5, 118	"雪绒花"帽徽、山地帽
4 个装甲炮兵团	亮红色	33, 90, 155	73	—
3 个突击炮营	亮红色	—	184, 190-1	特殊领章和制服
2 个陆军防空营	亮红色	炮弹 / 302	炮弹 / 299	—
1 个火箭炮营	枣红色	9	—	—
战斗部队 - 工兵				
37 个工兵营	黑色	5, 220, 334, 900, 999	71-704 师级番号	—
2 个后备工兵营	黑色	—	46-86	—
6 个工兵连	黑色	—	704, 713-4, 717-8（罗德斯岛）	—
4 个山地工兵营	黑色	—	54, 91, 94-5	"雪绒花"帽徽、山地帽
10 个装甲工兵营	黑色	33, 49, 200, 220	13, 37-8, 59, 86, 89, 200	"骷髅"领章、黑色制服
1 个劳工营	浅棕色	85	—	—
战斗部队 - 通信				
35 个通信营	柠檬黄	5, 334, 999	71-392 师级番号	—
6 个通信连	柠檬黄	—	704, 713-4, 717-8（罗德斯岛）	—
1 个后备通信连	柠檬黄	—	1087	—

续表

部队	兵种色	肩章		其他标识
		利比亚、埃及、突尼斯	南斯拉夫、希腊、阿尔巴尼亚	
		1941.2.14—1943.5.12	1941.4.6—1944.10.4	
4个山地通信营	柠檬黄	—	54, 91, 94-5	"雪绒花"帽徽、山地帽
12个装甲通信营	柠檬黄	78, 90, 190, 200, 220	4, 37-8, 77, 84-5, 341	"骷髅"领章、黑色制服
3个战地通讯连	黄/灰	（非洲）	698, 690	宣传连袖标
1个战地通讯连	黄/灰	—	（苏多斯季河）	宣传连袖标
支援部队				
29个师后勤部	浅蓝色	D /5, 190, 220, 334, 999	D / 46-887 师级番号	—
4个山地师后勤部	浅蓝色	—	D / 54, 91, 94-5	—
6个摩托化师后勤部	浅蓝色	—	D / 4, 61, 66, 82, 85, 100	—
3个装甲师后勤部	浅蓝色	—	D / 59, 60, 81	—
22个师后勤司令部	浅蓝色	D / 33, 90, 200	D / 104-717 师级番号	—
2个师后勤营	浅蓝色	D / 5, 334	—	—
1个后勤营	浅蓝色	N / 533	—	—
3个师后勤团	浅蓝色	—	N / 297, 367, 373	—
213个摩托化运输连	浅蓝色	N / 33-999 师级番号	N / 4-887 师级番号	—
51个摩托化运输连	浅蓝色	KF / 33-999 师级番号	KF /4-887 师级番号	—
240个马驮运输连	浅蓝色	—	4-887 师级番号	骑兵马裤和马靴
35个马驮运输队	浅蓝色	—	4-887 师级番号	骑兵马裤和马靴
医疗部门将官	亮红色	银色医师权杖	银色医师权杖	拉里施领章、红色条纹
医疗部门军官	深红色	金色医师权杖	金色医师权杖	红十字袖标
35个马驮卫生连－士兵	深红色	—	46-887 师级番号	红十字袖标、医疗徽章
4个山地卫生连－士兵	深红色	—	54, 91, 94-5	"雪绒花"和医疗帽徽、山地帽
16个摩托化卫生连－军士和士兵	深红色	33-999 师级番号	4-85 师级番号	红十字袖标、医疗徽章
37个战地医院－士兵	深红色	190, 334, 572	46-887 师级番号	红十字袖标、医疗徽章
4个山地战地医院－军士和士兵	深红色	—	54, 91, 94-5	"雪绒花"和医疗帽徽、山地帽
11个摩托化战地医院－军士和士兵	深红色	33, 200	4, 59, 60-1, 66, 81-2, 85, 160	红十字袖标、医疗徽章
兽医部门将官	亮红色	银色蛇	银色蛇	拉里施领章、红色条纹
兽医部门军官	深红色	金色蛇	金色蛇	骑兵马裤和马靴
37个兽医连－军士和士兵	深红色	334, 999	46-887 师级番号	骑兵马裤和马靴
4个战地宪兵营	橙色	613	501, 591, 696	臂章、袖标
45个战地宪兵部队	橙色	33-999 师级番号	46-887 师级番号	臂章、袖标
4个山地战地宪兵部队	橙色	—	54, 91, 94-5	"雪绒花"和宪兵帽徽、山地帽

续表

部队	兵种色	肩章 利比亚、埃及、突尼斯 1941.2.14—1943.5.12	肩章 南斯拉夫、希腊、阿尔巴尼亚 1941.4.6—1944.10.4	其他标识
安全部队				
1 个陆军后方司令部	白色	—	560	—
28 个分军区司令部	白色	—	538-1042 系列	司令部颈饰
2 个边防步枪团	白色	—	81, 86	
24 个边防步枪营	白色	—	L / 257-977 系列	
1 个保安团	白色	—	S / 86	
18 个保安营	白色	8 / 766	S / 265-1025 系列	
5 个战俘运转营	白色	—	KG / 160, 183, 185, 191, 202	
外国部队（除克罗地亚军团师外）				
1 个哥萨克骑兵师部	金黄色	—	1	哥萨克 / 德国制服、臂章
6 个哥萨克骑兵团	金黄色	—	1,5 顿河；2 西伯利亚；3,4 库班；6 捷列克	哥萨克 / 德国制服、臂章
1 个哥萨克炮兵团	亮红色	—	55	哥萨克 / 德国制服、臂章
5 个白俄罗斯团	白色	—	1-5	
1 个阿拉伯特种部队	各种颜色	（Ⅲ）287	—	头巾、自由阿拉伯臂章
1 个阿拉伯步兵营	白色	—	845	自由阿拉伯臂章
4 个阿拉伯兵营	白色	（阿尔及利亚、摩洛哥、突尼斯）	—	法国制服、德国袖标
1 个亚美尼亚野战营	白色	—	（Ⅰ）125	亚美尼亚军团臂章
陆军军官 - 深绿色肩章底（除牧师外）特殊军衔标识				
45 个战地邮局	柠檬黄	Fp (33-999 师级番号)	Fp (4-887 师级番号)	—
4 个山地战地邮局	柠檬黄	—	Fp (54, 91, 94-5)	"雪绒花"帽徽、山地帽
7 个战地安全警察部队	浅蓝色	GFP (741)	GFP (9, 171, 510, 611, 621, 640)	—

1939 年 9 月，原有的如 Fb（要塞建筑高级军士）、Fp（要塞工程高级军士）、Rs（团级鞍匠）、Ts（候补鞍匠）、V（行政军士）和 Zg（军械高级军士）在内的职务章被废除。在大战期间，设立了两个新的职务章——毒气防范军士和军需军士。

由于专业人才的补充远远赶不上战时需求，在 1940 年后，通常只有通过了更严格的和平时期资质考核的专业人才才佩戴有饰线的职务章。那些只是通过了更短的战时课程的人，被称为"实习"人才，佩戴没有饰线的职务章。

1943 年后生产了三种类型的职务章——摩托化和坦克机师、装甲通信机师和通信机师——并不只授予军士，而且没有之前职务章的威望。因此它们可能只能比拟 M1920 版通信人员、M1930 版舵手、M1936 版炮兵瞄准员、M1937 版烟雾部队瞄准员和 M1941 版山地向导章。

奖章和奖励

1941 年 12 月 28 日，设立了一款金色德意志十字奖章，用作在一级铁十字奖章和骑士十字奖章中的过渡。它是一款灰色铝制"星星"上的金色"花环"纳粹卐字符奖章，佩戴于右胸。

在 1944 年 10 月前，希特勒设立了 3 种基于骑士十字奖章的进阶奖励——1940 年 6 月 3 日，配橡树叶片图案的骑士十字奖章，1941 年 6 月 21 日，配橡树叶片和剑的图案，1941 年 7 月 15 日，配橡树叶片、剑和钻石图案。最后一种奖励只颁发给了 27 人，其中包括陆军元帅隆美尔。1942 年早期，意大利最高统帅部为非洲军的成员颁发了意大利-德国战役奖章，为铜质圆形章，有黑白红绿四色勋带。意大利签订停战协议后，该奖章于 1944 年 3 月 29 日被废除。

1942 年 10 月 16 日，启用了奖励给陆军人员的克里特岛战役纪念袖口标识，专门授予参加了 1941 年 5 月 20—27 日克里特岛战役的第 5 山地师和第 141 山地团。这是一款白色布质标识，佩戴在左袖口上，有"鲜花"围绕的"克里特"德文字样，有饰边，都是用黄色棉线刺绣。

1944 年夏，南斯拉夫。一名上等兵战地通讯员穿着夏季作战制服，戴去掉了兵种色 V 形纹的 M1940 款热带带檐作战帽，有战地通讯员袖标的 M1940 款热带作战上衣，可能是德国国防军战地通讯社的一名成员。

1944 年 10 月，塞尔维亚。4 名精疲力尽的士兵在他们的阿德勒 3Gd 型斗槽吉普中抓紧时间打个盹。所有人都穿着 M1940 款大衣。可以看到头盔上的国防军"鹰标"（1943 年 8 月 28 日已经下令废除）以及手边的刺刀。

插图图说

A：1941 年 2—4 月，抵达非洲

A1：1941 年 3 月，的黎波里塔尼亚，的黎波里，热带常服，第 5 轻型师，少将

这名副师长穿着自行采购的 M1940 款早期版本泛绿棕色热带作战上衣，配大陆版 M1935 款肩章和 M1927 款领章，但也配了 M1935 款金线"雄鹰胸标"而非标准的 M1940 款泛蓝灰色螺纹线版本。他戴着 M1940 款遮阳盔，穿有将官版条纹的 M1940 款热带马裤、M1940 款第 1 版热带高帮靴，配一支瓦尔特 PPK 手枪，以及非官方标准的将官大陆版棕色皮带。他配有一级和二级铁十字奖章，以及骑士奖章，和"功勋奖章"——这是一战的最高嘉奖。

A2：1941 年 4 月，阿杰达比亚，热带作战制服，第 8 装甲团，上尉

这名第 15 装甲师的营长穿着 M1940 款热带作战上衣，戴非标配的大陆版 M1940 款黑色作战帽，皮质腰带、M1935 款的大陆版领章和胸标以及装甲师翻领"骷髅"徽章，及 10×50 蔡司双筒望远镜、硬壳 P38 手枪套盒、蔡司太阳护目镜、M1940 款马裤和 M1940 款第 1 版热带鞋。他佩戴了一级和二级铁十字奖章，以及银色的坦克战斗章。

A3：1941 年 4 月，昔兰尼加，托布鲁克，热带作战制服，摩托车营，上等兵

1939 年 9 月 25 日，摩托车营开始采用"K"字符兵种符号以及草绿色兵种色，但有些人还是保留着粉色、金黄色或白色的兵种色。这些营大多数并没有按照命令在 1941 年 10 月 28 日替换为铜棕色兵种色及去掉"K"字符，但在 1941—1942 年间陆续被改建为装甲侦察连。这名摩托车通信员，正在用德军传统方式敬礼，穿着 M1940 款摩托车手大衣，在 M1940 款无兵种符号肩章上有候补军士的标识。另有 M1936 款大陆版 V 形章、M1940 款热带作战帽、太阳护目镜和大陆版 M1935 款地图盒，以及 M1940 款热带长手套和毛瑟 Kar98k 步枪。

B：1941 年 5—11 月，昔兰尼加和埃及西部

B1：1941 年 5 月，昔兰尼加，托布鲁克，热带作战服，机枪营，高级步枪兵

第 5 轻型师的机枪营为浅绿色兵种色，而非白色。这名资深列兵戴着 M1940 款遮阳盔，穿配标准领章的 M1940 款热带作战上衣、M1940 款第 1 版热带鞋和棕色皮质弹药袋而非黑色弹药袋，M1940 款非军官版热带腰带和步枪兵的作战装备。佩有热带版兵种色通信兵臂章和黑色受伤纪念章（1—2 次受伤），携带了一支毛瑟 Kar98k 步枪和帆布罩袋，另有一枚 M1924 款木柄手榴弹。

B2：1941 年 5 月，埃及，哈尔法亚隘口，热带作战服，第 33 装甲猎兵部队，步枪列兵

这名第 15 装甲师的反坦克乘员穿了一件 M1940 款棕褐色热带作战上衣、第 1 版热带鞋和 M1935 款头盔，后来在 1941 年末换为遮阳盔。他装备着步枪手作战装备，是战线步兵和机械化步兵的标准装备，有 2 个水壶，并把防毒披肩自行捆在了防毒面具罐上。在作战中，反坦克乘员会将其放在卡车或半履带车中。

B3：1941 年 11 月，昔兰尼加，卡普佐港，热带作战服，第 900（摩托化）工兵营，下士

这名突击工兵班长隶属于第 90 轻型非洲师，穿了 M1940 款热带作战服，佩军士热带领章、工兵（后改为通用）突击章，有非正式的第 1 款非洲军袖口标识和 M1940 款第 2 版高帮鞋。他有为工兵设计的容纳装备和手雷的帆布袋，一把掘壕铲和刺刀，以及 MP40 冲锋枪和配套的弹药袋。

C：1941 年 11 月至 1942 年 10 月，埃及战役

C1：1941 年 11 月，昔兰尼加，布特，热带作战服，第 33（摩托化）侦察部队，少尉

这名第 15 装甲师摩托化侦察营的排长或连长是标准的短袖打扮，穿着 M1940 款衬衣、短裤和第 1 版热带及踝鞋，以及不受欢迎的军官版热带腰带配 P38 手枪。他的肩章上有侦察兵的兵种符号，在帽子上有该营的传统龙骑兵"鹰标"帽徽，戴着涂成沙色伪装色的标准 6×30 望远镜。

C2：1942 年 5 月，昔兰尼加，托布鲁克，热带作战服，第 5 装甲团，附属官

这名隶属于第 21 装甲师的军士长担任着相当于连级军士长的职务，穿着 M1940 款热带作战上衣，有热带袖口职务穗带标识，非标配的装甲师翻领"骷髅"徽章、银色坦克战斗章和二级铁十字扣眼勋带。在他的 M1940 款热带裤上有拉绳，所以造成了一种灯笼裤的效果，下面是一双第 1 版热带及踝鞋。他戴着配发的荷兰遮阳盔，带着 M1940 无檐热带作战帽和 P08 硬壳枪套。

1940 年，德国。这名讲究的军官生，是第 83 步兵团的一名下士军官申请人。从他的嘉奖——一级和二级铁十字奖章、步兵突击章和银色受伤纪念章——可以判断出他是一名被推荐参加军官学习的资深军士，正在军事学校学习。他穿着一件 M1935 款作战上衣，有自行采购的配件——军官式尖底领章和硬质肩章，上面有用高级军士的白色铝线而非白色缝制线绣制的团级番号——这是在候补军官中常见的一种方式。

C3: 1942 年 5 月，昔兰尼加，比尔哈凯姆，热带作战服，第 361 轻步兵团，一等兵

轻步兵团佩戴猎兵和山地步兵的浅绿色兵种色。这名第 90 轻型非洲师的第一射手，在比尔哈凯姆与自由法国的部队作战，穿着 M1940 款热带大衣，配 M1940 款非军官版热带腰带、P38 硬壳枪套和备用弹药袋，并携带了一挺 MP40 轻机枪。

D: 1942 年 10 月，阿拉曼战役

D1: 阿拉曼，热带便服，德国 - 意大利装甲集团军，陆军元帅，埃尔文·隆美尔

隆美尔无视着装规范，穿了一件自行采购的 M1940 款热带作战上衣，配 M1941 款陆军元帅肩章以及已经被废弃了的 M1927 款将官领章和大陆版 M1935 款"雄鹰胸标"。他戴着一顶 M1935 款大陆版大檐帽和缴获的英军太阳护目镜，穿大陆版高帮鞋，并在脖子上挂着有剑和钻石图案的骑士十字奖章以及"一战"功勋奖章。

D2: 切德尼山脊，热带作战服，第 115 装甲掷弹兵团，下士

这名第 15 装甲师的班长穿着 M1940 款热带作战服，有 M1940 款热带长裤和第 2 版热带及踝鞋、临时缝制的麻布头盔罩、地图盒、防风沙的平民围巾，以及——他正在等待配发班长标配的冲锋枪——标准的步枪手装备和毛瑟 Kar98k 步枪。

D3: 切德尼山脊，热带作战服，第 155 炮兵团，高级炮兵

他在柳条筐中装了一枚 15 厘米口径 SFH18 式中型野战炮的炮弹，这名第 21 装甲师的炮手穿着没有系扣子的 M1940 款热带上衣，有非洲军袖标（在作战中其实很少见到），因为沙漠地带的炎热，没有穿衬衣打领带。他戴着一顶 M1940 款热带带檐作战帽，穿长裤，脚上是第 1 版热带及踝鞋。

E: 1943 年 1—5 月，突尼斯战役

E1: 1943 年 2 月，凯瑟琳隘口，热带作战服，第 200 装甲掷弹兵团，上士

这名装甲军士隶属于第 90 非洲师的第 200 机械化团，任职于团部，在 M1942 款热带作战上衣上佩戴着他的热带版职务章、非洲军袖口识别和铜质业兵突击章。该突击章设立于 1940 年 6 月 1 日，颁发给摩托化步兵。他另穿有 M1940 款衬衣和毛衣、M1940 款热带长裤、第 2 版热带及踝鞋和不受欢迎的 M1940 款棕色网状短袜，这种短袜是在 1941 年 2 月 23 日后配发给野战部队的。头盔上有沙色伪装色，他还携带着一把 P38 手枪。

E2: 1943 年 2 月，朗斯普山，热带作战服，第 756 山地猎兵团，中士

这名第 334 步兵师的成员穿着 M1942 款热带作战上衣，按照并不少见的方式去掉了热带军士领章。作为一名山地步兵，他在 M1940 款热带带檐帽上（1942 年 9 月 8 日后去掉了其上的兵种色 V 形纹）有"雪绒花"帽徽，另有"雪绒花"臂章、山地裹腿和登山鞋。作为一名排长，他装备了一支 MP40 冲锋枪和 M1938/1940 款橄榄绿或棕褐色帆布弹药袋。

E3: 1943 年 3 月，丰杜克，热带作战服，第 981 非洲步兵团，步枪列兵

第 999 非洲师的骨干军官、军士和士兵佩戴常规的有

浅绿色兵种色的标识，但惩戒士兵没有标识。这名士兵穿着没有"雄鹰胸标"、领章和肩章的M1942款热带作战上衣，以及M1940翻领毛衣、热带马裤、M1935款橄榄绿涂装头盔、无装饰的热带带檐帽，配普通圆形带扣的非军官版热带腰带和第3版热带高帮靴。他装备着标准的步枪兵装备和一支毛瑟Kar98k步枪。

F：1941年4—5月，入侵南斯拉夫和希腊

F1：1941年4月，南斯拉夫，尼思，第33装甲团，中士

这名坦克手隶属于第四十坦克军的第9装甲师，穿着规范的作战服，包括在1936年改为三个翻领扣眼的M1934款坦克手制服，佩一级铁十字奖章和二级铁十字勋带，以及银色突击章。他戴着M1940款非军官版黑色无檐作战帽、护目镜，并有在硬壳枪套里的P08手枪。

F2：1941年4月，南斯拉夫，萨格勒布，作战服，第330步兵团，上等兵

这名第183步兵师的成员穿着M1940款"战场灰"作战上衣，保留了有候补士官环的M1935款圆底泛蓝深绿色肩章及M1936款V形军衔章，搭配M1940款"战场灰"长裤。佩戴了银色步兵突击章和黑色受伤纪念章（1—2次受伤）。他的头盔，从1940年3月21日起，去掉了左侧的国家盾徽。作为一名副班长，他佩戴着标准步枪兵装备，并携带着毛瑟Kar98k和M1924款木柄手榴弹。

F3：1941年5月，克里特岛，马利姆机场，作战服，第100山地猎兵团，一等兵

这名第二射手在第5山地师于马利姆机场绝望的战斗中正提着弹药奔向第一射手。他穿着有"雪绒花"臂章和M1936款V形军衔章的M1935款作战上衣，另有山地部队的M1939款"战场灰"山地长裤、踝部裹腿、登山鞋，他的头盔左侧有国防军"鹰标"（在1943年8月28日废除）。他装备着第二射手的作战装备，携带着一支P08鲁格手枪。

G：1941年4月至1944年10月，南斯拉夫占领军

G1：1942年1月，塞尔维亚，贝尔格莱德，作战服，边防步兵营，步枪列兵

这名二线部队的步兵，年纪太大并不适合一线作战，负责卫戍维亚纳-萨洛尼卡铁路的一段。他戴着M1934款非军官版第2版作战帽（有M1940款鼠灰色帽徽），

一名武器军士在营部检视一把瓦尔特27毫米长管信号枪。他戴着M1943款标准带檐作战帽，穿M1935款作战上衣，有二级铁十字扣眼勋带。作为一名战时训练的武器军士，他的交叉步枪的职务章上没有饰边。

穿有"战场灰"衣领和肩章的M1940款大衣，携带标准的步枪兵黑色皮质作战携具。装备了一支1934年定型的早期型号毛瑟Kar98k步枪。

G2：1943年5月，波斯尼亚东部，戈拉日代，作战服，第370（克罗地亚）掷弹兵团，中校

这名营长，参加了对抗南斯拉夫游击队的施瓦茨行动，穿着配有M1935款军官版作战服质地"雄鹰胸标"、肩章和领章的M1935款军官版作战上衣，佩戴着一级铁十字奖章和二级铁十字勋带，有白色铝制步兵突击章。作为一名德国人骨干，他的克罗地亚臂章上没有"赫尔瓦茨卡"字样。他的头盔左侧有克罗地亚盾徽，他装备着有镜头盖的标准6×30双筒望远镜和一个P38硬壳枪套。

G3：1944年5月，克罗地亚，彼得里尼亚，夏季作战服，第1顿河哥萨克骑兵团，上等兵

1944年3月18日后，第1哥萨克师采用了德军制服，有深蓝色或战场灰色的马裤及无马刺的骑兵靴。顿河哥萨克——黑色高皮帽，厚红色长裤条纹，蓝红色左臂章

（第 5 团）或右臂章（第 1 团）；西伯利亚哥萨克——白色高皮帽，厚黄色长裤条纹，蓝黄色右臂章；库班哥萨克——黑色矮皮帽，薄红色长裤条纹，黑红色左臂章（第 3 团）或右臂章（第 4 团）；捷列克哥萨克——黑色矮皮帽，深蓝色绳边黑色长裤条纹及黑蓝色左臂章。这名上等兵，佩戴着一级"东方民族"奖章，保留着 1943 年 5 月 29 日启用的在 M1943 款热带作战上衣上的军衔标识，另有 M1935 款常服帽"鹰标"和 M1940 款机器缝制国家标识（军官和德国人骨干佩戴 M1935 款常服帽标识），携带着一根哥萨克马鞭和马刀，以及 M1942 款毛瑟 Kar98k 步枪。

H: 1941 年 4 月至 1944 年 11 月，希腊和阿尔巴尼亚占领军

H1: 1942 年 10 月，希腊，阿格里尼翁，夏季作战服，第 104 猎兵师第 1 卫生连，下级医师

试用和战场见习少尉穿戴军官版制服和标识，配上士军衔标识。这名隶属于第 104 猎兵师的下级医师，戴着 M1942 款猎兵帽和臂章，另有 M1942 款热带作战上衣。在他自行采购的热带版 M1943 款带檐作战帽上，有军官绳边和亮光铝线的"鹰标"和国家标识，形成一个 T 字形。他还自行佩戴着军官版 M1935 款大陆领章、"雄鹰胸标"和已经玷污成黑色的棕色皮革腰带，配 P38 硬壳手枪盒。他穿着德国空军的热带长裤，以及第 2 版热带及踝鞋，有红十字袖标和白色铝制埃斯科拉庇俄斯权杖肩章符号，另有 M1941 款热带面包袋。

H2: 1943 年 10 月，希腊，科斯岛，夏季作战服，第 65 掷弹兵团，一等兵

这名班组成员隶属于第 22 空降师，这支部队在 1942 年 6 月占领了塞瓦斯托波尔要塞。他穿着 M1943 款热带作战上衣，有克里米亚臂章和 M1940 款热带长裤和短袜。他装备着步枪兵装备，另有 1941 款毛瑟 Kar98k 步枪、M1924 款木柄手榴弹和 M1939 款手雷。

H3: 1944 年 3 月，阿尔巴尼亚，地拉那，作战服，第 552 掷弹兵团，上等兵

这名第 297 步兵师的第一射手穿着配有 M1940 款领章和 V 形军衔章的六扣版 M1943 款作战上衣，戴 M1943 款标准作战帽（启用于 1943 年 6 月 11 日），上面有 T 形"战场灰"底部，缀有 M1942 款鼠灰色"鹰标"和国家徽章。他装备着标准作战装备，有 P38 软壳手枪套（启用于 1943 年末），装备着一挺 MG42 轻机枪。

德国陆军 1939—1945 年(3)
东线 1941—1943 年

The German Army 1939—1945 (3)
Eastern Front 1941—1943

东线战场背景

德军高层指挥 1941—1943 年

作为国家元首，阿道夫·希特勒（从 1938 年 2 月 4 日起）担任着名义上的德军最高司令（国防军最高指挥官）。但是作为曾经在"一战"中的一名团级传令兵[①]，希特勒深信自己的智商和经验，可以让其具有军事战略指挥的独特视角。他继续忽略了威廉·凯特尔元帅这名德军总司令和资深的专业军人，现在又进一步直接推翻了陆军总司令部的战略和战术决定，并毫不掩饰自己对手下将官们的蔑视。这一混乱的关系在 1941 年 11 月末进一步加剧，随着希特勒预言的势不可挡的德军进攻势头在莫斯科被阻挡，希特勒将其归罪于德军将领，并在 1941 年 12 月 19 日将陆军总司令部瓦尔特·冯·布劳希奇元帅解职，自己取而代之。在随后 6 个月的时间中，有 39 名高层指挥官，包括"闪电战"学说的缔造者——海因茨·古德里安大将，都被解职。

希特勒从柏林前往位于东普鲁士的拉斯登堡（现波兰肯琴）的"狼穴"，之后又在 1942 年 7 月前往乌克兰占领区的文尼察。他在一堆簇拥在身边的谄媚将官和凯特尔名义上的副手、作战局局长步兵上将阿尔弗雷德·约德尔领导的最高统帅部的支持下，绕过陆军总司令部直接指挥军事行动。现在希特勒的军事顾问都是一群唯命是从的人物，比如步兵上将库尔特·蔡茨勒，此人在 1942 年 9 月 24 日替代了布劳希奇的副手，大将弗兰茨·哈尔德出任总参谋长。

战略

1939 年 8 月 23 日，希特勒与苏联的斯大林签订了联盟协定，以在 1939—1940 年的西线战役中保护德国的东部边境。但苏联始终是德国的死敌，在 1940 年 12 月 18 日，希特勒发布了入侵苏联的巴巴罗萨计划，意图在 1941 年 5 月 15 日发起进攻。但这一日期因为入侵南斯拉夫和希腊被拖延到了 1941 年 6 月 22 日。它将成为军事史上最大规模的冲突，有大约 300 万德国军队和约 90 万轴心国军队，对抗约 470 万的苏联军队，而且其结果最终影响了战后欧洲 50 年的历史。

获得罗马尼亚、芬兰、匈牙利和斯洛伐克军队协助的德军将以三个集

[①] 希特勒在"一战"中自愿参加了德国巴伐利亚预备步兵军团，一开始是一名传令兵，后来晋升为"奥地利一等兵"。一等兵在德国传统军衔中并非军士，与"二战"时期的德军一等兵相同。因此部分翻译作品中将希特勒称为"奥地利下士"的说法是错误的。

团军群进攻苏联,其先锋是四个由装甲师和摩托化师组成的加强军团,被命名为装甲集群。他们将在白俄罗斯围困和消灭大部分苏联红军,并占领三个重要城市——列宁格勒(苏联共产党的发祥地)、莫斯科(苏联政权的神经中枢)以及土地肥沃的乌克兰首都基辅,这也是通往高加索油田的大门。

接着德军将推进到乌拉尔山—伏尔加河一线,距离德国边境 1300 英里,构建 3000 英里长的防线以对抗苏联的西伯利亚和中亚地区部队,并完成对苏联欧洲部分的占领。苏联的卡累利阿地区将划给芬兰,罗马尼亚则获得比萨拉比亚、布科维纳北部和"德涅斯特河沿岸"(摩尔多瓦和敖德萨)。剩余的占领区将划分为四个庞大的"德意志行省"(帝国总督辖区):奥斯兰(爱萨尼亚、拉脱维亚、立陶宛、白俄罗斯、俄罗斯西北部);莫斯科(俄罗斯北部和中部);乌克兰(乌克兰和俄罗斯西部);高加索(外高加索、亚美尼亚、格鲁吉亚及阿塞拜疆)。为控制当地民众,计划迁入 100 万德国人、荷兰人和斯堪的纳维亚人,以保证当地的欧亚混血居民对纳粹的永久效忠。

就像在 1939—1940 年的西线战役期间一样,(在巴巴罗萨计划中)德军的两种主要学说体现出了一些矛盾冲突。大将海因茨·古德里安的"装甲学说",使得装甲部队能够快速推进占领敌人的关键区域,传统的由陆军总司令部秉承的"决战学说",却需要时间来彻底歼灭被包围的敌军部队。事实上,两种学说都未能达到他们的目的。快速推进的坦克浪费了宝贵的数天时间来等待支援的步兵跟上,使得红军部队可以重整并加固防御。"决战学说"在 1941 年给对手造成了巨大的损失——苏联资料称有 310 万人被杀或被俘,德国资料称有 750 万人——但苏联首都莫斯科并没有被攻克,大部分红军也能够撤退、重组,然后在 1941 年 12 月发动反击。希特勒的优柔寡断和小心谨慎使得装甲部队丧失了尽可能快速推进的优势,而他顽固地拒绝局部战术撤退的命令又葬送了避免如斯大林格勒战役这种悲剧上演的可能。德国国防军在西部战役中的经验,根本无法帮助他们应对坚忍不拔而且资源似乎取之不竭的苏联红军的反抗。

斯大林格勒战役成为德国命运及第二次世界大战的转折点。从此之后,德国国防军在数量、装备和人力上都处于劣势,盟军夺取并保持了战略主动权,直到德国在 1945 年 5 月 8 日最终投降。

陆军部队部署

参加巴巴罗萨行动的德国军队的组织形式与西线和巴尔干战役一样,同在西线战役一样,也组织了 3 个(从 1942 年开始为 5 个)集团军群。每个集团军群,最初平均有 100 万部队,由一名陆军元帅指挥,下辖集团军群直属部队和 3—4 个集团军。一个步兵集团军大约有 20 万人,由陆军

德国军官常服从 1935 年 3 月到 1945 年 5 月间,并没有明显的变化。瓦尔特·冯·布劳希奇,在 1939 年 9 月—1941 年 12 月 19 日间担任陆军总司令,是希特勒在 1940 年 7 月 19 日提拔的 9 名陆军元帅之一。此举降低了这一德国最高军衔的含金量。他戴着有泛蓝深绿色帽墙的 M1935 款军官版大檐帽,有金色丝线绳边、颏带、亚光铝制"鹰标"、国徽和花环图案。他的 M1935 款军官版作战上衣有泛蓝深绿色衣领,亮红色领章上有将官的双叶矢车菊拉里施图纹、金质纽扣、安装勋略章的布质圈环和泛蓝深绿色饰面布底上的金色手工刺绣"雄鹰胸标",另有金-银-金交织的肩章穗带及亮红色肩章底(其上缀有银质交叉元帅权杖)。他在脖子上佩戴着骑士十字奖章。

大将指挥，下辖集团军直属部队和 2—5 个步兵军以及有时加强配属的几个装甲军群（1942 年 1 月升格为装甲集团军），包括装甲军和摩托化军（1942 年 6—7 月也改建为装甲军）。独立的第 20 山地集团军受最高统帅部直接控制，在北极圈前线作战。

步兵、摩托化、山地和装甲军编制都约 6 万人，由步兵上将（或同军阶上将）指挥，下辖军直属部队和 2—5 个师。1942 年 9 月时，第 61、62 后备军成立，分别管辖位于奥斯兰和乌克兰的后备师。

步兵师保持了 1939 年的编制，有 3 个 3049 人的步兵团和 5 个师级支援部队——1 个炮兵团、侦察营、反坦克营、工兵营和通信营。另有少数的师级后勤——约 4 个马驮和摩托化运输（很快就被迫换成俄罗斯两轮车）队、卫生连、战地医院、兽医连、宪兵部队和战地邮局。从 1942 年 1 月起，许多步兵师被缩编为 2 个团，理论上增加了火力配备以弥补人数的缩减。并且从 1942 年 10 月 15 日起，所有步兵团都被改名为"精锐"掷弹兵团，以期提升士气。

保安师由一个步兵团、几个边防步枪营和各种师级支援部队组成，用来在占领区执行卫戍任务。在 1942 年 9 月后，它们又增加了来自本土补充军的部队。16000 人的补充师，下辖 2—3 个补充步兵团和其他师级支援部队，负责新兵训练并执行卫戍任务，另外训练师有 2—4 个团，共 16000 名新兵，进行战斗训练并等待分配到前线部队。

14319 人的 M1940 编制摩托化师，有 2 个摩托化团（1942 年 10 月 15 日后改名为摩托化掷弹兵团）以及摩托化师级支援部队（包括一个摩托车侦察营）以及后勤部队。德军中名声最大的部队，大德意志摩托化团，事实上是一个独立加强团，有 4 个摩托化营，另有支援和炮兵营及勤务部队，在白俄罗斯和俄罗斯中部作战。1942 年 3 月 12 日，改编成一个摩托化师，并部署到俄罗斯南部和中部。

13000 人的轻步兵师，最先成立于 1940 年 12 月，是作为精锐的非摩托化"追击"部队，下辖 2 个步兵团，从 1942 年 6 月 28 日后改编为步枪（猎兵）师。14131 人的山地师有 2 个山地步兵团以及山地装备化的师级支援和后勤部队。

1940 年 8 月—1941 年 1 月间，装甲师的数量扩充到 20 个，但分化削弱了原有的装甲师力量。M1940 编制的装甲师现在有 1 个 2 营制的装甲团（原本为 2 个）；9 个师支援部队，名义上有两个摩托化步兵团（1942

作为在 1939—1940 年间屡战屡胜的西线战役中第 6 集团军司令，瓦尔特·冯·赖歇瑙是另一名"7 月 19 日元帅"。他佩戴着他的骑士十字奖章，亮红色领章上有 1941 年 4 月 3 日启用的为元帅设计的三叶式矢车菊金线拉里施图案。1941 年 12 月 1 日，赖歇瑙被任命为南方集团军群司令，但在 7 周之后的 1942 年 1 月 17 日，死于心脏病。

1941 年 6 月，一名班级第一射手正在行军，他的 MG34 机枪挂在背后而非按照规定扛在肩上。可以看到固定在他的 A 形框架上的饭盒和帐篷组片。另有刺刀、M1930 款防毒面具罐、M1931 款面包袋和 M1931 款有毡布外罩的水壶和黑色涂装的水杯。

年7月5日后改建为机械化装甲掷弹兵团)、一个炮兵团(后改为装甲炮兵团)、摩托车侦察营(包括一个装甲车连)和摩托化侦察营(1941年被合并)、摩托化反坦克营、装甲工兵营、装甲通信营以及后来的防空营;另有摩托化师级后勤部队。

16000人编制的第1骑兵师,在白俄罗斯和俄罗斯中部作战,下辖3个骑士团,1个骑兵团(骑兵连和自行车连)、自行车营和骑兵或摩托化师级支援及后勤部队。于11月28日,被改编为第24装甲师。

第287特种部队,是一个混合加强团,成立于1942年8月4日,最初是为了在波斯湾地区发动突击队作战,后来被配属到(不含第3营)A集团军群,部署在高加索地区。1943年5月2日,大部分隶属部队改编为第92摩托化掷弹兵团,部署到巴尔干地区。贝格曼特种部队成立于1941年10月14日,由德国骨干领导格鲁吉亚连、北高加索连和阿塞拜疆连,参加了1942年的高加索战役。

1941年1月9日,成立了"技术部队",部分来源于准军事化的"技术应急军团",负责支援德国的军事生产。1942年11月15日,成立了"汽车场部队"用来协调管理修复和检修摩托和装甲载具的部队。

欧洲志愿者

除了罗马尼亚、匈牙利、芬兰、斯洛伐克和意大利仆从军外,德军发展了数量庞大的非德国人志愿军,穿着德军制服,在东线作战,希望通过战斗在德国胜利后的战后定居中获得理想的位置。

1941年7月20日,西班牙(中立国)独裁者弗朗西斯科·佛朗哥,允许成立了第250步兵师——"蓝色师"——由18693名西班牙军人和法西斯长枪党徒志愿者组成,作为德国在西班牙内战时期提供援助的回报。在1943年10月20日前,其参加了列宁格勒和沃尔霍夫的战斗,随后佛朗哥迫于盟军的压力,召回了这支志愿部队。第369加强克罗地亚步兵团成立于1941年7月,有3000名克罗地亚和波斯尼亚志愿者,在德国进行了长期训练然后加入了在乌克兰的第100轻步兵师。参加了斯大林格勒战役,并于1943年1月投降。

1941年7月,一个步兵排在向苏联境内深入时停下来修整。图中既有泛蓝深绿色衣领的M1935款作战上衣,也有"战场灰"衣领的M1940款上衣。这些一线部队早已精疲力竭,将着装条例抛之不顾,没有把长裤抄进鞋子里。军士排长(前排中间)将他的M1931款伪装布横搭在肩上。他右手边的第二射手携带了两根备用MG34枪管。

1941年7月，一名一等兵班长（左起第三人）装备着MP40冲锋枪，正在一处俄罗斯村庄中指挥他的班级轻机枪小组进行巷战。第一射手正在使用MG34机枪，一旁有第二射手协助，第三射手则待在班长身后，带着备用弹药盒。

3000人的第638加强法国步兵团（1942年10月15日改为掷弹兵团）成立于1941年10月27日，划归第4装甲集团军参加了进攻莫斯科的战斗，之后在波兰和白俄罗斯占领区执行反游击队作战任务。最后在1944年9月1日被改编为武装党卫军部队。瓦隆[1]军团在1941年8月8日改编为第373瓦隆步兵营，有860名讲法语的比利时人，来自于莱昂·德格莱尔[2]的法西斯雷克斯党，在俄罗斯南部隶属于第100轻步兵师，后又在高加索隶属于第97猎兵师，最后在1943年6月1日改编为武装党卫军部队。

在这一时期，武装党卫军中有许多来自于丹麦、荷兰、芬兰、佛兰德[3]和挪威的志愿者参加了东线战役。

东方部队

与苏联作战的德军师在经历了持续的人员损失后，意外而又惊喜地接受了来自平民和投降的苏联部队提供的后勤服务，并且这些人很快就被所有部队用作体力劳动者，并在紧急时刻作为战斗补充。1941年9月，希特勒正式将这些苏联平民补充兵定义为"辅助者"（协助者），并坚持他们不能被武装，但这一原则并不成功。在1945年5月前，协助者还是源源不断地加入德军师，在1943年时，其数量多达25万人。德军师被允许最多招募总编制15%的协助者参军。

1941年8月29日，德国将第一批志愿者编入了武装部队——10个北方集团军群的爱沙尼亚、俄罗斯和英格尔曼兰[4]保安营和"反共产主义团"，以及中央集团军群的5个战斗营。这些部队被加强配属给德军师执行反游击队作战或前线补充任务，很坚决地完成了使命并体现了战斗价值：1941年10月6日，大批原苏联国家的补充兵被正式认可为"东方部队"。

德军中的第1个哥萨克部队是原红军的第436步兵团，在1941年8

（左）1941年7月，师级侦察营的疲劳的摩托车手正在休息，但还是骑在他们的春达普KS600W摩托车上。他们穿着M1940款摩托车手防护外衣，上面有"战场灰"衣领和肩章，扣合到大腿处，并将他们的头盔按照1940年3月21日的命令要求用泥土涂抹遮掩。

---

[1] 指比利时南部以法语为主的地区。
[2] 比利时法西斯党首。
[3] 欧洲地区名，包括现比利时东佛兰德、西佛兰德；荷兰的泽兰；法国的加来海峡地区。
[4] 圣彼得堡地区的瑞典语称谓。

1941年9月,斯坦纳中尉,第201突击炮营第2炮组的指挥官,与他的成员一起在沃诺涅日附近照相。他们穿着有装甲师"骷髅"领章的特殊"战场灰"制服。自走炮炮管上的环表明他们已经击毁了6辆苏联坦克。

月22日叛变,之后从1941年10月起,陆续成立了11个哥萨克骑兵中队,协同保安师执行反游击任务,或是为装甲师提供骑兵侦察服务,通常是1个师配属1个中队。1942年末,这些哥萨克骑兵扩充到了11个营。1942年时有3个骑兵团、3个步兵团和6个步兵营,由哥萨克校官指挥。

1941年11月15日起,从并不准确的概括称谓"突厥"高加索和苏联中东部地区人员中成立了7个保安连,1942年时,在波兰占领区将这些部队扩充到6个"东方军团",包括:亚美尼亚、阿塞拜疆、北高加索(奥塞特人、英古什人和车臣人等)、土耳其斯坦(哈萨克人、吉尔吉斯人、塔吉克人、土库曼人和乌兹别克人等)以及伏尔加-鞑靼(喀山鞑靼人、巴什基尔人、楚瓦什人和乌德穆尔特人等)。一直到斯大林格勒战役结束前,这些军团都在征募平民志愿者,组成了5个军械、建筑和运输营以及200

1941年9月,一个隶属于第16集团军的步兵班正小心谨慎地在伊尔门湖附近行进。他们将自己的大衣打捆绑在M1939款A形框架外,其上是M1931款饭盒和M1931款伪装帐篷组件。另在腰带上有刺刀、战壕铲、防毒面具罐和M1931款面包袋。

1941年9月，一个反坦克炮组拖着他们的37毫米口径35/36反坦克炮，路过一辆废弃的苏军轻型坦克。他们穿着标准的步兵制服，并配备相应的装备，肩章上有装甲兵粉色兵种色的"P"兵种符号和绲边。

大多数德军师都非常依赖驮马运输。这名蹄铁下士（蹄铁匠上级猎兵），佩戴着泛蓝深绿色饰面布职务章，上有金黄色呢质马蹄铁图案，另有亮光铝线内缘饰线，显示出他是在营级铁匠铺获得了正式职务，正在修理一个马车轮。

个支援及运输连。投降的原红军部队中的变节者被编入 35 个步兵营，番号为第 783—844，另有 28 个野战营使用了师级番号，但只有 28 个营在东线投入过实战，大部分在高加索地区。

1942 年 10 月 1 日起，爱沙尼亚、俄罗斯、白俄罗斯和乌克兰部队被改编为"东方营"，大多数隶属于中央集团军群。每个营约有 950 人，有 1 名德国指挥官和 36 名德国军官、军士及士兵担任骨干。1943 年 1 月，48 个东方营（除第 658—660 爱沙尼亚营外）以及所有俄罗斯、白俄罗斯和乌克兰协助者被名义上合并组建为俄罗斯解放军（ROA）。

北方集团军群的波罗的海战役

1941 年 6 月 22 日，星期天，上午 4 点 15 分，由原 C 集团军群改建而来的北方集团军群，在陆军元帅威廉·里特尔·冯·莱布的指挥下，渡过尼曼河发动攻击。目标直指 525 英里外的列宁格勒，其主要突袭力量是第 4 装甲集群（大将埃里希·冯·赫普纳），下辖 9 个师（3 个装甲师、2 个摩托化师、3 个步兵师和 1 个武装党卫军摩托化师）。6 月 26 日，在突进了 185 英里（296 公里）后，抵达道加瓦河，并在 7 月 4 日抵达奥斯特罗夫，同时第 18 集团军（10 个步兵师）沿着波罗的海海岸推进，在 7 月 1 日占领里加。第 16 集团军（9 个步兵师）负责保卫装甲集群的东面侧翼，占领了立陶宛和拉脱维亚。7 月 10 日，第 4 装甲集群从普斯科夫州的维利基亚河重新发动攻势，同时第 18 集团军肃清了爱沙尼亚。但苏联红军在沼泽地形中的抵抗拖延了装甲集群的进攻速度，7 月 14 日，希特勒又下令在卢加河暂停进攻等待步兵，浪费了宝贵的 3 周时间，此处距离列宁格勒只有 60 英里（90 公里）。8 月 8 日，德军重新发起进攻，在 9 月 1 日第 4

表1：德国陆军特殊军官军衔和标识
1939年9月1日—1945年5月8日

肩部 1939.9.1—1940.3.20 1942.12.7—1945.5.8	肩部 1940.3.21—1942.12	军衔称谓 1939.9.1—1940.3.20 1940.3.21—1942.12.6	军衔称谓 1942.12.7—1945.5.8
1939.9.1–1940.3.20	—	R级（上校） 1. 团级领导 2. – 3. – 4. – 5. –	—
		B级（少校） 1. 营级领导；部门领导 2. – 3. – 4. – 5. –	B级（少校） 1. 营级领导；部门领导 2. 上级战地医师 3. – 4. – 5. 特殊军官（B）
		K级（上尉） 1. 连级领导 2. 营级医师；部门医师；纵队医师；分队医师；小队领导主任医师 3. 部门兽医；留驻兽医；分队兽医；兽医站医师 4. – 5. –	K级（上尉） 1. 连级领导 2. 战地医师 3. – 4. 翻译员（K） 5. 特殊军官（K）
		Z级（少尉） 1. 小队领导 2. 助理医师 3. 助理兽医 4. 翻译员（Z）	Z级（少尉） 1. 小队领导 2. 战地助理医师 3. – 4. 翻译员（Z） 5. 特殊军官（Z）
		O级（连级军士长） 1. 小队领导 2. 卫生小队领导 3. – 4. 翻译员（O）	—
		G级（下士） 1. 班级领导 2. 卫生班级领导 3. – 4. – 5. –	

注：1. 通用勤务（a：工兵、建设工兵、铁路工兵及技术部队；b：炮兵观测、通信及战地通信）无兵种标识。f：1940年3月废除。
2. 医疗部门人员（c：配属到非医疗部队；d：配属到医疗部队；e：配属到后备战地医院）军官为金色（1940年3月21日—1942年12月6日为白色铝制）医神权杖；军士为右袖口黄色职务章。
3. 兽医部门（1939年9月1日—1942年12月6日）军官有金色（1939年9月1日—1940年3月20日）、白色铝制（1940年3月21日—1942年12月6日）蛇标识。军士没有兵种标识。
4. 翻译部门（1940年5月15日—1943年9月30日）无兵种标识。
5. 其他兵种（集团军群、集团军、军、师部、行政管理及战俘营）无兵种标识。

装甲集群占领了拉多加湖地区的施吕瑟尔堡，同时第18集团军在爱沙尼亚游击队①的协助下，完成了对爱沙尼亚的占领，在7月14日占领纳尔瓦，在7月26日占领塔林，之后推进到列宁格勒西部郊区。在南面，第16集团军在8月4日占领诺夫哥罗德，然后抵达拉多加湖区域。9月4日，芬兰军队在接近列宁格勒北方的1939年芬兰－苏联边境②时停止进攻并拒绝更进一步，以免彻底激怒苏联。

北方集团军群的俄罗斯西北部战役

9月9日，第4装甲集群开始进攻列宁格勒，苏联部队只有通过拉多加湖才能进入列宁格勒。但在9月17日，希特勒将该集群划归中央集团军群以进攻莫斯科。列宁格勒被第16、第18集团军包围并用重炮狂轰滥炸，这是一个错误的决定，围攻这座城市让北方集团军群未能再有实质性的推进。史诗般的列宁格勒围城战持续了约900天，最终在1944年1月27日被红军解围。

1941年11月9日，原隶属于第3装甲集群的第三十九装甲军，企图打通与芬兰军队的联系并占领了斯维里河上的季赫温，但12月5日，苏联红军发动了冬季攻势，迫使整个集团军群后撤了40英里（64公里），退抵沃尔霍夫河，并在1942年1月在此转入静态战壕式防御。同时希特勒用乔治·冯·屈希勒尔大将替换了冯·莱布。第16集团军在1942年1—5月的霍尔姆之围和1942年2—6月的德米杨斯克之围中都侥幸逃脱，并在1942年4月撤退至拉瓦特河。最终，1943年1月，红军收复大卢基州。

北极圈战役

1941年6月19日，德国挪威军队，在最高统帅部的指挥下，从芬兰北部发起进攻，以3个步兵师和3个山地师（1个武装党卫军师）的兵力攻入苏联的卡累利阿地区，但未能占领重要的摩尔曼斯克港口。1941年12月，德军停止进攻并转入静态防御，1942年6月被重组为第20山地集团军，由爱德华多·迪特尔大将指挥。南方的芬兰集团军群则由芬兰元帅古斯塔夫·曼纳海姆指挥，占领了原属芬兰的斯维里河以北的卡累利阿地区。

中央集团军群的白俄罗斯战役

从原B集团军群改编而来的中央集团军群，由陆军元帅费多尔·冯·博克指挥，是实力最强的德军部队。其第3装甲集群（赫尔曼·霍特大将），下辖7个师（4个装甲师，3个摩托化师）在北方推进，同时第2装甲集群的9个师（5个装甲师、2个摩托化师、1个武装党卫队摩托化师和1个骑兵师）在南方推进，将一大群红军分割在白俄罗斯的许多包围圈中，之后由第4集团军的19个和第9集团军的12个步兵师予以歼灭。之后集团军群会得到南方集团军群的增援，并驱向离发起点600英里（960公里）远的莫斯科。

最初该集团军群的推进由于遭遇了预料之外的红军激烈反抗，而进度迟缓，但在6月27日，两个装甲集群还是推进了200英里（320公里）完成了对明斯克包围圈的合围，之后由慢一些的步兵集团军在6月28日

一名少将同等军衔军事行政官穿着军官版常服，M1935款作战上衣上有将官的拉里施图纹，其下是深绿色领章底，其中3边是亮红色绲边。另有，金银螺纹线深绿/金色肩章，上面有亚军服上有光铝线HV交织的首字母图纹，以亮红色为肩章底色。他的装饰物包括有1939年绶带和1914年一级铁十字奖章，其下是平民体能训练章（左）和骑兵章。他的大檐帽帽墙上半部有金色丝线绲边（帽冠和帽墙下半部同样），而非规定的深绿色饰面布绲边。

①爱沙尼亚、拉脱维亚和立陶宛三国原为独立国家，后陆续被苏联吞并，存在强烈的反苏心理。因此在德军入侵时，转而帮助德军对抗驻扎在此三国的苏联军队。

②1939年11月30日—1940年3月13日，苏联入侵芬兰，迫使其割让并租借部分土地。芬兰因此协助德军对抗苏联，收回了被占领土。

完成了布列斯特－利托夫斯克和比亚韦斯托克包围圈。装甲集群随后继续推进攻入俄罗斯西部，在7月18日将苏联军队围困在斯摩棱斯克包围圈，此处距离莫斯科200英里（320公里）。冯·博克希望立即对200英里外的莫斯科发动进攻，但希特勒焦虑于要确保占领基辅，在7月19日将古德里安的第2装甲集群和刚刚从南斯拉夫赶到的第2集团军调往南面250英里（400公里），以支援南方集团军群的第1装甲集群对该城的进攻。古德里安于8月9日在罗斯拉尔夫、8月20日在高美尔击败了红军，并在9月19日在基辅击败红军，于9月26日协助完成了基辅包围圈，俘虏了665000名苏联红军，之后重新回归中央集团军群。

中央集团军群的莫斯科战役

1941年10月2日，在占领斯摩棱斯克11周之后，中央集团军群发动了"台风行动"。霍特的第3装甲集群在北侧推进，古德里安的第2装甲集群在南侧推进，同时霍布纳尔的第4装甲集群受命直接进攻莫斯科，第2、4、9集团军提供支援。10月7日，奥廖尔被占领；10月12日，维亚济马被占领，布良斯克包围圈合围。但10月6日，积雪突然融化，中央集团军群陷入泥泞的汪洋大海之中。11月6日，大规模的冰冻使得进攻得以继续，11月30日，第4装甲集群的进攻部队已经推进到距离莫斯科红场仅有25英里（40公里）的地方；但在12月4日时，德军已经再也无力推进。

一名K级军衔特殊军官穿着军官版M1935款作战上衣，上有M1940款特殊军官肩章。作为一名曾经被授予了二级铁十字勋带的前军士，他佩戴了军官版的衣领，另有泛蓝深绿饰面布而非标准的德国空军灰蓝色制服布底的帽墙和"雄鹰胸标"。

1941年12月，一名将官焦虑地走在风雪中。他戴着M1935款大檐帽，穿M1935款作战大衣，大衣上有按例只在休假时才安装的毛皮衣领，另有将官版鲜红色饰面布翻领。他配有骑士十字奖章和6×30双筒望远镜，以及挂在棕色军官版腰带上的枪套和里面的手枪，携带着排长以上军官的标配作战装备。他身后是看上去同样焦虑的参谋军官，夹着一个文件盒，穿着M1935款作战大衣，戴M1934款老式作战帽。

1941年12月，俄罗斯中部，图拉附近。一个隶属于大德意志摩托化团的三人班级轻机枪小组正在操纵他们的MG34机枪。可以看到在他们的泛蓝深绿色底白色绲边肩章上也有白色螺纹线GD团级交织首字母纹路，还有用裁剪下来的床单制成的头盔伪装罩，以及备用弹药盒。

12月5日，苏联红军动用全部力量对中央集团军群发动冬季攻势，但德军顽固反抗，在后撤100英里（160公里）并丢掉加里宁后，在斯摩棱斯克、维亚济马和勒热夫前的第聂伯河建立起了防线。这条防线在1943年前，除了斯摩棱斯克周边的几处次要阵地丧失外基本完好。1941年12月19日，贡特尔·冯·克卢格元帅取代了冯·博克。

南方集团军群的乌克兰战役

南方集团军群是从原A集团军群改建而来，由陆军元帅格尔德·冯·伦德施泰特指挥，目标是占领乌克兰。陆军大将埃瓦尔德·冯·克莱斯特的第1装甲集群下辖9个师（5个装甲师、2个摩托化师和2个武装党卫军摩托化师）作为先锋直扑基辅。后续是第6集团军的14个师（1个装甲师、13个步兵师）和第17集团军的13个师（7个步兵师、2个轻步兵师、2个山地师和2个斯洛伐克师）进攻乌克兰中部，同时第11集团军的12个师（7个步兵师、5个罗马尼亚师）则沿着海岸与罗马尼亚的"安东内斯库[①]"集团军群（第3、4集团军和第21集团军）一同推进。

南方集团军群的推进速度相对缓慢。第17集团军在6月30日占领了利沃夫，8月8日与第11集团军一起完成了乌曼包围圈。10月16日，第11集团军和罗马尼亚部队夺取了敖德萨，之后于10月27日占领了克里米亚半岛并围攻塞瓦斯托波尔要塞，最终在1942年6月27日攻克此地。同时第1、第4装甲集群在9月26日夺取了基辅，10月20日第6集团军夺取了斯大林诺和顿涅茨盆地工业区，并在10月24日夺下哈尔科夫。11月20日，第1装甲集群夺取了顿河畔罗斯托夫，但在12月1日取代伦德施泰特出任总司令的陆军元帅瓦尔特·冯·赖歇瑙在12月2日放弃了此地，并在1942年1月17日突然去世，其职务由陆军元帅冯·博克接替。

苏联发动的冬季攻势在哈尔科夫、罗斯托夫和克里米亚东部取得了很有限的成果，并在1942年4月20日停滞。6月28日，南方集团军群发

[①] 扬·安东内斯库，罗马尼亚法西斯独裁者。1940—1944年间担任罗马尼亚首相。指挥罗马尼亚军队以仆从军身份参与了苏联战役。1944年8月被捕，1946年6月1日被处决。

动了蓝色行动,直扑斯大林格勒和高加索。7月7日,第4装甲集群占领了沃诺涅什。

A 集团军群和 B 集团军群

1942年7月9日,南方集团军群改编为B集团军群,同时成立了A集团军群。A集团军群由陆军元帅威廉·李斯特指挥,下辖20个师(3个装甲师、12个步兵师、2个山地师和3个意大利师),分别隶属于第1装甲集团军和第17集团军,计划攻入富产石油的高加索地区。同时,B集团军群由陆军元帅马克西米安·弗莱赫尔·冯·魏克斯指挥,下辖53个师(5个装甲师、25个步兵师、2个摩托化师、10个罗马尼亚师、5个匈牙利师和6个意大利师),分别隶属于第4装甲集团军,第2、第6集团军,以及第3、4罗马尼亚集团军,第2匈牙利集团军和第8意大利集团军,目标是攻向伏尔加河并夺取斯大林格勒。

B集团军群推进迅速,在8月23日,第6集团军和第4装甲集团军的部分部队进入了斯大林格勒并开始试图驱赶苏联防军。但11月19日,苏联红军击垮了由罗马尼亚和意大利部队防守的B集团军群侧翼,11月23日完成了斯大林格勒包围圈。希特勒拒绝让德军突围,坚信德国空军可以像在德米扬斯克一样为地面部队提供补给和支援。11月26日,希特勒将B集团军群中的4个集团军(第6集团军、第4装甲集团军,第3和第4罗马尼亚集团军)拆分出来组建了由陆军元帅艾里希·冯·曼斯泰因指挥的顿河集团军群,命令其守住顿河防线。但在1943年2月2日,被包围在斯大林格勒包围圈中的230个德国、罗马尼亚和克罗地亚部队投降,冯·曼斯泰因撤回顿河畔罗斯托夫,B集团军群撤回乌克兰。

A集团军群最终在1942年7月23日占领了艰苦防御的顿河畔罗斯托夫,然后进入高加索地区,在8月9日占领了克拉斯诺达尔(库班哥萨克的首都),在9月6日占领了诺沃西比尔斯克。希特勒在9月10日起短暂地直接指挥了一段时间,之后在11月22日任命了陆军大将冯·克莱斯特担任A集团军群指挥官,当时德军的攻势已经在高加索的群山中止步于格罗兹尼前。12月23日,A集团军群被下令从高加索地区撤退以避免被围困。1943年2月1日,该集团军群已撤退至顿河畔罗斯托夫以西。

占领军

德国占领的苏联领土被划分为四条垂直的带状区域。东部占领区是陆军野战部队所在的战斗区域;中东部占领区是师级"野战集团军后方"区域,

1942年1月,一个俄罗斯村庄中,一个德军步兵班正在等待命令。他们穿着实用的雪地衫(最初在大战前只配发给山地部队),外面装备着作战装具,并用床单或雪地衫布料遮盖了头盔。

1942年5月，36岁的右翼瓦隆雷克斯运动领袖莱昂·德格莱尔[1]，同时也是瓦隆军团中的一名志愿者，刚刚被授予少尉军衔并获得了一级铁十字奖章。他戴着军官版 M1938 款作战帽，有白色兵种色 V 形纹（该月末瓦隆军团改用了浅绿色），穿着有军官标识和军团臂章的非军官版 M1935 款作战上衣，佩戴二级铁十字扣眼勋带，一级铁十字奖章和铜质受伤纪念章。希特勒曾称德格莱尔为"我最想要的儿子"。他正在与一位穿着非军官版 M1940 款作战上衣的军官交谈。他身后是一名着全套步兵装具的瓦隆人下士。

有陆军后方司令部管辖的卫戍营和宪兵营；中西部占领区是军级"野战集团军群后方"区域，有保安师；西部占领区则包括奥斯兰西部和乌克兰各省，名义上由德国平民管理，有军分区司令部。

陆军制服

着装规范

1939 年 12 月 28 日颁布的着装条例，将 1935 年 4 月 8 日着装条例的 11 种着装规范削减为 4 种——常服或外出服用于正式和半正式场合；常服用于训练或兵营勤务；作战服用于作战；军士和士兵的劳作服用于劳作。

所有新制服、装备和标识的启用时间都以命令颁发时间为准，但实际上的启用时间最久的甚至要拖后两年。后勤补给的困难意味着前线部队和偏远地区的卫戍部队也许要等上两年才能获得新装备，同时第一线的战斗部队通常拥有比后方的支援部队以及德国本土的补充军更高的配发优先权，特别是像 M1942 款特制冬季衣物这样的抢手货。资深军人，特别是高级军官，经常选择保留过时的装备，要么是因为有情感上的依托，要么是因为战前产物的质量更好，要么是为了标记自己"老油条"的身份。为了提升士气，这种做法很大程度上被官方所容忍。最后，为了减少对压力重重的德国本土服装产业的压力，将部分生产分给了各占领区的工厂，但质量监控非常松懈，不得不在 1942 年 7 月 10 日发布军令，宣布所有已经退出现役的军服都可以在战争期间穿着。但值得注意的是，下文中所描述的制

[1] 德格莱尔从德国国防军一等兵军衔开始服役，后在 1945 年升任武装党卫军上校。

1942年5月，一群隶属于第181保安营的爱沙尼亚志愿者。爱沙尼亚志愿者在东方部队中拥有超然的地位，1942年时被允许穿戴标准的德军步兵制服和标识，没有任何东方部队的辨识物。可以看到有泛蓝深绿色饰面布和M1940款"战场灰"制服布肩章的M1940款作战上衣，有泛蓝深绿色中央条纹的M1938款非军官版领章，有"战场灰"条纹的M1940款领章，以及准备装上领章的素色衣领。

服和标识仅为1941年6月—1943年2月间列装的制服。之前的制服细节可参考上一卷。

从1936年3月7日进入莱茵地区，直到1941年6月22日对苏联发起进攻，德国部队的军容获得外界很高的认可，并一直持续到1943年2月4日的斯大林格勒战败。之后最高统帅部启用了各种新的英勇奖章，并授予精锐部队非标准制服和标识，另外还默许了普通部队的非正式并有损于军事保密的部队标识的使用，以期提升在斯大林格勒战败后低迷的士气和自信。

军官版常服

在1941年6月—1942年2月间，这套制服同样也被实习少尉（上级旗手及相等军衔）穿着，包括M1935款军官版大檐帽、M1935款军官版配勋带作战上衣、M1935款军官版作战大衣、M1934款军官棕色皮带、军官版马裤和军官版黑色皮质高帮靴，以及灰色绒面手套、标准手枪和枪套。

大檐帽采用上等质地的"战场灰"棉布或称"爱斯基摩"布料，有一根泛蓝深绿色的精纺饰面布帽墙、兵种色饰面布绲边、黑色无装饰帽檐和亮光铝制丝线颏带。M1935款亮光铝线纳粹"鹰标"和亮光铝线国家徽章一起缀在"橡树叶花环"中。将官另有金属纱线饰绳绲边和金制丝线颏带，1938年7月15日后改用更便宜更耐用的亮光金黄色人造丝线；1942年11月16日后，"鹰标"、国家帽徽和"花环"改为镀金铝制。

M1933款上衣采用上等"战场灰"布料，在1935年9月10日进行改款，通常都是从获得许可证的裁缝那里自行采购，可以按照个人品味进行许多细节上的修改。有5颗（1941年4月26日后改为6颗）前襟扣、4个明贴袋、后翻袖口和泛蓝深绿色衣领。作战服质地标识包括M1935款军官版手工刺绣亚光铝制螺纹线"雄鹰胸标"，缀在泛蓝深绿色饰面布底上；

M1935 款军官版泛蓝深绿色饰面布领章，上有手工刺绣亚光铝线近卫穗带和兵种色中央饰绳；还有肩章上的军衔标识。将官版为金质衣扣，礼服质地的金质螺纹线或人造丝线"鹰标"以及亮红色领章，上面有金质双叶图案（1941 年 4 月 3 日后陆军元帅改为"三叶"）"拉里施"纹路。8 扣版的 M1920 款常服上衣和 6 扣版的 M1928 款常服上衣，设计有很好辨识的下部斜向插袋翻盖，也在这一时期穿着。

"战场灰"大衣有两排 6 颗前襟扣和泛蓝深绿色衣领（1940 年 5 月 9 日命令改为"战场灰"衣领，但通常未能执行）。该衣领在 1942 年被改得更加宽大以提供更多的保暖性，将官版有亮红色翻领里衬。无装饰石灰色（1940 年 5 月 9 日后改为"战场灰"）马裤，其将官版有亮红色绲边和条纹，参谋官为深红色。黑色皮质高帮靴通常搭配马刺。

非军官版常服

技术军士（如堡垒工程军士等）和高级军士（军士长、中士等）以及许多低级军士（高级下士、下士等）的常服包括非军官版 M1935 款大檐帽或 M1935、M1942 款作战帽，M1935 款作战上衣，M1935 款作战大衣，长裤，黑色皮质行军鞋，黑色皮质腰带和有标准手枪的枪套，另有灰色绒面手套。其他低级军士和士兵（参谋一等兵、列兵等）只戴作战帽，并在腰带上有刺刀和刀鞘。

非军官版大檐帽与军官版类似，但采用"战场灰"棉布有黑色专业皮革或硫化纤维颏带。M1935 款非军官版战场灰布质作战帽有银灰色机器刺绣"鹰标"缀在泛蓝深绿色底上，另有国家帽徽缀在泛蓝深绿色菱形底上，两者都在 1940 年 6 月 4 日改为鼠灰色，缀在"战场灰"布面底上。国家帽徽外围有兵种色 V 形纹，在 1942 年 7 月 10 日被废除。M1942 款非军官版"战场灰"作战帽启用于 1942 年 7 月 21 日，其实就是没有帽檐的

一个德军步兵班正在渡过一条俄罗斯中部的河流，对岸的坦克正在前进。这张照片可以很好地看清步枪兵装具中的 M1931 款饭盒、卷起来的帆布作战包以及捆在 A 形框架上的 M1931 款伪装帐篷组件，另有固定在腰带上的掘壕铲、M1930 款防毒面具罐、M1931 款面包袋和 M1931 款水壶。班级轻机枪班组的第一射手（左起第 1 人）按照条例规定将他的 MG34 机枪扛在肩上。

1942年7月，德军坦克手正在休息，他们严肃的表情表现出战斗的艰苦。下士（左起第1人）穿着M1936款黑色作战夹克，士兵（右起第1人）穿着坦克乘员的芦苇绿作战夹克（有一级铁十字奖章和银色坦克战斗章），搭配长裤、黑色领带和灰色衬衣。其他人穿着灰色衬衣和芦苇绿长裤，有一名士兵（右起第2人）穿着M1941款坦克手连体服。图中可以很明显地看到非军官版M1940款黑色作战帽。

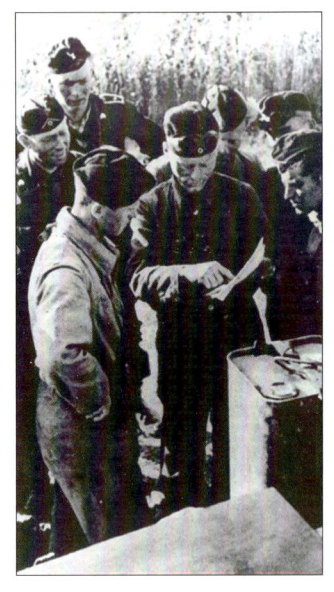

1942年6月，另一组坦克手。大多数在黑色制服外穿着M1941款坦克手连体服。可以看到装甲兵（左起第2人）和后面的观测中士因为夏季的炎热去掉了他们的黑色领带，他们的M1940款黑色作战帽上还有装甲兵的粉色V形纹，后来在1942年7月10日被下令废除。

M1936款山地帽，有两片护耳可以在寒冷天气中盖过耳朵在下颌用两颗扣子扣紧，防护性比M1935款作战帽更好。这款帽子上配有第4版M1939款山地帽标识——一个鼠灰色纱线"鹰标"和国家徽章，缀在"战场灰"T形底布上。

"战场灰"上衣有泛蓝深绿色衣领，5颗（从1941年5月26日后改为6颗）亚光灰色衣扣，普通袖口和非军官版战场服质地M1937款鼠灰色"雄鹰胸标"（从1940年6月4日起改为鼠灰色机器刺绣）以及M1938款标准穗带领章，启用于1938年11月26日。军士佩戴M1935款亮光铝线领章或鼠灰色人造丝线领章，在1940年4月25日被替换为鼠灰色人造丝线或人造呢布领章。M1935款大衣版圆底泛蓝深绿色肩章有兵种色绲边，从1938年11月26日后佩戴在上衣上。

M1940款上衣，启用于1940年5月9日，有"战场灰"衣领和肩章，以及M1940款标准穗带领章，为两根战场灰近卫穗带及鼠灰色中央条纹和分割条纹，绣在战场灰领章或从1941年起直接绣在衣领上。M1942款上衣，启用于1941年12月，取消了衣袋折褶，但在1943年前并未广泛使用。

M1935款非军官版"战场灰"作战大衣与军官版类似但采用非军官版布料和标识。腰带有亚光凹凸铝制（从1941年改为滑面钢制）带扣，上有国防军"鹰标"和箴言。M1940款大衣有"战场灰"肩章和衣领，M1942款则有更为宽大的衣领以便在寒冷天气中提供更好的防护性。

外出制服

当外出或休假时，军官穿常服，有时会搭配M1937款军官版绲边作战服以及石灰色或战场灰长裤，不配腰带、手枪和枪套。技术军士和高级军士戴大檐帽，穿作战上衣或大衣、长裤及黑色皮质及踝鞋、腰带和神枪手饰绳，低级军士和士兵增加刺刀、刀鞘和刺刀刀饰。

军官版作战制服

在战场上,军官(除排长外)穿常服,但配钢盔或作战帽以及逐渐(虽然很不情愿)从 1941 年 2 月 23 日起穿很不受欢迎的参考英国陆军的战场灰或棕色帆布短袜——又名"撤退绑腿",启用自 1940 年 8 月 8 日——搭配黑色绑带及踝鞋,以节省皮料。

M1935 款钢盔,在 1940 年 3 月 21 日后改为亚光泛绿灰色涂装并有粗糙表面,在左侧有黑色盾形上的银白色国防军"鹰标"。M1942 款头盔,启用于 1942 年 4 月 20 日,废除了边缘卷边以简化生产,但在 1943 年前的战场上并不常见。无檐的 M1938 款军官版战场灰棉布作战帽有铝制螺纹线帽冠和前翻边绲边,并在兵种色 V 形纹中有铝制丝线刺绣的国徽,其上是刺绣的亮光铝制螺纹线"鹰标",缀于泛蓝深绿色底上。将官版为金质螺纹线或人造丝线绲边,以及金色人造丝线 V 形纹,从 1942 年 11 月 16 日起为金质螺纹线标识。1942 年 7 月 10 日后,所有军官帽上都去掉了 V 形纹路。

M1934 款老式带檐作战帽,在 1942 年 4 月 1 日后正式废除,但许多军官和军士直到 1945 年 5 月都还在穿戴。有的军官自行戴非军官版 M1942 款作战帽,有亮光铝线(将官版为金线)帽冠绲边。

1939 年 10 月 31 日,所有战斗部队的将官以下军官被命令穿非军官版作战上衣,搭配黑色腰带、长裤和行军鞋,以防止过于醒目,但许多军官保留了军官版 M1935 款作战上衣,或是改良版的非军官版上衣,增加了军官的后翻袖口、领章和泛蓝深绿色更高更尖的衣领。

担任步兵排长的尉官佩戴非军官版黑色腰带,左后臀上为装在黑色金属刀鞘里的 84/98 款刺刀,通常用 M1939 款黑色皮质骑兵刺刀环扣固定

1942 年 7 月,一个山地步兵连准备开始长途行军,宣传连的摄影师捕捉了他们愉快歌唱的摆拍镜头。这些人穿着标准的山地步兵制服以及标志性的踝部绑腿,但为了凉爽,解开了他们的衣领,将他们的袖子卷起,并将头盔挂在腰带上。图中的军官佩戴着他们的 6×30 标配双筒望远镜。

在 M1938 款折叠铲的黑色人造皮革盒子上；右后臀上是 M1931 款"战场灰"或 M1941 款泛绿棕色防水帆布面包袋用于携带个人物品以及 M1931 款棕色毡布包括的水壶和黑色（从 1941 年 4 月 23 日改为泛绿棕色）铝制水杯；在左前方是黑色或棕色皮质 M1935 款文件盒。黑色皮质 M1930 款军官版支撑带固定了三组第 1 款泛绿棕色 MP38/40"战场灰"帆布弹药袋中的两组，这种弹药袋启用于 1940 年，是为了搭配 MP38 或 MP40 冲锋枪。

表 2：部分德国陆军正规军事行政官军衔
1939 年 9 月 1 日—1945 年 5 月 8 日

兵种（兵种符号 + 兵种色/第二兵种色）	步兵上将	中将	少将	上校
军事法庭（深绿色/深红色）[1]	首席军法部长步兵上将	上级帝国战地法官 帝国军事法庭合议庭庭长	帝国战地法官 帝国军事法庭司法官	帝国军事法庭上级战地司法官
军区监管（HV+ 深绿色/亮红色）[2]	监管参谋大将（1939.12.20）[3]	陆军监管官/监管参谋将官（1939.12.20）	集群监管官、军监管官/监管将官（1939.12.20）	监管官/监管上校（1939.12.20）
军薪官（HV+ 深绿色/白色）				
军事行政（鹰 + 深绿色/浅灰色）[4]			军政总长 军政副总长[6]	军政部门主官
战地邮局（FP+ 深绿色/浅黄色）[8]	—	陆军战地邮局总指挥官	陆军战地邮局指挥官	战地邮局指导
战地保安警察（GFP+ 深绿色/浅蓝色）	—	—	国防军总警督（1941—1942）[11]	陆军总警督[12/13]
牧师（紫色）[15]	—	—	国防军战地主教[16]	国防军主任牧师[17]

高级军衔。金色领章（将官为拉里施图纹）

兵种（兵种符号 + 兵种色/第二兵种色）	中校	少校	上尉	中尉
军事法庭（深绿色/深红色）[1]	帝国军事法庭上级战地司法官 帝国军事法庭主任司法官 战地审判员	战地司法官	战地司法官（35 岁以下）	
军区监管（HV+ 深绿色/亮红色）[2]	上级监管官/上级战地行政官（1942.9.9）	监管官/上级参谋监管官（1942.9.9）	监管官/参谋监管官（1942.9.9）	
军薪官（HV+ 深绿色/白色）				
军事行政（鹰 + 深绿色/浅灰色）[4/5]	上级军事行政员/军事行政校官（1940.4.6）	军事行政员	军事行政员（35 岁以下） 助理军事行政员	军事行政干事（1940.11.4）
战地邮局（FP+ 深绿色/浅黄色）[8]	上级战地邮局员/上级战地邮政员（1942.9.9）	战地邮政员	战地邮政员（35 岁以下）	—
战地保安警察（GFP+ 深绿色/浅蓝色）[10]	上级战地警督[13]	战地警督[13]		
牧师（紫色）[15]	国防军上级牧师[17]	国防军牧师[17]	国防军军事牧师[18]	—

续表

兵种（兵种符号+兵种色/第二兵种色）	上级军衔。厚银色丝线近卫穗带领章			
	中校	少校	上尉	中尉
军事法庭（深绿色/深红色）[1]	—	军事法庭办公员 军事法庭书记员	军事法庭上级检察员	军事法庭检察员 军事法庭首席文书
军区监管（HV+深绿色/亮红色）[2]	办公员	书记员	—	—
军薪官（HV+深绿色/白色）	上级参谋发薪官	上级参谋发薪官	参谋发薪官	上级发薪官
军事行政（鹰+深绿色/浅灰色）[4/5]	—	军事行政办公员[7] 军事行政书记员	军事行政上级检察员	军事行政检察员
战地邮局（FP+深绿色/浅黄色）[8]	—	战地邮局办公员 战地邮局书记员	上级战地邮局检察员/战地邮局上级检察员（1942）	战地邮局检察员
战地保安警察（GFP+深绿色/浅蓝色）[10]	—	—	战地警察专员[13]	—
牧师（紫色）[15]				

兵种（兵种符号+兵种色/第二兵种色）	上级。厚银色丝线近卫穗带领章	中级。厚银色丝线近卫穗带领章（军士为薄银色穗带）		
	少尉	中尉	少尉	上士
军事法庭（深绿色/深红色）[1]	—	—	帝国军事法庭秘书	帝国军事法庭记录员
军区监管（HV+深绿色/亮红色）[2]	—			
军薪官（HV+深绿色/白色）	发薪官			
军事行政（鹰+深绿色/浅灰色）[4/5]	—	—	军事秘书/军事行政秘书（1940.4.6）	军事助理/军事行政助理（1940.4.6）
战地邮局（FP+深绿色/浅黄色）[8]	—	上级战地邮局秘书/战地邮局上级秘书（1942）	战地邮局秘书	战地邮局助理[9]
战地保安警察（GFP+深绿色/浅蓝色）[10]	—	战地警察上级秘书（1943.6.4）/战地警察检察员（1944.2.11）[13]	战地警察秘书[13]	战地警察助理[14]
牧师（紫色）	—			

续表

兵种（兵种符号＋兵种色/第二兵种色）	初级军衔。薄银色穗带领章		说明
	中士	高级下士	
军事法庭（深绿色/深红色）[1]	军士法庭观测中士	—	1. 1944年5月1日变为特殊勤务部军法部门。 2. 1944年5月1日变为特殊勤务部监管部门。 3. 该军衔授予陆军军事行政官司令。 4. 设立于1939年12月22日。在1941年8月15日更名为军政部门。 5. 所有军官都有深绿色绲边的浅灰色领章。 6. 在1940年4月6日更名为军政副长。 7. 领章上有厚金色丝线近卫穗带。 8. 军官肩章上有浅黄色螺纹线。 9. 肩章上用浅黄色螺纹线替代了铝线。 10. 军官肩章上有浅蓝色螺纹线。 11. 授予陆军和空军战地警察司令。 12. 授予陆军战地警察司令。 13. 战地保安警察的兵种符号应为铝制，但也经常佩戴镀金铝制。 14. 这一军衔曾在1940年短暂存在过。 15. 没有肩章，用领章识别军衔。 16. 领章上有厚金色丝线近卫穗带。 17. 领章上有厚银色丝线近卫穗带。 18. 无领章。
军区监管（HV+深绿色/亮红色）[2]	—	—	
军薪官（HV+深绿色/白色）	—	—	
军事行政（鹰+深绿色/浅灰色）[4/5]	军事执行助理/军事行政执行助理	—	
战地邮局（FP+深绿色/浅黄色）[8]	战地邮局执行助理[9]	战地邮局邮递员[9]	
战地保安警察（GFP+深绿色/浅蓝色）[10]	—	—	
牧师（紫色）[15]	—	—	

防毒气披肩装在泛绿棕色涂胶帆布袋（1942年改为"战场灰"或泛绿棕色亚麻布或帆布）中，通常用橡胶绷带或绑带固定在"战场灰"涂装的M1930款瓦楞金属罐外，罐中装了M1930款或M1938款防毒面具，从肩上用一根棕色细带吊下，或捆在面包袋上。蔡司6×30标配望远镜装在盒子里，一个信号哨用折褶系索固定在胸袋衣扣上，另有手电筒从肩章扣上挂下。

非军官版作战制服

非军官人员穿常服作战，有时搭配短袜和绑带及踝鞋，增加钢盔但省去了大檐帽。但有些军士佩戴M1934款老式带檐作战帽。技术军士和高级军士携带装在黑色枪套里的手枪，担任步兵排长或班长的军士采用与尉官排长一样的装备，但使用非军官版M1939款黑色皮质步兵Y形支撑带。

其他军士和士兵采用标准的步枪兵装备。黑色腰带上携带刺刀、折叠战壕铲、面包袋、水壶和水杯。M1939款Y形支撑带和D形环支撑带在前方支撑了三组黑色皮质M1911款步枪弹药袋中的两组。背后是M1939款战场灰帆布A形框架，有M1931款黑色亚光灰色（从1941年4月23日起改为泛绿棕色）铝制饭盒（饭盆及煎锅）；M1931款伪装帐篷组件；泛绿棕色帆布战斗背包，携带铁质军粮盒、餐具和其他小物品；另有不用肩部索袋时固定在背后的M1930款防毒面具罐，上面捆着防毒披肩。

夏季作训服

在1941年6—8月间的闷热天气中，M1935款作战上衣和长裤穿着很不舒适，因此在1941年夏天许多部队将M1940款芦苇绿作训服启用为夏季作战服。包括灰白色棉质人字斜纹布上衣，有5颗前襟扣和2个明贴腰袋，以及启用于1933年4月1日的长裤。这套制服在1940年2月12日改为芦苇绿色。军官和军士增加了肩章军衔标识，并且所有军阶都佩戴雄鹰胸标。这种做法大受欢迎，因此生产了M1942款芦苇绿作训服，采用与M1935款作战上衣同样的设计，启用于1942年早期，但在1943年夏季前并不常见。

冬季衣物

为了应对在苏联战场上从1941年11月—1942年3月的第一个冬天，德军只配发了一套防护衣物，包括9种部件。桶状的巴卡拉克拉法帽；加厚的毛线内衣；M1936款圆领或V型领灰白色毛衣，启用于1936年3月15日，后来被替换为M1942款高翻领毛衣；"战场灰"毛线手套；"战场灰"哨兵防水及踝双排六扣卫戍大衣，配有肩部皮质补丁，以及毛毡罩靴；载具乘员的M1934或M1940款战场灰防水罩衣，与M1935款大衣设计相仿但长度及踝并且非常宽大，可以罩在作战携具外穿着；用战场灰外衣布制成的三指式毛皮里衬手套；驾驶员和摩托车手的泛绿棕色棉布无指手套。

这套防寒服，对付中欧的冬天还可以，但在东线战场上则完全不能胜任。许多部队格外使用了德国和苏联平民的毛皮大衣和缴获的苏联红军皮帽以及战斗棉服。1942年4月19日，启用了新的白色和"战场灰"垫料冬季垫料罩服，并从1942年秋季开始配发。其有三种质地：薄款——三层（1层白色薄布、2层厚"战场灰"布）；中款——4层（1层白色薄布、2层厚"战场灰"布和毛绒里衬）；厚款——3层（1层白色、1层"战场灰"厚棉斜纹布，中间层絮有棉花）。长度及腿的6扣罩帽式冬季上衣，有两个腰袋，唯一配备的官方标识是彩色袖部战地标识。另外还有两面穿的长裤和手套，但两面穿的罩帽和面具以及白色网状雪地鞋很不受欢迎，经常被抛弃不用。

其他配发的冬季衣物包括及踝长度的无标识羊皮大衣；各种白色、棕色或黑色羊皮、兔皮及人造皮革帽，佩常服帽标识；普通棕色棉袄和长裤，穿在作战服外、大衣下；皮质加厚毡布中筒靴。长及小腿的白色棉质伪装"雪地衬衣"，最初是为山地部队设计，后来配发给所有部队。

军衔和兵种标识

德军军衔和兵种标识的更多细节可参考第一卷。将官在肩章上有礼服质地编织穗带，为2根金线或人造丝线及1根亮光铝制丝线，其下是亮红色肩章底。陆军元帅有银色交叉的元帅权杖（并且从1941年4月3日改为3根金色丝线），其他将官有0—3颗德国军衔星，为银质或白色铝制，另有兵种和（特别的）部队标识。校官有2根亚光铝制（后改为浅灰色）编织穗带，兵种色肩章底，上有0—2颗金色军衔星，兵种和部队标识；上尉和其他尉官为两根平直穗带。

1942年8月，一个相当憔悴的三人班级轻机枪班组在巷战期间休息。他们都穿着作为夏季作战服的M1940款芦苇绿训练服，有"雄鹰胸标"和肩章，另有M1935款钢盔和M1939款行军鞋。第一枪手（右起第1人），装备着手枪、枪套和备用弹药袋，在肩上背着MG34机枪。第二枪手（左起第1人），头盔上还有1940年3月21日已经下令废除的三色国家盾章，携带着装了1根或2根备用枪管的钢制枪管套和一个弹药盒。第三枪手的装备为标准步枪兵装具，携带着更多的弹药盒。

兽医和堡垒技术军事有很好识别的编织肩章。高级军士佩戴 1—3 颗铝制军衔星、兵种和部队符号，泛蓝深绿色或"战场灰"军章底，有兵种色绲边，并以 M1935 款亮光铝线或 M1940 款鼠灰色人造丝线或人造呢线穗带围边，附属官（或同等军衔）另有两根袖口穗带环。低级军士佩戴同样的肩章但没有军衔星，或为素色底缀用兵种色线缝制的兵种和部队标识。1942 年 8 月 22 日之前，军士在他们的芦苇绿训练服上佩戴特殊的袖口和领口标识。

士兵佩戴没有穗带的肩章，以及 V 形穗带军衔章，或泛蓝深绿色/"战场灰" V 形臂章，上有铝制军衔星。1942 年 4 月 25 日，2 年以上资历但不适合担任低级军士的上等兵可以被晋升为参谋一等兵，并加上"新"的前缀以区别于"旧"参谋一等兵（在 1934 年 10 月 1 日被废除）。许多人虽然不全是"6 年以上服役期上等兵"，仍被授予了这一新的有额外津贴的军衔。

1942 年 8 月 22 日启用的矩形黑底金色和绿色军衔标识，适用于军官和军士，佩戴在白色冬季上衣、厚夹克、衬衣和作训上衣上，将在下一卷详细介绍。

德军士兵的兵种可以通过在衣领、肩章、帽子和上衣上适用的兵种色饰面布绲边加以区别。次级兵种则可以通过兵种标识进行区别，包括佩戴在阿拉伯或拉丁数字的部队标识上的符号或字母。从 1939 年 9 月 1 日起，参加战役的野战军所有部队（不是指德国境内的补充军）被命令去掉或隐藏他们的部队标识，但兵种标识和兵种色得以保留。1941 年 5 月 16 日，所有作战师的军官被命令从肩章上去掉兵种标识，但有证据表明所有军阶都依然在战场上佩戴兵种甚至是部队标识。有些师用彩色肩章环来区别团和营，但最高统帅部明确禁止这样的做法。

坦克手特殊黑色制服和标识

大多数坦克团或许多师部人员，都穿戴启用于 1934 年 11 月 12 日的黑色制服，包括头盔或野战帽、作战夹克和长裤、深灰色衬衣、黑色领带和黑色捆带鞋或行军鞋（在 1941 年 1 月 18 日之后只有装甲工兵连还继续穿着行军鞋）。

黑色 M1940 款军官版黑作战帽（有铝制螺纹线帽冠和前翻片绲边）以及 M1940 款非军官版作战帽都在 1942 年 7 月 10 日去掉了兵种色 V 形纹。军官和军士还喜欢"战场灰"军

1942 年 8 月，一个火箭发射器小组正在操作 280/320 毫米 41 款烟雾发射器。大部分士兵穿着标配的棉质连体服，自行加上了 V 形军衔章。

1941年6—11月，北方集团军群
1：1941年6月，立陶宛，第二十六军，步兵上将
2：1941年4月，爱沙尼亚东部，楚德湖，第185突击炮营，少尉
3：1941年10月，俄罗斯西北部，诺夫哥德罗，第21步兵师，发薪军士长

1941年6—11月，中央集团军群
1：1941年7月，俄罗斯西部，斯摩棱斯克，第39装甲团，附属官
2：1941年8月，俄罗斯西部，大卢基，第464步兵团，上等兵
3：1941年8月，俄罗斯西部，斯摩棱斯克，第51烟雾发射团，炮兵列兵

B

1941年6—11月，南方集团军群

1：1941年7月，乌克兰西部，斯大林防线，第230步兵团，少尉
2：1941年8月，比萨拉比亚，蒂拉斯波尔，第203步兵团，高级步枪兵
3：1941年11月，俄罗斯南部，罗斯托夫，第13装甲师，协助者

1941年12月—1942年3月,东线战场
1:1941年12月,北方战线,列宁格勒,第270步兵师,中士
2:1941年12月,中央战线,加里宁,第413步兵团,步枪列兵
3:1942年1月,南部战线,顿涅茨盆地,第117步兵团,步枪列兵

D

1942年4月—1943年1月，北方集团军群
1：1942年4月，俄罗斯北部，摩尔曼斯克，第141山地猎兵团，猎兵
2：1942年5月，俄罗斯北部，德米杨斯克，第123工兵营，上等兵
3：1942年9月，俄罗斯北部，旧鲁萨，第181兽医连，战地下级兽医

1942年4月—1943年1月,中央集团军群

1:1942年8月,俄罗斯西部,奥廖尔,第92装甲通讯营,观测中士
2:1942年9月,俄罗斯西部,斯帕斯－杰缅斯克,第267工兵营,下士
3:1942年9月,俄罗斯西部,勒热夫,第235步兵团,一等兵

F

1942年4—8月，南线战场
1：1942年8月，高加索东北部，卡尔梅克草原，第108装甲掷弹兵团，下士
2：1942年9月，高加索西北部，迈科普，第796格鲁吉亚步兵营，翻译员（Z）
3：1942年9月，高加索西北部，第796格鲁吉亚步兵营，排长

1942年8月—1943年2月,斯大林格勒战役

1:1942年12月,第544掷弹兵团,一等兵
2:1943年1月,第6集团军,弗里德里希·保卢斯大将
3:1943年1月,第79装甲掷弹兵团,装甲掷弹兵

H

偶尔德军步兵不得不手动搬运280毫米直径的沉重的高爆火箭弹，每枚重量都超过80千克，此时就需要图中这种满是肌肉的"农场男孩"。他穿着标配的"战场灰"棉布连体服，有胸袋和腿袋穿在作战服外，但通常没有任何标识。摄于1942年8月。

官版M1935款大檐帽、M1934款带檐作战帽或M1938款作战帽，或非军官版的M1935款大檐帽、M1934款作战帽。另有一种黑色呢质版的M1942款非军官作战帽有少量配发。

M1934款黑色呢质双排扣作战夹克有宽大的衣领，上有兵种色绲边和4个大扣眼。M1936款夹克增加了3个小领扣和3个对应的翻领扣眼。1942年末，衣领变小并取消了绲边。所有军阶都佩戴黑色矩形领章，有粉色兵种色绲边，缀铝制"骷髅"徽章，纪念"一战"中的坦克部队。

第24装甲师，是于1941年11月28日从原第1骑兵师改建而来，其师部成员以及装甲团和装甲侦察营，保留了金黄色骑兵兵种色。装甲师的反坦克营和装甲教导排乘员（1941年10月30日至1942年6月26日）使用粉色兵种色；元首卫队营坦克连和装甲车排，使用白色（1941年4月1日后）；装甲侦察营营部和装甲车连乘员使用金黄色；装甲工兵连，使用黑白两色；装甲通信营使用柠檬黄。

1941年起，装甲载具乘员和机师，以及装甲炮兵和火箭炮乘员配发了连体式棉布罩服，有鼠灰色、"战场灰"、灰白色、浅棕色和芦苇绿（有时被装甲乘员染成黑色）等各种颜色。德军经常自行加上肩章和军衔臂章以及一枚雄鹰胸标——1942年8月22日要求所有军阶启用形式军衔臂章的命令被大范围忽略。另外还有在1939—1941年间，被德军击败的国家中搜刮的连体衣以及缴获的英军和苏联款也有穿着。

1941年5月5日，装甲侦察营装甲车连的乘员配发了特制的劳作和夏季作战服，是采用芦苇绿棉质斜纹布或白色或鼠灰色棉布质地，穿在黑色制服外，很快就替换了不受欢迎的连体服。主要是一件剪裁与M1936款黑色夹克类似的上衣，但有7颗小衣扣以及一个内置胸袋，佩黑色制服的领章和肩章（理论上在1942年8月22日后替换为军衔臂章）、制服色底的雄鹰胸标，无衣领绲边；长裤设计同M1934款黑色长裤。这套很受欢迎的制服在1942年正式推广到所有穿黑色制服的乘员中。

特殊"战场灰"制服和标识

1940年5月29日，一款特殊的"战场灰"版黑色装甲作战制服配发给了突击炮营的自走炮乘员，并在1942年6月26日推广到所有的突击炮营人员。其头部装备为军官版M1938款作战帽、非军官版M1934款或M1942款作战帽，或钢盔（1941年1月15日后废除了"战场灰"垫料贝雷帽）。作战夹克的设计类似于M1936款黑色夹克，没有兵种色绲边。长裤类似于M1934款黑色长裤，另有装甲师的灰色衬衣、黑色领带和黑色绑带鞋。

突击炮营也佩戴常规的装甲师版"战场灰"矩形章，有亮红色饰面布绲边和一个亮光铝制装甲师"骷髅"徽章，但在1942年装甲部队反对突击炮兵部队佩戴传统的装甲师"骷髅"章。最初这些突击炮部队只是简单地去掉了"骷髅"章，但在1943年1月30日起，部分军官人员被下令佩戴有亮红色兵种色绲边的矩形领章，上面绣有"战场灰"底的鼠灰色标准近卫穗带。同时军官转而佩戴泛蓝深绿色领章，上有M1935款亚光铝制近卫穗带和亮红色兵种色中央条纹。军衔标识和"雄鹰胸标"采取与步兵作战上衣同样的设计。

这种很实用并且时髦的特殊"战场灰"制服很快就在装甲师中不能穿黑色制服甚至部分已经穿着黑色制服的部队中普及。这些部队佩戴如上所述的M1940/M1943款领章，采用合适的兵种色。1941年，一些装甲工兵载具乘员采用了这套制服，并使用黑色兵种色取代了M1940款的黑白两色。1942年起自走反坦克炮部队也采用该款制服，使用粉色兵种色，同时部分装甲师中的部队穿着该制服搭配粉色绲边的黑色装甲部队领章。1942年6月26日起，装甲列车乘员也穿着该制服，使用粉色兵种色。1942年底起，部分自走装甲炮兵部队穿着该制服使用亮红色兵种色。

被授权穿着这种特殊"战场灰"制服的部队同样也会穿芦苇绿劳作和夏季作战制服，搭配合适的兵种标识。

其他兵种的特殊制服和标识

总参谋部的军官佩戴泛蓝深绿色领章，有两根亚光铝制近卫穗带，另有深红色兵种色饰面布的将官版长裤和马裤绲边和穗带。隶属于最高统帅部和陆军总司令部的军官在1942年11月16日之前佩戴金色穗带和深红色条纹，之后被命令穿着其原所属兵种的制服。

1942年8月，B集团军群向伏尔加进攻的途中，三名德军士兵正在搬运由连级野战厨房制作分发的食物，通常是绰号为"匈牙利牛肉汤大炮"的食品。他们正用成组的M1931款饭盒和水壶携带食物返回自己的步兵班。中间的步枪兵在肩章上有亚光铝制穗带的候补军士环，腰带上有为冲锋枪搭配的MP38/40弹药袋，另外为了防沙尘戴了一条围巾。

1942年7月，两名隶属于德军装甲师骑兵侦察连的捷列克或库班哥萨克，穿着传统的低帽冠黑色毛皮帽，有红色（捷列克）或蓝色（库班）帽冠和非官方许可的德军装甲师"骷髅"领章，正抱着一名受伤的顿河哥萨克骑兵，这人戴着高帽冠黑色皮帽，将一枚德军军官版"雄鹰胸标"作为帽徽佩戴，正赶往急救站。右边的哥萨克穿了去掉肩章的德军M1940款作战上衣，左边的一位则穿着红军的M1929款上衣、马裤和骑兵靴，在右肩上挂着一支毛瑟Kar98k步枪，传统的哥萨克马刀则挂在左肩后方。受伤的哥萨克也穿着M1929款上衣，搭配德军非军官版腰带。

1942年9月，一张机械化步兵中士排长精心摆拍的照片。其戴着配有1942年8月28日已经废除的国防军"鹰标"的M1935款头盔，穿M1940款非军官版作战上衣，有M1940款战场灰近卫穗带领章和鼠灰色军士领章及肩章穗带。携带着排长地图盒、6×30望远镜和MP38冲锋枪，佩戴了二级铁十字扣眼勋带、一级铁十字奖章和1—2次受伤的铜质受伤纪念章，以及从1940年6月1日颁发给坦克协助部队的铜质坦克战斗章。

德军中的精锐山地部队，大部分征召自奥地利，在大檐帽的国家帽徽上佩戴有镀金花蕊的白色铝制雪绒花图案帽徽。他们穿步兵作战制服，并从1939年5月2日起，佩戴泛蓝深绿色（从1940年5月起改为"战场灰"）椭圆形臂章，上有机器缝制的黄色花蕊、浅绿色枝干和叶片的白色雪绒花图案，位于上衣或大衣的右臂上部。山地部队还穿M1935款石灰色或M1939款"战场灰"滑雪长裤，搭配"战场灰"踝部绑腿及棕色或黑色登山鞋，另有M1925款泛绿卡其色防风夹克、M1938款两面穿厚上衣和M1931款帆布背包。

山地部队的M1936款带檐山地帽，启用于1936年2月11日，左侧（从1939年5月2日其启用但迟至1939年10月才正式配发）有白色铝制"雪绒花""枝干"和"叶片"，另有镀"金花蕊"（后改为灰色和黄色）；奥地利人员经常加上一个泛蓝深绿色底。其上的第1版"鹰标"和国家标识（1935年3月15日）为白色铝制；第2版（1936年2月11日）为石灰色T形底上的白色刺绣；第3版（1937年6月19日）为泛蓝深绿饰布面T形底；第4版（1939年2月5日）为"战场灰"T形布底上的鼠灰色标识。1942年10月3日起，军官采用了铝质（将官为金质）帽冠和前翻片绲边。

步枪（猎兵）师和独立步枪营，从1942年10月2日起成立，为在山地作战的轻装机动部队，穿山地部队的制服，但在山地帽左侧佩戴3片亮

1942年8月。德军轻松胜利的日子已经一去不返。一个穿着作战服的步枪班，装备着全套步枪兵装具，站在死去的下士的坟前，很可能是前任班长。十字架上装饰着铁十字奖章、死者姓名以及"为大德意志献身"的文字。

光或灰色铝制橡树叶图案徽章。另有机器刺绣或机器缝制的泛蓝深绿色或"战场灰"椭圆臂章，上有绿色、灰色或白色边缘以及 3 片浅绿色"橡树叶片"。

大德意志摩托化团，在 1942 年 3 月 12 日改建为一个师，佩戴 GD 交织首字母（启用于 1939 年 6 月 20 日）肩章。并从 1940 年 10 月 7 日起，佩戴第 3 版黑色右袖口标识，上有手工或机器刺绣的铝制螺纹线手写体大德意志字符和绲边。其第 1、第 2 步兵团（在 1942 年 10 月 1 日分别重命名为掷弹兵和燧发枪兵团）在肩章首字母后佩戴 1 或 2 个识别符号。师属防空营在右臂上方佩戴一个泛蓝深绿色饰面布底椭圆章，上面有亮红色带翼炮弹图案。1940 年 10 月 7 日后，元首卫队营中的大德意志师人员在左袖口上有黑色呢质袖标，上尉金黄色（或银灰色螺纹线）机器刺绣、机器缝制或手工刺绣的哥特字体"元首司令部"字样及同样材质绲边。

第 271 步兵团，部分来源于原冲锋队"统帅厅"近卫团，其人员自 1942 年 8 月 2 日后在左袖口上佩戴棕色袖标，有铝制或鼠灰色草书"统帅厅"字样及绲边。第 287 特种部队的人员继续佩戴他们在 1942 年北非战场上配发的"东方军"臂章。

1942 年 1 月 6 日至 1944 年 1 月 10 日，技术部队在右臂上方佩戴泛蓝深绿色饰面布底椭圆章，上有鼠灰色（军官为亮光铝线）交织 TN 首字母纹路和木齿铁轮图案，外围是橡树叶花环图案。

特殊军官制服和标识

大动员（1939 年 8 月 26 日）时入伍的具有特殊技术和语言能力，但却没有经过必要的军事训练的军士和士兵，会被提拔为督导职务的军士和军官，被称为"特殊军官"。他们穿原有兵种的制服，搭配特别的军衔标识（见表 1）。校官有亮红色或亚光铝制交织肩章穗带，上尉和尉官有平直穗带，另有金色人造丝线滑带。而军士为泛蓝深绿色平直肩章，有亮光铝制螺纹线滑带。O 集群的人员佩戴附属官袖口穗带和医疗及兽医肩章，并有特殊的袖口标识。

为了将这些军官与普通军官进行区分并鼓励他们完成军官训练。特殊军官从 1940 年 3 月 21 日起被要求佩戴新的肩章，上有红白黑三色螺纹线，缀有白色铝制军衔星，灰蓝色饰面布底。另有灰蓝色领章，上有亚光铝线手工刺绣五角型"老普鲁士"穗带，缀在灰蓝色衣领上，但从没有真正生产过。因此在 1941 年 7 月 11 日之后，被迫使用德国空军的灰蓝色款色。M1935 款大檐帽的帽墙和"雄鹰胸标"底部都是灰蓝色，同时还有常服帽绲边和 M1938 款作战帽 V 形纹也是同样颜色。1942 年 12 月 7 日，特殊军官转为佩戴 M1939 款军衔标识，启用了一种新的有灰蓝色螺纹线的铝制丝线颔带。军士制服和标识在 1940 年 3 月 21 日新增了铝制军士衣领穗带。

1942 年 9 月，一名德军师中的乌克兰前红军士兵，被雇用为协助者。他戴着德军非军官版 M1935 款作战帽，没有标识或兵种色 V 形纹，穿着 M1940 款作战上衣，还有初版领章，上有 M1940 款"战场灰"近卫穗带，但去掉了肩章。他的身份可以通过自制的白色袖标辨识，上面有非标准字体的黑色"为德国国防军服务"字样。与希特勒的命令相违背，他在站岗时装备了一支步枪。相对很少有乌克兰人加入东方部队，大多数被直接派往德国警察监管的辅助步枪营。

行政官制服和标识

德军被委托承担了行政管理职能，在大多数军队中这些职能都是由勤务人员承担，但德军为此设立了行政官员（行政官），指由德军雇用的平民人员，享有比勤务人员稍微高一点的权限。这些行政官根据教育背景被分为四个档次：高级——年满 16 岁并接受过大学教育；上级和中级——原高级军士并在勤务学院接受过 2 年以上训练；初级——原低级军士和士兵，只接受过少量训练。

行政官大约有 80 个分支，表 2 列出了其中经常伴随野战军参加战役的 7 种。虽然这些行政官都想要保留自己作为平民勤务的特权，但很快就被军事化并将其中的军法官（律师）、军区监管（会计）和发薪官（部队发薪人员）在 1944 年 5 月整合为"特别勤务部队"。其他军事管理行政官负责统治占领区——战地邮局官负责师级邮局；战地保安警察在占领区执行战地保安和反间谍任务；新教和天主教牧师则隶属于师部。

行政官穿陆军常服、外出服和作战服。其 M1935 款大檐帽和 M1934 款老式作战帽的绲边（将官及同等军衔的帽冠和帽墙下部为金色绲边）以及（从 1939 年 10 月 24 日起）M1938 款军官和 M1935 款非军官版作战帽的 V 型纹（1942 年 7 月 10 日后去除）都是深绿色饰面布。将官及同等军衔有深绿色的将官版长裤条纹和大衣翻领里衬。大战后期，行政官会非正式地佩戴精锐部队的袖口标识，并穿黑色或"战场灰"的特殊制服。牧师的制服会在最后一卷详细讲述。

作战上衣领章为泛蓝深绿色，顶部、底部和后部有兵种色绲边。将官同等军衔有亮金色丝线或金黄色人造丝线的手工刺绣螺纹线双叶拉里施图纹；高级行政官有两根亚光金色丝线近卫穗带；上级行政官有两根手工刺绣亚光铝制近卫穗带和两根深绿色丝质刺绣中央饰绳；中级行政官与上级行政官相同，从 1940 年 4 月 10 日后改为两根细手工刺绣亚光铝线近卫穗带；另外中级和初级资质的高级军士同等军衔有两根窄"战场灰"近卫穗带，和泛蓝深绿色（1940 年 5 月 9 日后改为鼠灰色）中央条纹和分割条纹，但没有军士领章穗带。

行政官的肩章通常有镀金铝线（将官和军士同等军衔为白色）HV 交织首字母（陆军行政管理）和军衔星，有深绿色外缘的兵种色肩章底。将官同等军衔有将官肩章，上有加有深绿色螺纹线的银色中央饰绳；其他军官同等军衔有亮光或亚光铝质肩部饰绳，用深绿色饰绳分割；高级军士同等军衔有与技术军士相似的肩章饰绳，为两根深绿色呢质饰绳，用亮光铝制螺纹线饰绳分割。

有特殊技能但没有必要的教育背景的人员可以成为战时临时行政官，佩戴与陆军特殊军官同等军衔非常类似的标识。

一名机械化步兵少尉，正在用他的信号哨发布命令，这个哨子用一根红色折褶绳挂在右胸袋扣上。他穿着 M1940 款非军官版作战上衣，有泛蓝深绿色衣领和 M1936 款军官版亚光铝制穗带肩章，上有草绿色兵种色中央条纹，另有军官版 M1935 款亚光铝制螺纹线"雄鹰胸标"，缀在泛蓝深绿色饰面布底上。他戴了灰色皮质手套，缴获的红军 M1940 款皮帽，非军官版黑色腰带和装在黑色硬壳枪套里的鲁格 P08 手枪，佩戴骑士十字奖章。

表3：东方军团军衔标识
1942年4月24日—1945年5月8日

任职军衔采用了从俄罗斯斯拉夫字母翻译过来的俄文（东方军团中的官方用语），以及德文（指挥用语）。所有军衔佩戴红色（从1942年11月1日改为军团色绲边的泛蓝深绿色）领章，上有亮光铝制穗带和军衔星。军官有薄亮光铝制特殊军官肩章，上有金色穗带节（后来经常非官方地改用金色铝制德国军官军衔星）。非军官有泛蓝深绿色饰面布（后改为灰绿色制服布色）肩章，用红色（1942年11月27日后改为军团色）绲边，有亮光铝制穗带杠和（1944年1月1日）军衔星。1943年5月29日启用了传统俄罗斯军衔称谓。1944年3月18日后，符合资质的人员可以佩戴德军军衔领章和军衔肩章，但实际上并没有部队采用。德国骨干穿德军制服和标识，佩戴军团臂章。

营级指挥官[1] 营长 （上尉）	连级指挥官 连长 （中尉）	助理连级指挥官[2] 副连长 （少尉）	排级指挥官[3] 排长 （上士）	助理排级指挥官 副排长[4] （中士）
少校（少校）	上尉（上尉）	中尉（中尉）	少尉（少尉）	中士（中士）[4/5]
铝制领章边缘，1杠2星。铝制肩章，2个穗带节。	铝制领章边缘。2星。铝制肩章，1个穗带节。	铝制领章边缘。1星。铝制肩章。	铝制领章边缘。肩章，2杠。	铝制V形领章边缘，2杠。肩章，3杠。
班级指挥官[4] 班长 （下士）	—	助理班级指挥官 副班长 （一等兵）	—	军团兵 军团兵 （列兵）
下士（下士）[4]	上等兵（上等兵）[6]	一等兵（一等兵）	上级军团兵（上级军团兵）[6]	军团兵（军团兵）
铝制V形领章边缘，1杠。肩章，2杠。	铝制V形领章边缘。肩章，1杠1星。	铝制V形领章边缘。肩章，1杠。	素色领章。肩章，1星。	素色领章。素色肩章。

1. 该军衔从未真正授予。
2. 1942年6月2日正式设立。
3. 最初是军士军衔，在1943年5月29日后改为军官军衔。
4. 担任附属官的军士佩戴两根铝线穗带袖环。
5. 上士军衔启用于1944年6月15日，军衔标识未知，但可能与德军上士相似。
6. 启用于1944年1月1日。

欧洲志愿者制服和标识

欧洲志愿者穿戴德国制服和标识，并有黑色机器刺绣臂章，上有其国籍名字，下面是国旗标识，同样在钢盔右侧也会有贴上去的国旗标识。

1941年7月9日起，西班牙部队在右臂上半部和头盔上佩戴有黄色"西班牙"字样和红黄红水平条纹旗的纹章。同时长枪党军事人员保留了他们的蓝色衬衣。克罗地亚部队穿泛绿灰色的M1941款克罗地亚作战上衣，配德国领章和军衔标识，并在右臂上方（许多军官佩戴在左臂）有红白棋盘旗帜盾章，其上有红色的"赫尔瓦次卡"字样。这款图案还出现在头盔、德国大衣和克罗地亚陆军带檐作战帽以及常服帽和帽徽上。

法国志愿者在他们的右臂上方和钢盔上佩戴蓝白红三色水平纹路旗帜，其上有"法国"字样。瓦隆部队从1941年8月29日起，在左臂上方佩戴黑黄红垂直条纹盾章，其上有"瓦隆"字样，从1942年3月起，也佩戴在头盔上。1942年5月起，配发了山地作战帽，帽上和右臂上方有雪绒花图案徽章，并采用浅绿色兵种色。

东方部队制服和标识

最初东方协助者穿去掉了标识的红军制服。从1941年10月1日起增加了"接受德军指挥"的袖标。从1943年4月29日起官方确认可以穿没有帽徽、领章、肩章或"雄鹰胸标"的德军非军官版作战制服，但事实上大多数都已经在此之前配发了这些装备。

但对于最初从1941年10月开始成立的东方部队而言，没有合适的标识可能会妨碍其有效运作，因此1942年8月和1943年5月29日德军分别颁布命令正式确认了1941年至1943年3月间的各种方式正式有效。其部队中的德国骨干继续穿着原有的制服，搭配东方部队臂章，而其他军官和非军官则穿戴德军非军官版制服。

1942年4月起，东方军团佩戴德国"雄鹰胸标"，其领章及肩章军衔标识具体见表3。1942年9月起，每个军团用一个沙皇时期的2环或3环彩色椭圆形帽徽（军官为扇形外缘）进行区别；领章和肩章有绲边，在右臂上方有盾形臂章。

亚美尼亚军团——金黄色（内）/深蓝色/红色（外缘）帽徽和条纹盾，金黄色绲边。

阿塞拜疆军团——绿色/红色/蓝色帽徽和条纹盾，绿色绲边。

1942年9月，德军步兵躲在一条战壕里等待进攻的信号。可以很清晰地看到固定在Y形支撑带上的M1931款饭盒和M1931款伪装帐篷组件，M1930款防毒面具罐和M1931款水壶和水杯。前排的上士携带着战时版本的作战装具，其中M1931款防水泛绿棕色帆布背包，通常配发给山地部队。

格鲁吉亚军团——黑色/白色/红色帽徽和条纹盾，红色绲边。

北高加索军团——白色/橙色帽徽、棕色绲边，蓝色盾/白色装饰，1943年后为红/绿色盾/白色装饰。

突厥军团——红/蓝帽徽，浅蓝色绲边，白色和深绿色椭圆章，1943—1944年为红/白色盾/白色装饰。

伏尔加-鞑靼军团——蓝绿色帽徽和绲边，蓝/绿色盾白色装饰（后有改变），最终为蓝色椭圆章/黄色装饰。

1941年秋天，爱沙尼亚部队穿M1936款爱沙尼亚陆军制服和标识。大约从1942年4月起，穿德军制服，佩东方军团领章和军衔标识；从大约1942年5月起，穿德军步兵制服、帽徽、领章、"雄鹰胸标"和军衔标识。大约从1942年2月起其他保安和东方营采用东方军团领章和肩章军衔标识，从1942年11月15日起有泛蓝深绿色椭圆帽徽，上有水平红色杠和东方款"雄鹰胸标"（鼠灰色机器刺绣的纳粹卐字符，其下是鼠灰色底和"战场灰"水平双翼）。1943年1月启用了俄罗斯解放军帽徽、领章、沙皇式肩章军衔标识和臂章。

哥萨克部队，特别是骑兵，经常保留着他们的传统制服，经常搭配沙皇时代的肩章军衔标识，但大约在1942年4月，为穿戴德军制服者启用了东方军团领章和肩章，有红色绲边的军衔标识以及军衔称谓。1942年11月15日起，采用了泛蓝深绿色椭圆形帽徽，上有水平的红色杠和白色交叉长矛，另有东方版"雄鹰胸标"、泛蓝深绿色边缘（军官为亮光铝线德国军士穗带）的红色领章，上有白色交叉长矛。另有辨识不同哥萨克部落的盾形臂章：顿河哥萨克，黄/蓝/红水平条纹；捷列克哥萨克，黑/绿/红水平条纹；库班哥萨克，黄/绿斜向四等分图案。军士佩戴德军军士领章穗带。1943年1月，启用了俄罗斯解放军军衔标识。

奖章和奖励

为表彰作战英勇和领导行为的主要奖章继续是两级铁十字奖章——一级和二级——接着是五级铁十字骑士十字奖章，通常颁发给军官：基础款、有"橡树叶片"款、有"橡树叶片"和"佩剑"款（1941年6月21日）、有"橡树叶""佩剑"和钻石款（1941年7月15日），以及大十字——一款名誉性奖章，于1940年7月19日授予帝国元帅赫尔曼·戈林。1941年9月28日，设立了金质的德国十字奖章，用作介于一级铁十字奖

1942年5月，沃尔霍夫前线，2名步兵待在用木料加固的战壕里。两人都戴着M1935款钢盔，有橡胶伪装绷带，身着M1940款作战上衣和战场灰长裤，以及M1939款行军鞋。戴眼镜的步枪兵在右肩下挂着卷起来的伪装帐篷组件，左手拿了一把折叠战壕铲。后方的上等兵，焦虑地等待着苏军的进攻，佩戴了铜质克里米亚战役纪念盾章和M1939款步兵突击章，表明他在不同时期分别参与了不少于三次的步兵突击。

章和骑士十字奖章中的奖励。1939 年 10 月 18 日设立了功勋奖章，分有无佩剑图案两级，授予非战斗的英雄或领导行为。之后在 1940 年 8 月 19 日，设立了骑士十字功勋奖章，用于奖励更大的功勋，同样分有无佩剑图案，佩戴在衣领上。

1941 年 7 月 18 日后，启用陆军防空章，上有灰色铝制国防军"鹰标"、88 毫米 Flak18 防空炮和花环图案，佩戴在左胸袋上，奖励在陆军防空或探照灯部队服役的人员。

在 1941 年 11 月 15 日至 1942 年 4 月 15 日之间在苏联战场上战斗过 14 天的军人配发银色和黑色的"1941—1942 东线冬季战役"纪念章，绰号为"冻肉肩章"。另有"驾驶勤务"章，为花环中的方向盘图案，有铜制、银制或金制，佩戴在左袖口上，设立于 1942 年 10 月 23 日，颁发给从 1940 年 12 月 1 日起在战场服役的摩托车通信员或摩托载具驾驶员（包括东方协助者）。

在这一时期还设立了两枚新的金属战役纪念章，佩戴在左臂上方，但实际上在 1943 年 2 月前很值得怀疑有没有人佩戴过。1942 年 7 月 1 日，设立的白色金属"霍尔姆"盾型纪念章，图案为一个抓着铁十字的国防军雄鹰，奖励给从 1942 年 1 月 21 日—5 月 5 日参加了俄罗斯北部的霍尔姆包围战的军人。铜质的"克里米亚"盾形纪念章为盘踞在克里米亚半岛上的雄鹰图案，有制服色布面底，设立于 1942 年 7 月 25 日，配发给在 1941 年 9 月 21 日—1942 年 7 月 4 日间在此服役超过 3 个月的军人。

"单独击毁坦克"特别纪念章设立于 1942 年 3 月 9 日，并追溯颁发给从 1941 年 6 月 22 日起所有用轻型武器击毁过坦克的非反坦克部队成员。其图案是银色饰绳矩形，上部和下部有黑色边缘，中间是黑色的苏联 T-34 坦克，佩戴在右臂上方。如果击毁 5 辆以上坦克，另有金色饰绳徽章。

1942 年 7 月 14 日，为东方部队及其德国骨干设立了"东方奖章"，为风格化的闪耀的太阳，奖励给良好服役记录者，如有英雄行为另加交叉双剑。其 1 级章为金质或银质，佩戴在左胸袋上，2 级章则挂在勋带上：金质奖章搭配绿色和红色勋带；银质奖章搭配绿色和白色；铜质奖章为素绿色。东方部队也有资格获得其他德军嘉奖。

德军将东方军团的人员统称为穆斯林"土耳其人"，但亚美尼亚和格鲁吉亚人事实上是很古老的基督教徒。哈斯米克·纳萨里安，是亚美尼亚军团的一名下士（班长），戴着 M1942 款作战帽，上有显眼的两扣护耳，另有军官版扇贝形金黄色/深蓝色/红色军团徽章。穿着非军官版 M1935 款作战服，有泛蓝深绿色衣领和亮光铝线军士穗带的红色保安营领章，在 1942 年 11 月 17 日后换为泛蓝深绿色领章，有金黄色军团色绳边。M1940 款"战场灰"肩章有金黄色绳边。

虽然贝格曼特种部队主要由高加索人组成，但所有军阶都穿戴配常规德军标识的德军山地部队制服（省去了"雪绒花"帽徽和臂章）。塔塔斯切维里少尉，一名格鲁吉亚军官，戴着 M1936 款山地帽，有所有军阶都采用的黑色和银色"高加索短刀"帽徽，错误地搭配了一款非军官版 M1935 款作战上衣，有泛蓝深绿色衣领和 M1938 款非军官版标准泛蓝深绿色领章，上有两条"战场灰"近卫穗带和泛蓝深绿色中央条纹。他佩戴了德军肩章，可能是山地部队的浅绿色肩章底，另有 6×30 排长双筒望远镜。

表 4：东线战场兵种和部队标识节选
1941 年 6 月 22 日—1943 年 2 月 2 日

部队	兵种色	肩章标识 北线	肩章标识 中线	肩章标识 南线	其他标识
作战部队 - 参谋					
将官	亮红色	—	—	—	拉里施条纹
总参谋部军官	深红色	—	—	—	银色领章
5 个集团军群司令部	白色	G（北方）	G（中央）	G（南方/B、A、顿河）	—
9 个集团军司令部	白色	A / 11, 16, 18,（拉普兰）	A / 2, 4, 9	A / 2, 6, 11, 17	
1 个山地集团军司令部	浅绿色	A / 20	—	—	"雪绒花"徽章
4 个装甲集群司令部	粉色	?（4）	?（2, 3, 4）	?（1）	
4 个装甲集团军司令部	粉色	—	A / 2, 3, 4	A / 1, 4	
33 个军部（军番号采用拉丁数字）	白色	1, 2, 10, 23, 26, 28, 30, 38, 42, 50, 54	5-9, 12-3, 20, 23, 27, 30, 34-5, 43, 50, 53, 59	4, 7-8, 11, 13, 17, 29, 30, 42, 44, 51-2, 54-5	
5 个山地军部	浅绿色	18-9, 36（挪威）	—	49	"雪绒花"徽章
12 个摩托化军军部	白色	39, 41, 56	24, 27, 39, 40-1, 46-8, 56-7	3, 14, 48	
11 个装甲军军部	粉色	—	39, 41, 46-7, 56	3, 14, 24, 40, 48, 57	
2 个预备军军部	白色	61	—	62	
作战部队 - 步兵					
147 个步兵师部	白色	1, 5, 7, 11-2, 17, 21, 23-4, 28, 30, 32, 58, 61, 67, 69, 81, 83, 93, 96, 121-3, 126, 131-2, 163, 169-170, 206, 212, 215-8, 223, 225, 227, 229, 251, 253-4, 269, 285, 290-1, 329, 385	5-8, 15, 17, 23, 26, 28, 31, 34-5, 45, 52, 56, 72, 78, 83, 86-8, 95, 98, 102, 106, 110, 112, 129, 131, 134, 137, 161-3, 167, 181, 183, 197, 205-6, 208, 211, 216, 221, 246, 251-3, 255-6, 258, 260, 262-3, 267-8, 286, 292-3, 296, 299, 328, 330-1, 337, 339, 342, 385, 707	5, 9, 22, 24, 28, 44-6, 50, 56-7, 60, 52, 68, 71-3, 75-6, 79, 82, 88, 94-5, 98-9, 111, 113, 125, 132, 164, 168, 170, 196, 198, 213, 221, 239, 257, 262, 294-9, 305, 323, 335-6, 340, 370-1, 376-7, 383-5, 387, 389	—
440 个步兵团	白色	1-539	14-747	14-546	—
440 个掷弹兵团	白色	1-539	14-747	14-546	—
7 个燧发枪团	白色	22, 26-7	34, 39	202, 230	—
8 个摩托化步兵师部	白色	3, 18, 20, 36	3, 10, 14, 16, 18, 20, 25, 29, 36	3, 16, 25, 29	—
20 个摩托化步兵团 - 1942.10.15 后改为摩托化掷弹兵团	白色	8, 29, 30, 51, 69, 76, 87, 90, 118	8, 11, 15, 20, 29, 30, 35, 41, 51, 53, 60, 69, 71, 76, 86-7, 90, 118-9, 156	—	—
1 个摩托化步兵师（大德意志）	白色	—	GD	GD	"大德意志"标识
2 个大德意志摩托化步兵团	白色	—	GD/GD1, GD2	GD1, GD2	"大德意志"标识
4 个轻步兵师部	浅绿色	8	—	97, 100-1	—
8 个轻步兵团	浅绿色	28, 38	—	54, 204, 207, 227-9	—
7 个猎兵师师部	浅绿色	5, 8, 28	—	28, 97, 100-1	猎兵徽章

续表

部队	兵种色	肩章标识 北线	肩章标识 中线	肩章标识 南线	其他标识
14 个猎兵团	浅绿色	28, 38, 49, 56, 75, 83	—	49, 54, 83, 204, 208, 227-9	猎兵徽章
7 个山地师师部	浅绿色	2-3, 5-7	—	1, 4	"雪绒花"徽章
15 个山地步兵团	浅绿色	85, 100, 136-9, 141, 143-4, 206, 218	—	13, 91, 98-9	"雪绒花"徽章
4 个预备师师部	白色	141, 151	—	143, 153	—
11 个预备步兵团	白色	1, 2, 61, 206, 217	—	23, 68, 76, 208, 218, 257	—
5 个训练师师部	白色	388	390-1	381-2	—
16 个训练步兵团	白色	639, 640	635-7, 718-20	381, 614-20	—
1 个特殊部队	浅绿色	—	—	贝格曼	"高加索短刀"帽徽
作战部队 - 机动部队					
1 个骑兵师师部	金黄色	—	1	—	—
3 个骑兵团	金黄色	—	1, 2, 22	—	骑兵马裤/马靴
1 个装甲师师部	金黄色	—	—	24	黑色装甲部队制服
1 个装甲团	金黄色	—	—	24	黑色装甲部队制服
22 个装甲师师部	粉色	1, 6, 8, 12	1-7, 9-12, 17-20	3, 9, 11, 13-4, 16-7, 22-3, 27	黑色装甲部队制服
22 个装甲团	粉色	1, 10-1, 29	1, 3, 6-7, 11, 15, 18, 21, 25, 27, 29, 31, 33, 35, 39	2, 4, 6, 15, 33, 36, 39, 127, 201, 204	黑色装甲部队制服
19 个摩托车侦察营	棕色	1, 6, 8, 22	1-3, 6-7, 17-9, 20, 22, 34, 59, 61	3, 16-7, 23-4, 43, 59, 61, 64, GD	—
21 个装甲侦察营	粉色	1, 12, 57, 59	1-7, 9-12, 17-19	3, 9, 11, 13-4, 16-7, 23-4	黑色装甲部队制服
44 个摩托化步兵团	草绿色	1, 4, 5, 8, 25, 28, 113-4	1-7, 10-4, 25, 33, 40, 52, 59, 63, 69, 73-4, 86, 101, 110-4, 304, 394	3, 10-1, 21, 26, 40, 63-4, 66, 79, 93, 103, 108, 110-1, 126, 128-9, 140, 394	—
41 个机械化步兵团	草绿色	1, 4, 5, 8, 25, 28, 113-4	1-7, 10-4, 25, 33, 40, 52, 63, 69, 73-4, 86, 101, 110-1, 113-4, 304, 394	3, 10-1, 21, 26, 40, 63-4, 66, 79, 93, 103, 108, 110-1, 126, 128-9, 140, 394	—
158 个师级侦察营	金黄色	1-385	1-385	1-385	—
8 个摩托化侦察营	金黄色	A / 18, 20, 36, 53	A / 14, 18, 20, 25, 29, 36, 53, 341	A / 18, 25, 29, 341	—
8 个山地侦察营	金黄色	A / 67, 12, 67, 95, 99, 112	—	A / 54, 94	"雪绒花"徽章
182 个反坦克营	粉色	P / 1-385	P / 1-385 GD	P / 1-385 GD	—
8 个摩托化反坦克营	粉色	P / 3, 18, 20, 36	P / 3, 10, 14, 16, 18, 20, 25, 29, 36	P / 3, 16, 25, 29	—
6 个山地反坦克营	粉色	P / 47-8, 95, 99	—	P / 44, 94	"雪绒花"徽章

续表

部队	兵种色	肩章标识 北线	肩章标识 中线	肩章标识 南线	其他标识
战斗部队 - 炮兵					
158 个炮兵团	亮红色	1-385	1-385	1-385	—
8 个摩托化炮兵团	亮红色	3, 18, 20, 36	3, 10, 14, 16, 18, 20, 25, 29, 36	3, 16, 25, 29, GD	—
6 个山地炮兵团	亮红色	82, 95, 111-2, 118	—	79	"雪绒花"徽章
23 个装甲炮兵团	亮红色	1, 6, 8, 12	1-7, 9-12, 17-20	3, 9, 11, 13-4, 16-7, 22-3, 27	黑色装甲部队制服
6 个火箭炮兵团	亮红色	—	—	51-5, 70	—
战斗部队 - 工兵					
167 个工兵营	黑色	1-385	1-385, GD	1-385, GD	—
6 个山地工兵营	黑色	8-3, 91, 95, 99	—	54	"雪绒花"徽章
23 个装甲工兵营	黑色	1, 6, 8, 12	1-7, 9-12, 17-20	3, 9, 11, 13-4, 16-7, 22-3, 27	黑色装甲部队制服
战斗部队 - 通信					
167 个通信营	柠檬黄	1-385	1-385, GD	1-385, GD	—
6 个山地通信营	柠檬黄	8-3, 91, 95, 99	—	54	"雪绒花"徽章
23 个装甲通信营	柠檬黄	1, 6, 8, 12	1-7, 9-12, 17-20	3, 9, 11, 13-4, 16-7, 22-3, 27	黑色装甲部队制服
10 个战地通讯社连	柠檬黄	501, 621, 680	612, 698-9	637, 649, 666, 698	宣传连袖标
支援部队					
158 个师级后勤纵队	浅蓝色	D / 1-385	D / 1-385, GD	D / 1-385, GD	—
7 个山地师后勤纵队	浅蓝色	D / 8-3, 91, 95, 99	—	D / 54, 94	"雪绒花"徽章
8 个摩托化师后勤纵队	浅蓝色	D / 3, 18, 20, 36	D / 3, 10, 14, 16, 18, 20, 25, 29, 36	D / 3, 16, 25, 29, GD	—
装甲师后勤纵队	浅蓝色	1, 6, 8, 12	1-7, 9-12, 17-20	3, 9, 11, 13-4, 16-7, 22-3, 27	黑色装甲部队制服
450 个摩托化运输队	浅蓝色	N / 1-385, GD	N / 1-385, GD	N / 1-385, GD	—
316 个马驮运输队	浅蓝色	N / 1-385	N / 1-385	N / 1-385	—
医疗部门军官	深蓝色	金质医神权杖	金质医神权杖	金质医神权杖	红十字袖标
158 个马驮医疗连 - 士兵	深蓝色	1-385	1-385	1-385	红十字袖标
7 个山地医疗连 - 士兵	深蓝色	8-3, 91, 95. 99	—	54, 94	"雪绒花"徽章
32 个摩托化医疗连 - 士兵	深蓝色	1-36	1-36, GD	3-29, GD	
兽医部门军官	深红色	金质蛇	金质蛇	金质蛇	骑兵马裤
158 个兽医连	深红色	1-385	1-385	1-385	骑兵马裤
保安部队					
13 个陆军后方司令部	白色	525, 583-4	532, 559, 582, 590	351, 550, 553, 580, 585, 593	—

续表

部队	兵种色	肩章标识 北线	肩章标识 中线	肩章标识 南线	其他标识
5 个军区司令部	白色	392, 394, 396	—	393, 579	
198 个宪兵部队	橙色	1-36	1-36, GD	3-29, GD	臂章、袖口标识
9 个保安师师部	白色	207, 281, 285	221, 286, 403	213, 444, 454	—
17 个保安团	白色	3, 94, 107, 113	2, 45, 61, 122, 601, 608, 613	4, 57, 177, 318, 360, 375	—
外国部队					
1 个西班牙步兵师师部	白色	D / 250	—	—	西班牙臂章
3 个西班牙步兵团	白色	262-3, 269	—	—	西班牙臂章
1 个克罗地亚步兵团	白色	—	—	369	克罗地亚臂章
1 个法国步兵团	白色	—	638	—	法国臂章
1 个瓦隆步兵营	浅绿色	—	—	373	比利时臂章
48 个东方营	白色	653, 658-669	82, 134, 229, 264, 406, 412, 427, 439, 441, 446-8, 601-5, 615-21, 627-30, 633-7, 642	556	—
4 个亚美尼亚东方军团营	金黄色	—	I / 125	II / 9, 808-9	亚美尼亚臂章
5 个阿塞拜疆东方军团营	绿色	—	—	I / 73, I / 111, 804-6	阿塞拜疆臂章
5 个格鲁吉亚东方军团营	红色	—	I / 9 (Geb)	II / 4 (Geb), I / 9, 795-6	格鲁吉亚臂章
3 个北高加索东方军团营	棕色	—	—	800-2	北高加索臂章
11 个突厥人东方军团营	浅蓝色	—	—	8 (Fz), 11(Fz), 156B, I / 370, 450, 452, 781-2, 811, 1000-1 Geb Tr	突厥人臂章
10 个伏尔加鞑靼东方军团营	蓝 / 绿	—	—	—	伏尔加鞑靼臂章
3 个哥萨克步兵团	红色	—	6, 7	5	哥萨克臂章
6 个哥萨克步兵营	红色	126	622-5, 631	—	哥萨克臂章
3 个哥萨克骑兵团	红色	—	—	普拉托、舒尔茨、潘尼维茨	哥萨克臂章
11 个哥萨克骑兵营	红色	207	281, 443, 580, 600	403 / I-IV / 444, I-II / 454	哥萨克臂章
陆军行政官					
216 个战地邮局	柠檬黄	Fp (1-385)	Fp (1-385)	Fp (1-385)	—
39 个战地保安警察集群	浅蓝色	GFP (501-735)	GFP (570-729)	GFP (560-740)	—

插图图说

A：1941 年 6—11 月，北方集团军群

A1：1941 年 6 月，立陶宛，第二十六军，步兵上将

这名第 18 集团军的将官穿着 8 扣版 M1920 款常服上衣，有泛蓝深绿色 M1935 款衣领，并有金质的将官版衣扣、领章、"雄鹰胸标"和红色马裤条纹。他的 M1934 款老式带檐作战帽有软帽檐，亮光铝线交织标识和将官版金色绲边。他携带了一支瓦尔特 PPK7.65 毫米手枪，以及短小的 10×50 双筒望远镜，佩戴着骑士十字奖章、一级铁十字奖章和 1914 年二级铁十字勋带，上有 1939 年绶带。

A2：1941 年 4 月，爱沙尼亚东部，楚德湖，第 185 突击炮营，少尉

这名指挥着三辆自走突击炮的排长穿着 M1940 款特殊"战场灰"制服，在 1943 年 1 月 30 日前都佩戴着第 1 款领章，另有在帽冠和前翻片有银色绲边和兵种色 V 形纹的 M1938 款军官版作战帽。他在硬壳枪套里装着一把鲁格 P08 手枪，另有防风护目镜，佩一级铁十字奖章、二级铁十字勋带、通用突击章和表明有 3—4 次受伤的银色受伤纪念章。

A3：1941 年 10 月，俄罗斯西北部，诺夫哥德罗，第 21 步兵师，发薪军士长

这名军事行政官担任团级发薪员，穿着军官版作战制服，M1935 款军官版作战上衣，但没有配马刺。他的 M1935 款大檐帽上有深绿色绲边，深绿色领章上有白色兵种色绲边。作为一名非战斗人员，他获得了二级带剑功勋勋带和一级带剑功勋奖章，但另有一个黑色受伤纪念章表明曾受伤 1—2 次，在硬壳枪套里装了一把瓦尔特 P38 手枪。

B：1941 年 6—11 月，中央集团军群

B1：1941 年 7 月，俄罗斯西部，斯摩棱斯克，第 39 装甲团，附属官

这名连级军士长在 M1935 款特殊坦克手制服上有袖口环，其 M1936 款夹克扣了起来以防止尘土。他戴着一顶自行采购的 M1935 款非军官版大檐帽，去掉了钢帽冠环，看上去松松垮垮，但这是一种军士们很喜欢的方式。他有一枚银质坦克战斗章，装备着一支鲁格 P08 手枪，并"获得"了质量更佳的摩托车护目镜。

B2：1941 年 8 月，俄罗斯西部，大卢基，第 464 步兵团，上等兵

这名步兵班第一射手穿着依然很普及的 M1935 款非军官版作战上衣，有 V 形军衔章和 M1938 款肩章。他的 M1935 款钢盔上有 M1931 款"战场灰"帆布面包袋的捆索，上面绑着用来伪装的树叶和灌木，另外戴着有步兵兵种色 V 形纹的 M1934 款作战帽，穿 M1940 款战场灰长裤和更短一些的行军鞋，这种行军鞋启用于 1939 年 11 月 9 日，目的是为了节省皮料。他带着一挺 7.92 毫米 IMG34 通用轻机枪及用于近距离战斗的瓦尔特 P38 手枪，另有一个 MG34 备用弹药袋。

B3：1941 年 8 月，俄罗斯西部，斯摩棱斯克，第 51 烟雾发射团①，炮兵列兵

偶尔火箭炮部队人员会被要求人工操作 28 厘米直径的重型高爆火箭弹。这名炮手穿着配发的"战场灰"连体罩服，套在他的作战制服外，并自行加上了有枣红色兵种色绲边的 M1940 款肩章，以及 M1940 款鼠灰色机器刺绣"雄鹰胸标"。他按照 1940 年 3 月 23 日的命令，去掉了钢盔右侧的国家标识，但保留了左侧的国防军"鹰标"（此图中看不到）。他的 M1934 款作战帽上有兵种色 V 形纹。

C：1941 年 6—11 月，南方集团军群

C1：1941 年 7 月，乌克兰西部，斯大林防线，第 230 步兵团，少尉

这名少尉排长穿着非军官版作战制服，有 M1940 款上衣，佩二级铁十字扣眼勋带和银质步兵突击章，自行加上了军官版衣扣、M1935 款领章和"雄鹰胸标"。他穿着非军官版 M1934 款长裤，战前款式的行军鞋，并在 M1935 钢盔上绑了一根橡胶自行车内胎材料制成的伪装绷带，另有 M1920 款军官版支撑带，上有更实用的带扣。M1935 款文件盒和第 1 版 MP38/40 弹药袋，盖住了他的瓦尔特 P38 硬壳枪套，另有 6×30 望远镜、MP40 冲锋枪。

C2：1941 年 8 月，比萨拉比亚，蒂拉斯波尔，第 203 步兵团，高级步枪兵

这名资深步兵穿着 M1940 款作战上衣，上有 M1940 款"战场灰"底军衔星，穿 M1940 款"战场灰"长裤和 M1939 款行军鞋，携带着步枪兵装备，包括标准毛瑟 Kar98k 步枪。另外按照条例将防毒披肩包挂在胸前，在腰带上别了一枚 M1924 款木柄手榴弹。

---

①即火箭炮兵，1938 年德军研发了 150 毫米火箭炮，但一开始并未被陆军采用，而是划归烟雾部队用于发射烟雾火箭弹。因此被命名为 41 式 150 毫米烟雾发射器。其后德军便用烟雾发射部队代指火箭发射部队。

C3：1941年11月，俄罗斯南部，罗斯托夫，第13装甲师，协助者

这名志愿者穿着红军的M1935款卡其色步兵作战制服，套着一件泛棕灰色大衣，里面是俄国上衣、马裤和行军鞋，另戴M1940款毛帽。他去掉了上衣和大衣的领章以及红星帽徽，佩戴了武装仆从的臂章和非官方的识别帽章。尽管官方要求不能武装协助者，但他还是有一条德式非军官版腰带，和M1911款步枪弹药袋、M1931款面包袋，装备着配发给二线部队的过时的毛瑟Kar98b步枪。

D：1941年12月—1942年3月，东线战场

D1：1941年12月，北方战线，列宁格勒，第270步兵师，中士

这名高级军士排长穿着标准的冬季作战服，但在东部前线并不能抵御寒冷——M1935款非军官版大衣，在1941年依然很常见，"战场灰"桶状巴拉克拉法帽戴在头盔下，也许另外穿了加厚内衣。他装备着非军官版M1939款步兵Y形支撑带和D形支撑环，有排长标配的6×30双筒望远镜和第1版MP38/40弹药袋，携带他的MP40冲锋枪的弹药。

D2：1941年12月，中央战线，加里宁，第413步兵团，步枪列兵

这名哨兵戴着M1934款非军官版作战帽，有下拉式护耳，另有毛线巴拉克拉法帽。他还穿着M1941款大衣，上有宽大的战场灰衣领和肩章以及毛绒里衬，适合穿戴在作战装备外，最初是在1941年11月启用，配发给哨兵，但很快就普及到战斗部队。他佩戴了三指式手套，携带毛瑟Kar98k步枪并在行军鞋外套了一件不耐磨的第1款稻草罩靴，以在固定站岗放哨时保暖。

D3：1942年1月，南部战线，顿涅茨盆地，第117步兵团，步枪列兵

这名士兵，正准备进行战壕突袭，穿着M1940款非军官版作战大衣和毛线巴拉克拉法帽，但用剪下来的床单做成了头盔雪地伪装罩。他只携带了很少量的作战装备，有毛瑟Kar98k步枪、一个插在腰带中的M1924款木柄手雷，另有一个用电线将六颗M1924款木柄手雷雷体绑在一根木柄手雷上制成的"集束炸弹"。

E：1942年4月—1943年1月，北方集团军群

E1：1942年4月，俄罗斯北部，摩尔曼斯克，第141山地猎兵团，猎兵

这名山地步兵戴着M1936款山地帽，上有M1939款标识和非官方的泛蓝深绿色底"雪绒花"装饰，穿步兵作战上衣、M1940款"战场灰"滑雪裤和踝部绑腿以及镶钉登山鞋。另有M1931款明暗两用伪装帐篷组件，采用进行了防水处理的厚重交织布料，可以一片片用扣子连接起来，组成4人或8人帐篷，或者简单地用作个人防雨及伪装衣物。这名士兵携带着从1940年11月16日起配发给山地部队的格韦尔33/40卡宾枪。

E2：1942年5月，俄罗斯北部，德米杨斯克，第123工兵营，上等兵

这名突击工兵穿着作为夏季战斗服使用的M1940款芦苇绿劳作制服。保留了M1935款V形军衔章，并加上了一枚"雄鹰胸章"，在头盔上有防蚊罩。他装备着1941年3月27日启用的工兵突击装备——一个泛绿棕色帆布背包里装着2枚3千克炸药，两个侧包装防毒面具、爆破炸药和手雷，有小一些袋子装步枪弹夹，另有P38瓦尔特手枪。他带着M1924木柄手榴弹、一枚M1935款第1版反坦克地雷以及一支MP38冲锋枪。

E3：1942年9月，俄罗斯北部，旧鲁萨，第181兽医连，战地下级兽医

这名调派给第81步兵师兽医连的年轻兽医学员穿着骑兵部队的作战服，有军官版和非军官版标识以及深红色的兵种色。他戴着M1935款军官版大檐帽，穿M1940款非军官版上衣，但有军官版M1935款领章和雄鹰胸标，以及有亚光铝线兽医学员A交织首字母的M1940款上士肩章。他穿着加厚的骑兵马裤，配马刺的骑兵靴，有棕色军官腰带和装在硬壳枪套里的瓦尔特P38手枪。

F：1942年4月—1943年1月，中央集团军群

F1：1942年8月，俄罗斯西部，奥廖尔，第92装甲通讯营，观测中士

这名装甲通信营的军士穿着M1941款芦苇绿坦克手劳作和夏季作战制服，佩M1935款黑色制服肩章和"雄鹰胸标"。他还穿着M1935款黑色制服的灰色衬衣、黑色领带和及踝鞋以及按照1942年10月7日命令去掉了柠檬黄兵种色V形纹的M1940款非军官版作战帽，装备着防风护目镜、装在硬壳枪套里的瓦尔特P38手枪，佩银质坦克战斗章和铜制受伤纪念章。

F2：1942年9月，俄罗斯西部，斯帕斯-杰缅斯克，第267工兵营，下士

1940年1月启用的灰色皮质两件套防护服设计初衷是配发给喷火器人员，但并未真正在战斗中穿着。因此这

名军士穿着常规的 M1940 款作战制服，搭配 M1939 款行军鞋。他装备着启用于 1942 年春的标准 M1941 款喷火器，汽油罐捆在他的 M1939 款 Y 形支撑带和 D 形环支撑带上，另有作为防身武器的套在硬壳枪盒里的鲁格 P08 手枪。

F3：1942 年 9 月，俄罗斯西部，勒热夫，第 235 步兵团，一等兵

这名一线士兵按照自己的个人需求改进了制服和装备。为了舒适和散热，他的长裤并没有抄进行军鞋里，为了伪装又按照 1943 年 8 月 29 日的命令涂抹掉了头盔左侧的国防军"鹰标"。在腰带上他装备着套在第 1 版套子里的折叠战壕铲、面包袋、水壶和水杯，并在 M1939 款 A 形框架上有泛绿棕色涂装的饭盒、战斗背包和帐篷组件，防毒披肩包用橡胶内胎捆在 M1930 款防毒面具罐上，携带了一支 1941 年款毛瑟 Kar98k 步枪。

G：1942 年 4—8 月，南线战场

G1：1942 年 8 月，高加索东北部，卡尔梅克草原，第 108 装甲掷弹兵团，下士

这名班长穿着标准的步兵 M1940 款作战制服，有 M1940 款草绿色肩章绲边、标准穗带领章、鼠灰色"雄鹰胸标"、二级铁十字勋带和铜质坦克战斗章。这款战斗章启用于 1940 年 6 月 1 日，颁发给坦克协助部队。他穿着 M1940 款战场灰长裤和短裤，搭配绑带及踝鞋。另有防尘护目镜，在 M1935 款钢盔上有用剪下来的帐篷组件布料自制的伪装罩，携带着 1 支手电筒和 2 个与他的 MP40 冲锋枪配套的第 1 版 MP38/40 弹药袋。

G2：1942 年 9 月，高加索西北部，迈科普，第 796 格鲁吉亚步兵营，翻译员（Z）

这名隶属于一个格鲁吉亚军团营的俄罗斯（至少看上去不像格鲁吉亚人）翻译员穿着非军官版 M1940 款作战上衣，有显眼的特殊军官版 M1940 款领章和肩章，以及非战斗部队的二级功勋扣眼勋带，但还没有配发新的军团臂章。他还穿着 M1940 款战场灰长裤和 M1939 款非军官版行军鞋。他的 M1935 款军官版大檐帽上有灰蓝色绲边和一个德国空军灰蓝色制服布帽墙，装备着军官腰带、文件盒以及套在硬壳枪套里的鲁格 P08 手枪。

G3：1942 年 9 月，高加索西北部，第 796 格鲁吉亚步兵营，排长

这名格鲁吉亚排长穿着 M1940 款非军官版作战服，有泛蓝深绿色衣领，红色 M1942 款军衔标识领章，有军团色绲边和 M1942 款军衔标识的"战场灰"肩章，德国 M1940 款鼠灰色"雄鹰胸标"和新的军团臂章。他戴着无装饰的 M1935 款钢盔，穿 M1940 款长裤、M1939 款行军鞋、非军官版腰带与 Y 形支撑带、M1931 款水壶和水杯以及 M1931 款面包袋。作为一名排长，他携带着 6×30 双筒望远镜，但只配发了毛瑟 Kar98k 步枪和 M1911 步枪弹药袋。

H：1942 年 8 月—1943 年 2 月，斯大林格勒战役

H1：1942 年 12 月，第 544 掷弹兵团，一等兵

作为一名班属轻机枪组的第二射手，这名步兵采用了步枪手装备，但用瓦尔特 P38 手枪替代了左侧弹药袋，并携带了一个装 300 发机枪子弹的弹药盒，但没有备用枪管。他戴着护耳下拉的 M1942 款作战帽，穿宽大衣领的 M1942 款作战大衣，为了保暖戴了毛线手套，并在行军鞋上缠绕了毛线破布，装备着一枚 M1924 款木柄手榴弹，以及有一支非同寻常的毛瑟 Kar98k 步枪。

H2：1943 年 1 月，第 6 集团军，弗里德里希·保卢斯大将

保卢斯戴着将官版 M1935 款大檐帽，有与着装条例不符的 1942 年 11 月 16 日前的银质标识，缀在泛蓝深绿色底上，穿佩了骑士十字奖章和将官版领章的 M1935 款作战上衣，有将官版亮红色翻领的 M1935 款军官版作战大衣，军官版灰色绒面手套和瓦尔特 PPK 手枪。他在 1943 年 1 月 31 日被晋升为元帅，意图激励他保持德军元帅从不投降的传统，但保卢斯很快就投降了。在苏联战俘营中才佩戴上了与晋升相符的 4 颗肩章军衔星。①

H3：1943 年 1 月，第 79 装甲掷弹兵团，装甲掷弹兵

这名机械化步兵在 1942 年末收到了配发的 M1942 款白色/"战场灰"两面穿冬季罩服。他佩戴着红色战场识别标识，有毛线巴拉克拉法帽和皮革加厚的毡靴以及涂装成白色的头盔。他在肩上挂着防毒面具罐，腰带背上有一个面包袋，另有红军式弹匣袋，用来搭配他的苏联波波沙 PPSh41 冲锋枪，戴着毛线手套而非保暖性较差的三指手套。他的掘壕铲抄在腰带里，要么是为了保护心脏，要么是为了近距离战斗方便。

---

① 德军元帅的肩章其实并非四颗军衔星，而是元帅权杖装饰。但保卢斯在被任命后因为被包围，所以并没有获得元帅标识。据说仅仅在投降前一天，德军才空投了元帅标识给他。所以在被俘时，保卢斯依旧佩戴的是大将三星肩章。后来为了彰显俘虏了德军元帅，苏联人为他制作了元帅标识。原文中的"4 星"标识并非真正的德军标识，在保卢斯战俘生涯中的某些照片中，可以看到他已经佩戴了有元帅权杖标识的肩章。

德国陆军 1939—1945 年 (4)
东线 1943—1945 年

The German Army 1939—1945 (4)
Eastern Front 1943—1945

东线 1943—1945 年背景介绍

陆军和国防军高层指挥体系

阿道夫·希特勒从 1933 年 1 月 30 日起担任德国元首，是德国武装力量的最高指挥官，通过有名无实的担任最高统帅部总司令的陆军元帅威廉·凯特尔，控制着陆军、海军和空军。1941 年 12 月 19 日，希特勒通过任命自己担任陆军总司令，获得了国防军中最重要的兵种的实际战略指挥权。从此，德国陆军的最高军事职位被这个傲慢自大的业余战略爱好者所把持，常常使政治需要凌驾于军事情势之上——这在东线导致了越来越多的灾难。

作为最资深的德国陆军军官，从 1942 年 9 月 24 日起担任陆军总参谋长的库尔特·蔡茨勒，尽管他被认为是希特勒的门徒，并且最高统帅部和陆军总司令部素来矛盾深重，但蔡茨勒却宣称——陆军总司令部在东线（但并不包括巴尔干地区和北极地区）的成功与最高统帅部并无瓜葛。1944 年 7 月 1 日，由于恼怒于自己并无实权，蔡茨勒请求病退；在 7 月 21 日，希特勒在 7 月 20 日"炸弹阴谋"事件（译注：1944 年 7 月 20 日，德国陆军上校施陶芬伯格与一些反战的德国军官发动了刺杀希特勒的行动，但不幸失败。事后，涉案的德国军官几乎全被党卫军残酷处死。之后希特勒发动了大清洗行动）后的大清洗中，将其解职。

"炸弹阴谋"事件标志着德国陆军残存的与希特勒相左的独立性的消亡。从此之后，纳粹举手礼替代了传统的军礼，武装党卫军获得了优先权，党卫军帝国元首海因里希·希姆莱被任命为补充军总司令，控制了德国境内所有的国防军部队。1944 年 7 月 21 日，陆军大将海因茨·古德里安，这名传奇的装甲部队将领，被任命为代理陆军总参谋长；但他未能阻止希特勒在 1945 年 1 月 21 日颁布"镣铐命令"，这一命令要求所有下至师级的军事决定必须由希特勒本人直接决定。

1945 年 3 月 29 日，希特勒愤怒于古德里安对其战略决定的质疑，将其解雇。替代担任代理陆军总参谋长的，是参谋军官步兵上将汉斯·克雷伯斯；但在 4 月 25 日，希特勒又下令，由陆军上将阿尔弗雷德·约德尔领导的最高统帅部作战局全面负责军事行动，辅之以北方战线归海军元帅卡尔·邓尼茨指挥，南面归德国空军元帅阿尔伯特·凯瑟林指挥，完全将陆

1943 年 2 月，一名哨兵正在北方集团军群司令部站岗。他的 M1935 款头盔——依然保留着国防军"鹰标"——下面戴着毛线巴克拉克法帽。他在自己的作战制服外穿着 M1940 款厚外衣，以及 M1942 款哨兵罩靴，由毡布、皮革和木头制成。

军总司令部排除在外。

1945年4月30日，15点30分，希特勒通过服毒和枪击的方式自我了结。5月1日，约瑟夫·戈培尔继任成为总理，任命邓尼茨出任德国总统，之后很快与克雷伯斯一起自杀。邓尼茨立即开始与盟军展开谈判。5月7日，在法国东部的兰斯，凯特尔签署了所有德国部队无条件向西方盟军投降的文件，之后在5月9日又在柏林与苏联红军签订了同样的协议。本来应该在5月8日23点停火，但在斯洛文尼亚和奥地利的德国和克罗地亚部队实际顽抗到了5月15日。

资源

1943年2月2日，被围困在斯大林格勒的德军投降。1941年6—12月、1942年6—11月，在高加索地区，德军的集团军群向苏联腹地推进，投入了装甲师和空军轰炸机，突破了苏联防线并以"闪电战"战术攻击对方的指挥中心，装甲师和步兵师在"决战学说"的指引下歼灭了被分割包围的苏军。这种双轨并行的战术要求装备精良、火力强大、保障有力并能够获得相当战术独立性以及充足人力补充的机动化部队；但到1943年2月，德军的这些优势都已经丧失。从此之后，德军转而在固定地点防御，并逐步被在武器和人力上都远超自己的苏联军队所一一驱逐。

德军在1941—1942年间的进攻中付出了巨大的伤亡，到1943年2月，300万的陆军已经减员到230万。希特勒坚持重建被歼灭的部队，并部署新的师，同时还陆续成立了武装党卫军和空军战斗部队，这些都分散了资源。结果就是野战师的数量倒是增加了，但原本可成为一线部队的单位被转为支援部队以填充师级框架，已有的师实力大幅度削弱，却还被寄望于完成既定作战目标。名义上3000人编制的团，经常只有不到30%的实力；低级军官的大量损失意味着本应由上尉担任的连长，不得不由没有经验的中尉、少尉，有时甚至是上士和中士担任——而他们也往往不过只坚持数日便伤亡。

坦克的损失也相当巨大，坦克和自走炮的生产也无法与当时的苏联工业生产力相匹敌。现在的德军装甲部队经常被用作步兵支援的角色，重蹈了之前波兰人、法国人和英国人在大战初期的覆辙，反而是苏联红军开始采用了"闪电战"战术，获得了主导权。虽然此时配发的自动武器使得基层单位获得了更强大的火力，但这并不足以抵消在人力和重型武器上的缺陷。

之前德军师按照传统从划定的军区进行补充兵招募，这种区域的纽带可以给其带来强大的凝聚力和高昂

1943年4月，装甲掷弹兵正搭载在Sd.Kfz.251装甲运兵车上。他们还穿着有泛蓝深绿色衣领和肩章，并有草绿色绳边的M1935款作战上衣。头盔上有用来固定伪装树叶的绷带。

（左）1943年4月，一名下士班长，正在乌克兰东部的顿涅茨河防线的战壕里休息抽烟，并正从班级机枪站位中观测敌方动向。他在M1943款作战上衣外穿了一件M1940款芦苇绿人字斜纹布上衣，遮住了自己的军衔标识。可以看到第二版双面布料制成的头盔罩，上面有很显眼的树叶插环带，上面有31式帆布条纹伪装图案。他还携带了标准6×30战斗指挥官望远镜。

1943年4月，德军士兵正在一处俄罗斯村庄逐门逐户地搜查游击队员。左侧的士兵穿着M1942款作战上衣，M1940款芦苇绿劳作裤松松垮垮地罩在满是泥土的行军鞋上。可以看到他背上的全套步兵装具——固定在皮质M1939款Y形支撑带上的饭盒和帐篷组件，从吊索挂着的防毒面具罐，腰带上则是刺刀、面包袋和水壶。另外两人的衣领为深绿色，因此他们可能穿的是M1935款作战上衣。

的士气。1943年时，由于巨大的损失，这一体系已经崩溃，大多数时候士兵都是被不分地域地强征入伍，部队凝聚力根本无从谈起。虽然纳粹反复叫嚣要竭尽所能来"保卫德国文明对抗布尔什维克蛮夷"，并且由于惧怕遭遇对德军在苏联人民身上犯下的血债的报复。这种绝望的情绪没法取代1939—1941年间的高昂士气，但逃亡和违纪的情况持续增加。

随着东线战场逐渐退入德国本土，力量已经不济的德军师还在负隅顽抗，并不断有些个别的英勇行为，但在1945年春，随着战争大势已去，越来越多的部队尝试退往西线以向西方盟军投降，期望能够在战俘营中得到稍好一点的待遇。

陆军部队发展

1943—1945年间在东线的德国陆军被组织为4个，后来改为5个集团军群，另在巴尔干地区有第6个集团军群。包括了9个步兵集团军和4个装甲集团军，并在北极前线有一个独立的山地集团军。每个集团军下辖2—5个步兵、装甲、山地、骑兵、补充军或集团军分部，每个有着数量不等的德军和轴心国师。1944年秋季，按照武装党卫军的模式，建立了三个实力雄厚的协同攻击部队，即3个装甲军——第24装甲军、大德意志装甲军和统帅堂装甲军——每个下辖两个师和支援部队，1945年时，投入到德国东部战场。

步兵师依然是德国军队的基石，占了德军师总数的82%。1943年10月2日起，M1939编制步兵师（11246—17734人）被重组为12772人的M1944编制师，其中有11317名德军和来自苏联的1455名协助者辅助人员，人力缩减高达28%，但火力稍有增强。M1944编制师下辖三个M1944编制步兵团，每个有1987人编制，辖1个反坦克连、1个步兵炮连和2个步兵营。6个师级支援部队包括1个炮兵团（2013人）、1个辖4个燧发枪连（708人）的自行车侦察营、1个野战补充营、一个反坦克营（484人）、1个工兵营（620人）和1个通信营（379人）。2380人的师级勤务部队包括马驮和摩托化运输纵队，一个卫生连、野战医院、兽医连，宪兵部队和战地邮局。

1944年5月30日起，原有的独立补充步兵团被重组为掷弹兵旅，1944年7月13日扩充为掷弹兵师；10月9日，重命名为人民掷弹兵师，

统一划归最早于1944年8月26日成立的类似部队中。10072人编制的人民掷弹兵师是7月20日"炸弹阴谋"后的产物，理论上是具有高度政治可信度的步兵部队，受希特勒直接指挥。但通常是由厌战的部队改编而来，与M1944编制师类似，只有燧发枪连而非燧发枪营，人力编制上缩减了18%、火力配备上缩减了16%。其战斗水平从良好到不堪一击都有。

1944年12月10日，所有的步兵师都被下令改建为M1945编制师，每个有11211名德军和698名协助者。其师级勤务部队重组为一个后勤团，下辖一个摩托化运输连、2个马驮运输连，另有军械连、机械维修排、管理连、卫生连、兽医连和战地邮局。1945年3月，其人力编制进一步缩减到10728名德军和642名协助者。

M1939编制山地师有13056人，与M1939编制步兵师相同，但有2个山地步兵团和山地装备的支援部队和勤务部队。13000人的M1942编制猎兵师为轻装机动部队。第1雪地旅成立于1943年9月，有6个独立步枪营（第2、4、5、7、9、11），组建为2个雪地团；1944年6月2日扩充为一个师，在白俄罗斯的普利佩特沼泽作战，后转战斯洛伐克。保安师，在集团军群后方担任反游击队作战任务，下辖两个保安团或步兵团，或者东方（本地招募）营，另有各种支援部队和数量很少的后勤部队。1944年11月，由于丢失了全部苏联占领区和大部分波兰占领区，保安师被改组为步兵师。

摩托化步兵师是德国陆军中的精锐部队。1942—1943年间，14319人的M1940编制摩托化师，下辖2个摩托化步兵团和摩托化装备的师级支援部队及勤务部队，另有加强一个装甲营和防空营或突击炮营。1943年6月23日，被重组为M1944编制装甲步兵师（又称装甲掷弹兵师），有14738人，下辖两个摩托化装甲步兵团（每个3107人）以及一个装甲营（602人和52辆坦克）；有七个师级支援部队——1个摩托化炮兵团（1580人）、野战补充营（973人）、装甲侦察营（1005人）、反坦克营（475人）、摩托化防空营（635人）、摩托化工兵营（835人）以及摩托化通信（427人）营；另有1729人的师级勤务部队。

随着人力和装备的减少，德军装甲师的效率也持续下降。1943年9月24日，15600人的M1941编制装甲师被重组为M1944编制装甲师。有14013名德军和714名协助者，下辖一个两营制的装甲团（2006人、165辆坦克）、一个2287人的装甲步兵团（1个营为半履带车）和一个2219人的摩托化装甲步兵团；师级支援部队为一个装甲炮兵团（1451人）、一个装甲野战补充

1943年5月，一名隶属于一个装甲团的军士正在休息。他的棉布连体服可能是"战场灰"、鼠灰色或芦苇绿，甚至有可能是浅棕色。他自行加上了M1934款黑色底粉色绲边的"骷髅"领章，有铝制军士穗带的肩章，以及M1935款铝制"雄鹰胸标"，这些都是取自M1934款特殊黑色载具乘员制服。他在M1940款非军官版作战帽上戴了一个标准护目镜。

营（973人）、防空营（635人）、装甲侦察营（945人）、装甲反坦克营（475人）、装甲工兵营（874人）以及装甲通信营（463人）；另有1979人的师级勤务部队。

1945年3月24日，所有的装甲师都被重组为M1945编制装甲师，下辖一个1361人的装甲团，该团包括1个装甲营（767人、52辆坦克）以及1个半履带车装甲步兵营（488人）；另有2个摩托化装甲步兵团（每个1918人），另有与之前相同的支援部队和勤务部队。

德军有6个精锐陆军师，在人力和装备上享有优先权，但也并不能弥补他们巨大的伤亡损失，这6个师都部署在东线。1943年5月19日，大德意志摩托化师被改建为装甲掷弹兵师。1943年4月1日，勃兰登堡突击部队成为了一个5团制的师，然后在1944年9月15日改建为一个装甲掷弹兵师。1944年9月28日，这两个师组建了大德意志装甲军。成立于1939年10月1日的希特勒护卫营（元首护卫营），在1944年11月扩充为装甲步兵团，接着在1945年1月26日改建为元首护卫师。成立于1943年9月16日的希特勒步兵营（元首掷弹兵营），在1944年7月改为一个旅，之后在1945年1月26日改为装甲掷弹兵师，但原本计划成立的元首装甲军并未实施。

1943年6月1日，第44步兵师被改建为条顿骑士团大团长帝国掷弹兵师，以纪念中世纪时的条顿骑士并强调奥匈帝国的军事传统（译注：德军第44师为原奥地利部队）。1943年6月20日，由原冲锋队志愿者成立了统帅堂装甲掷弹兵师。该师在1944年7月被歼灭，在9月1日重建，在11月27日被改建为装甲师，并与第13装甲师合并组建了统帅堂装甲军，后者在1945年3月被改称第二统帅堂装甲师。

1943年4月1日起，乔治·冯·波赛拉格将原属于集团军群战术后备部队的师级侦察团中的骑兵中队陆续改建为3个骑兵团，并在1944年3—5月间成立了第3、第4骑兵旅，在1945年3月后改建为隶属于第1骑兵军的有11300人的骑兵师。

1943年10月1日，成立了第18炮兵师，下辖3个炮兵团，另有突击炮营、防空营和摩托化步兵营作为支援部队，附加勤务部队，但在9个月的实验之后，在1944年7月27日被解散。

1945年1月25日，希特勒下令将所有能够调动的部队都组建为步兵师，试图挡住红军的攻势。预备师、训练师和补充师成为了补

（左）这些德军军人搭配M1940款芦苇绿劳作裤穿戴的是白色无领衬衣，启用于1933年4月1日并在1943年夏季重新配发给东线，特别是闷热的乌克兰地区的部队。前排的士兵正从他的毛瑟Kar98k步枪上拆卸栓机准备清理。

（下）1943年6月，瓦尔特·莫德尔陆军大将，第9集团军司令，正穿着一件有"战场灰"布质衣领的皮革大衣，在库尔斯克附近向步兵们训话。前排中间的士兵装备了一个A形框架战斗装具，有毛毯、饭盒、面包袋和防毒面具罐。右边的班级轻机枪小组第一射手，携带了一挺IMG34轻机枪和一个M1934款枪管套（里面装着两根备用枪管）。

1943年10月，装甲掷弹兵携带着班级轻机枪小组需要的M1941款弹药盒。他将一件31式帆布条纹帐篷组件当作雨衣，披在作战制服外，头盔上有网罩和绷带。

1943年9月，4名低级军官，可能都是连长，正在与一个"大德意志"装甲步兵营的营长（佩戴骑士十字勋章者）商讨事宜。可以看到M1938款军官版作战帽（左）、M1934款老式带檐作战帽（右起第二人）、标准M1943款带檐作战帽（右）；采用了军官版深绿色衣领的M1940款非军官版作战上衣，以及师级袖标。

充军的大部分组成部分。1945年2月，从各地学校和驻防部队中成立了有名无实的步兵师和装甲师。12个由陆军和人民突击队（1944年7月25日成立的纳粹"国土防御"部队）组建的城镇驻防军被改建为要塞部队，以期进行最后的战斗。白俄罗斯成立了要塞军；但泽、法兰克福、歌德哈芬、什切青、希维诺乌伊希切和华沙各有要塞师；科尔贝格、科斯琴、波兹南和格尔利茨等地则"要塞化"。1945年5月后，所有这些城市，除了法兰克福之外，都划归了波兰所有。

1942年10月起，20万德国空军人员组建了21个野战师，编制为7000人的M1942猎兵师，大多数部署在东线。1943年11月1日，14个野战师转隶于陆军并重组为M1944编制步兵师，但下辖猎兵团。1945年3月29日，以劳工部门（RAD）人员和陆军骨干组建了3个步兵师，分别名为施格拉特、弗里德里希·路德维格·杨和特奥多尔·科尔纳，另有支援部队和勤务部队，但几乎没有投入过实战。

成立于1939年11月18日的陆军巡逻部队，原本负责在补充军驻地巡逻并检查离开军营的士兵的文件。1941年2月1日，被统归巡逻勤务司令管辖，另加入了对铁路卫戍营的指挥，在大型火车站检查相关文件。1944年3月1日，部分陆军巡逻部队被归入国防军巡逻勤务部门，下辖车站卫戍营，负责警卫火车和铁路枢纽。1942年1月，设立了一个离营监管司令，在巡逻勤务部门中负责检查士兵们在军营的进出事宜。另有司令部卫戍部队负责警卫重要建筑。

1943年11月27日，退伍的老兵和巡逻勤务部门中的资深人员被组建为第一至第三战地警察司令部，直接向陆军元帅凯特尔汇报，拥有超过所有勤务巡逻和宪兵的权力。每个司令部下辖一个战地警察营（1944年4月25日后改为一个团），有5个摩托化连，每个连有30名军官和90名军士，被分为30个巡逻队；这些部队部署在前线后方12英里处，有权简单粗暴地采取包括直接处决在内的手段，来维持表面上的国防军的军纪。1944年12月后，另有巡逻军的巡逻班来协助完成这项任务，每个班有1名高级军士和9名其他军衔人员。

1944年1月24日，一些陆军行政官被重新任命为勤务人员，1944年5月1日则被转隶为新成立的特别勤务部队中的两个分支——由高级军事法庭行政官担任的国防军军法勤务和由高级及上级军分区监管人员及高级发薪员担任的管理勤务。

欧洲志愿者

1943年10月20日，第250步兵师——西班牙"蓝色师"——被召回西班牙，留下了1500人的

"西班牙军团",之后也在 1944 年 3 月被召回国;留下的 2 个西班牙营,隶属于德国补充军。3 个克罗地亚军团步兵师(369、373、392)在克罗地亚战斗,一直坚持到 1945 年 5 月。第 373 瓦隆步兵营在 1943 年 6 月 1 日转为武装党卫队,接着在 1944 年 9 月 1 日,第 638 加强法国掷弹兵团也被改为武装党卫队。

从 1943 年 9 月起,德国的欧洲仆从国陆续脱离轴心国阵营,但有一小部分这些国家的士兵依然在党卫军中作战,同时一些保加利亚、匈牙利、罗马尼亚和斯洛伐克的部队则以建设部队的身份参战,或者作为个体补充到德军中。

东方部队

波罗的海诸国的部队相比其他苏维埃加盟共和国,在德国国防军中的待遇更好。1943 年 1 月 1 日,爱沙尼亚部队被改建为第 657 爱沙尼亚连和第 658—660 爱沙尼亚营,之后在 1944 年 4 月 24 日改为武装党卫军部队。从 2 月开始,为了防卫爱沙尼亚,成立了 6 个爱沙尼亚边境团(1—6),在 1944 年 9 月番号撤销。另外在 1943 年还成立了 22 个波罗的海建设营——1943 年有拉脱维亚第一到第四营,1944 年 6 月和 7 月有拉脱维亚第 314、315、325 和 328 原警察营;1943 年成立了立陶宛第一到第四营,1944 年成立了立陶宛原警察营,并在 1944 年 4 月和 5 月成立了爱沙尼亚第 1 到第 5 营。

从 1944 年 7 月 1 日起,东方部队被正式称为"志愿者",以确认他们对于德国战争的重要贡献。大多数部队被部署在后方维持治安,担任运输和建设任务,这是由于德国人并不想在激烈的战斗中考验他们所谓的忠诚。尽管个体叛逃的情况更常见,但还是有一些成建制的部队整体在前线叛变投降,但这在整个德国国防军、武装党卫军或其他军事化机构中服务的 80 万苏联人中只占了一小部分。所有协助者——"辅助者"——都完全融入了德军师中并逐渐享受同等待遇。1944 年 10 月 24 日后,对波兰协助者的征募工作被官方下令停止。

1943 年 1 月,东方营被转隶于俄罗斯解放军(ROA),名义上归苏联将军安德烈·弗拉索夫(译注:安德烈·弗拉索夫为原苏联中将,曾到中国帮助国民政府训练部队。在"二战"中先后担任军长、集团军司令,表现突出。后在 1942 年 6 月 25 日指挥苏联红军第 2 突击集团军时被德军俘虏。之后叛变,担任俄罗斯解放军总司令。1945 年 6 月向美军投降,之

1943 年 6 月,海因茨·黑尔米西中将(左侧前排)——于 1942 年 12 月 15 日—1943 年 12 月 31 日间担任东方部队总督察——正在检阅一个突厥人军团的连。他穿着 M1920 款 8 扣式作战上衣,戴 M1934 款老式带檐作战帽。这些军团士兵穿着 M1940 款热带作战上衣以及帆布腰带,适宜乌克兰和俄罗斯南部的夏季气候。可以看到黑尔米西身后的德国籍骨干人员,也穿着热带制服。左侧远端的军官穿着 M1920 款上衣,但有改版后的 M1935 款衣袋。

后被移交苏联，处以绞刑）指挥。弗拉索夫曾寄希望于整合德军中所有的俄罗斯志愿部队，以将苏联从共产主义中"解放"出来，但对东方营的实际控制权其实还是掌握在德国人手中。总共有71个东方营部署在东线战场，但从1943年10月起，其中42个隶属于被歼灭了的德军师的东方营被转到了比利时、丹麦、法国和意大利。

1944年11月14日，俄罗斯解放军（ROA）被官方改称为俄罗斯人民解放委员会武装力量——VS-KNOR——有大约5万名俄罗斯军人，但ROA的简称一直保留到了1945年5月。其第1步兵师（德军第600师）成立于1944年12月1日，曾在1945年4月短暂参与过奥得河战役，之后又叛变德国，帮助捷克起义分子在1945年5月从德军手中夺下了布拉格。第2（650）、第3（599）步兵师则没有真正完全设立。另有相似的乌克兰解放军，曾在1943年1月宣布与原乌克兰东方营人员合并成立，但事实上并未实施。

1943年8月4日，成立了第1哥萨克师，有6个骑兵团（第1、第5顿河，第2西伯利亚，第3、4库班，第6捷克），另有师级支援和勤务部队。1943年10月起，该部队部署在克罗地亚，之后在1944年11月转归武装党卫军控制，拆分为第1师、第2师，并合成第十五哥萨克骑兵军。在东线的德军师中，另有9个独立哥萨克步兵营和19个哥萨克骑兵营。

1942年7月，在波兰占领区中被解散的第162步兵师的师部人员被用来训练6个新成立的亚美尼亚、阿塞拜疆、格鲁吉亚、北高加索、伏尔加鞑靼和突厥人东方军团的营。总共有98个东方军团营成立（其中有82个营由第162师训练），其中79个营在1942—1945年间部署在东线和巴尔干战区；其中12个在1943—1944年间被调拨到法国和意大利。

1943年5月，三名俄罗斯解放军的高级军官，正在俄罗斯西北部的普什科夫。左侧的V.I.博雅斯基耶上校（后升任少将，担任副总参谋长）穿着苏联红军的M1935款卡其色作战服，戴着卡其色大檐帽。K.克罗米亚迪上校（中），为弗拉索夫的参谋长，穿着沙皇时代的夏季作战服，戴着卡其色帽；少将G.N.日连科夫（右），担任宣传部门领导，穿着一件德国陆军将官制服。所有人都佩戴了M1943款俄罗斯解放军帽徽、领章和肩章。照片中可以看到俄罗斯解放军臂章。

1943—1945年战役简介

北线

1943年2月，德国北方集团军群，在陆军上将（后升任元帅）乔治·冯·屈希勒尔的指挥下，以两个步兵集团军的兵力在东线战场的北方战区实施静态防御。第18集团军下辖26个师（20个步兵师、4个空军步兵师、1个武装党卫军步兵师、1个山地师），负责围困列宁格勒，并守住从拉多加湖到伊尔门湖的沃尔霍夫防线。第16集团军的16个师（15个步兵师、1个空军步兵师）控制着大卢基前的北部拉瓦特河防线。这条防线挺到了1943

年，但在这年的 2 月 28 日第 16 集团军从很容易受攻击的德米杨斯克突出部撤出，并在 10 月 9 日丢掉了涅瓦尔。

1944 年 1 月 14 日，红军发起进攻。此时的北方集团军群指挥员为陆军元帅瓦尔特·莫德尔，被迫从列宁格勒和伊尔门湖撤退，丢掉了诺夫哥德罗、卢加、旧鲁萨和霍尔姆。当 3 月 1 日攻势停止时，北方集团军群（此时指挥官为陆军大将乔治·林德曼，1944 年 7 月后改为陆军大将约翰内斯·弗里斯纳，然后是陆军大将费迪南德·舍尔纳）被迫退到位于爱沙尼亚和拉脱维亚的黑豹防线。红军在 7 月 10 日再次发动进攻，在 7 月 21 日占领了奥斯特罗夫，在 7 月 23 日占领了普斯科夫，在 28 日占领了纳尔瓦，并在 8 月 25 日攻破德军重点设防的塔尔图，在 7 月 27 日攻破拉脱维亚东部的陶格夫匹尔斯。

1944 年 9 月 14 日，红军又一次发动攻击，占领了爱沙尼亚和拉脱维亚北部。北方集团军群在 10 月 11 日从里加撤退，但在抵达利耶帕亚－图库姆斯防线前被切断后路，围困在拉脱维亚海岸，希特勒拒绝下令突围或施以援手。1945 年 1 月 25 日，该集团军群改称"库尔兰"集群（以拉脱维亚的库尔兰省命名），改由陆军大将海因里希·维廷霍夫指挥，接着是陆军大将洛塔尔·雷杜里奇和陆军大将卡尔·希尔佩特。在 1945 年 5 月 8 日前，该集群在 6 个月的"库尔兰战役"中抵挡住了红军的多次进攻。

北极战线

拥有 6 个师的第 20 山地集团军（2 个步兵师、3 个山地师、1 个武装党卫军山地师），由陆军大将爱德华·迪特尔指挥（1944 年 6 月后改为陆军大将雷杜里奇），在苏联卡累利阿地区建立了一条防线，固守佩琴加的镍矿。1944 年 12 月 7 日，芬兰与苏联签订停火协议，并向德国宣战。在苏联－芬兰联军的压力下，第 20 集团军退入了挪威，以国防军挪威司令部的番号，在山地兵上将弗兰兹·伯梅的指挥下防守该地。

中线

1943 年 2 月，由京特·冯·克鲁格指挥的中央集团军群，在俄罗斯西部建立了勒热夫－奥廖尔－哈尔科夫防线。3 月时，其下辖 5 个集团军（第 2 装甲、第 3 装甲，第 2、第 4、第 9 步兵），共计 81 个师（12 个装甲师、1 个武装

1943 年 9 月，德军步兵正在休息。所有人都穿着 M1942 款作战上衣，戴着 M1943 款作战帽。可以看到左侧和右侧的两名下士班长佩戴的银质步兵突击章，另外还有高级军士的衣领穗带和肩章穗带。

党卫军装甲师、53个步兵师、5个摩托化师、1个武装党卫军骑兵师、6个空军师、3个匈牙利师）。

1943年3月24日，第9集团军从勒热夫和维亚济马突出部撤退。7月4日，第9集团军和第4装甲集团军（南方集团军群）的17个装甲师和26个其他师在堡垒行动中对苏联防线的库尔斯克突出部发起了进攻，成为史上最大规模的坦克战；但在7月17日，攻击被迫取消，德军只占领了很小一部分区域，却付出了巨大的人员和装备损失。之后红军发动反击，在8月1日占领奥廖尔，在9月24日占领斯摩棱斯克和罗斯拉夫，在11月26日占领高美尔；由陆军元帅恩斯特·布施指挥的中央集团军群，被迫退入白俄罗斯。

1943年10月，德军士兵在一个三脚架上操纵一挺IMG34机枪，以获得稳定火力。第二射手的头盔上用橡胶绷带固定着伪装树枝。在他的腰带上是卷起来的M1931款帐篷组件。

1944年6月22日，大约250万人的苏联红军开始进攻仅有40万人的德国中央集团军群，此时的德军指挥官为陆军元帅瓦尔特·莫德尔。红军在6月27日占领维特伯斯克，在6月28日占领莫吉廖夫，29日占领博布鲁斯克，7月4日占领明斯克，消灭了30万德军并事实上歼灭了该集团军群。到7月中旬，红军已经收复了白俄罗斯全境并推进到立陶宛东部，在7月12日和30日分别收复维尔纽斯和考纳斯，接着攻入波兰东部，在7月28日占领布列斯特－立陶夫斯克，在7月29日占领比亚韦斯托克，接着在7月31日占领华沙东部。苏联红军在维斯瓦河畔停止了进攻，任由德军镇压了由波兰祖国军发起的华沙起义（1944年8月1日—10月2日）。1944年8月，陆军大将乔尔格－汉斯·莱因哈特接任中央集团军群指挥官一职。

1945年1月12日，红军重新发起进攻，在1月17日占领了华沙并推进到德国东部；他们于2月3日在奥得河停止攻势，到2月23日已经占领了东普鲁士大部分地区。1945年1月25日，中央集团军群被改为北方集团军群，由陆军大将雷杜里奇指挥（1945年3月后，为陆军大将瓦尔特·魏斯），有25个师（2个装甲师、1个空军装甲师、1个空军掷弹兵师、21个步兵师），困守柯尼斯堡和扎姆兰半岛。1945年3月17日，红军发起进攻，在4月9日占领柯尼斯堡，在4月21日占领扎姆兰。

1945年1月24日，"维斯瓦"集团军群成立，由党卫军帝国元首海因里希·希姆莱指挥（3月起为陆军大将歌德哈特·海因里希指挥；4月起为空军大将库尔特·斯图登特指挥），下辖47个师（3个装甲师、35个步兵师、7个武装党卫军师、1个海军步兵师、1个伞兵师），分别隶属于第3装甲集团军、第2和第9集团军，负责防守奥得河前线和波美拉尼亚

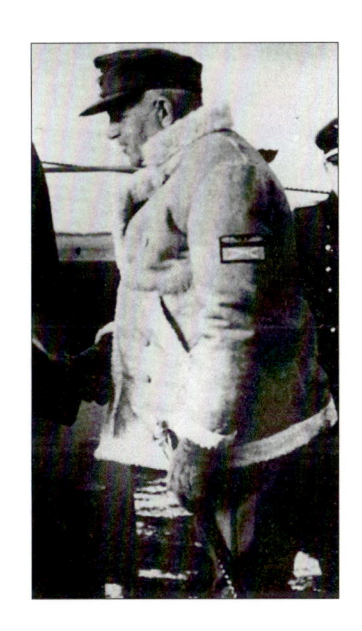

陆军元帅恩斯特·布施，中央集团军群司令官，1943年11月，戴着一顶M1943款带檐作战帽。另有自行采购的羊皮上衣，其上有黑底金色的M1942款军衔臂章。M1935款马裤上有将官版亮红色绲边和条纹。他携带了一根元帅典礼黑色权杖，上有银质握把和德国国家色的流苏。

海岸。2月24日，红军发起进攻，在3月18日占领了科尔贝格，在3月30日占领了但泽。4月16日苏联军队开始进攻由第9集团军防御的柏林。5月1日，柏林守军投降，5月3日红军与英国及美国军队在易北河会师。

南线

1943年2月，德军南方集团军群在顿涅茨河防御乌克兰占领区，该集团军群是在2月12日由原顿河集团军群改编而来，由陆军元帅埃里希·冯·曼斯坦因指挥，下辖第1、第4装甲集团军，肯普夫集团军级集群（后改编为第8集团军），以及霍利德集团军级集群（后改编为第6集团军），共有32个师（7个装甲师、17个步兵师、2个摩托化师、4个武装党卫军掷弹兵师、2个空军师）。克里米亚和塔曼半岛则由陆军元帅埃瓦尔德·冯·克莱斯特指挥的A集团军群防御，下辖20个师（1个装甲师、7个步兵师、2个猎兵师、2个山地师、1个空军师、6个罗马尼亚师、1个斯洛伐克师），都隶属于第17集团军，后在1943年10月又调入了第6集团军。

1943年2月，红军从斯大林格勒发起进攻，在2月8日占领了库尔斯克，2月9日占领了别尔哥罗德，2月14日占领了顿河畔罗斯托夫，2月16日占领了哈尔科夫。曼斯坦因以第1装甲集团军在2月19日发动反攻，在3月15日夺回了哈尔科夫。7月17日，苏联红军再次猛攻，8月5日夺下别尔哥罗德，8月23日夺下哈尔科夫；9月30日南方集团军群退到第聂伯河，并在11月6日放弃了基辅。A集团军群在10月9日从塔曼半岛撤退；在10月31日，第17集团军被包围在克里米亚。

1943年12月24日，红军恢复了攻势，从顿涅茨河的桥头堡阵地向南方集团军群发起进攻，在12月31日占领了日托米尔，1944年2月7日占领了尼克波尔，在2月15日完成了契尔卡塞包围圈，2月22日占领克里沃罗格，并在3月27日抵达罗马尼亚边境的喀尔巴阡山脉，4月15日进抵波兰南部的布洛迪和塔尔诺波尔。德军第6集团军从乌克兰南部退出，在1944年4月10日放弃敖德萨，同时第17集团军在5月9日丢掉了塞瓦斯托波尔，依靠海路从克里米亚撤入罗马尼亚。

1944年3月30日，在波兰南部的南方集团军群被改编为乌克兰北方集团军群，由陆军元帅瓦尔特·莫德尔（6月后改为陆军大将约瑟夫·哈尔佩）指挥，下辖3个集团军（第1、第4装甲集团军，匈牙利第1集团军）。7月12日红军发起进攻，在7月22日占领布洛迪，7月23日占领卢布林，7月27日占领利沃夫。9月23日，该集团军群又被重命名为A集团军群，调入了第17集团军。1945年1月12日，苏军发起的新攻势重创了该集团军群，1月25日，改名为中央集团军群，由陆军大将费迪南德·舍尔纳指挥（4月晋升陆军元帅），下辖3个集团军（第1、第4装甲集团军，第17集团军）。苏联红军在1月19日占领克拉科夫，在1月25日抵达

（左）1943年12月，一名装甲掷弹兵身处冰雪覆盖的战壕中。他穿着M1942款两面穿垫絮冬季罩服，袖子上有彩色战地标识，搭配垫絮长裤。在白色的M1935款头盔下有一顶"战场灰"无边帽。共有8种不同的战地标识佩戴方式——黑色或红色臂环，佩戴在左臂、右臂或双臂上；左臂黑色，右臂红色；左臂红色，右臂黑色。

1944年3月，陆军元帅埃里希·冯·曼斯坦因，南方集团军群司令官，正在与乌克兰中部切尔卡瑟包围圈中的部队交谈。他戴着自行采购的毛帽，并在M1935款大衣上加上了毛领。曼斯坦因左侧的副官，佩戴了亮光铝制丝线饰绳，戴了M1934款老式作战帽。

奥得河。接着苏军穿过捷克斯洛伐克，在1945年4月4日占领了布拉迪斯拉夫，在5月9日占领了布拉格。

1944年3月30日，位于罗马尼亚的A集团军群被改为乌克兰南方集团军群，下辖5个集团军（第6、8、17集团军和罗马尼亚第3及第4集团军），归陆军大将舍尔纳（7月后改为陆军大将约翰内斯·弗里斯纳）指挥。8月20日，红军开始进攻，在8月22日占领拉斯，在8月24日占领基什尼奥夫。罗马尼亚和保加利亚于8月23日和9月8日分别倒向同盟国。8月23日，该集团军群撤入匈牙利占领的特兰西瓦尼亚北部，改编为南方集团军群，下辖四个集团军（第6、第8集团军，匈牙利第2、第3集团军）。

1944年10月，苏军穿过匈牙利东部，在10月20日占领德布勒森，并从1944年12月20日到1945年2月13日围困了布达佩斯。该集团军群，现在由步兵上将奥托·沃拉赫指挥，在1945年3月16日之前困守匈牙利西部，之后红军恢复进攻，在4月1日进入奥地利东部，并于4月13日占领了维也纳。4月30日，该集团军群被改编为厄斯特马克集团军群，下辖3个集团军（第6、第8集团军，武装党卫军第6装甲集团军），由陆军大将雷杜里奇指挥，并在1945年5月9日投降。

1944年9月，德军的南线战场和巴尔干战场合并。红军在1944年9月27日进入南斯拉夫，在10月19日从德军F集团军群（第2装甲集团军、塞尔维亚集团军级集群、E集团军群）手中夺下了贝尔格莱德。11月，E集团军群从希腊和阿尔巴尼亚撤退；12月，第2装甲集团军被重新部署到匈牙利南部，F集团军群在克罗地亚军队的协助下在波斯尼亚－塞尔维亚边境建立了一条防线。最初这条防线扛住了由苏军、保加利亚和南斯拉夫游击队在3月15日发起的一次猛攻，之后E集团军群成建制有秩序地，陆续于4月7日从萨拉热窝、5月4日从里耶卡及5月8日从萨格勒布撤离。最终，该集团军群在1945年5月15日在奥地利南部投降。

陆军制服

军官版常服

这套制服同时也是实习少尉（上级旗手或同等军衔）的制服，包括M1935款军官版大檐帽、M1935款带勋带军官版作战上衣，M1935/M1940款军官版作战大衣、M1934款军官版棕色皮质腰带和军官版马裤搭配军官版黑色皮质高帮靴、灰色绒面手套、手枪和枪套。

上等质地的"战场灰"大檐帽有泛蓝深绿色饰面布帽墙，并有兵种色饰面布绲边，纯黑色帽檐和亮光铝线颏带。其上有 M1935 款铝制"鹰标"、铝制国家帽徽和橡树叶花环图案。将官有金线或金黄色人造丝线的帽沿绲边及丝线颏带，从 1942 年 11 月 16 日起，还采用镀金标识。

上等质地的"战场灰"布料 M1935 款上衣，在 1941 年 5 月 26 日进行了改进，有 6 颗亚光灰色衣扣、4 个明贴袋、后翻式袖口和泛蓝深绿色衣领。作战服质地的标识包括，泛蓝深绿色底的 M1935 款军官版铝制螺纹线"雄鹰胸标"，M1935 款军官版泛蓝深绿色领章，上有手工刺绣的近卫穗带及兵种色中央条纹，并有兵种色底的军衔肩章；将官为金色衣扣，礼服质地的金质螺纹线或人造丝线"雄鹰胸标"，亮红色领章上有金色"双叶"拉里施纹路（元帅为"三叶"）。从大约 1943 年 12 月起，有的上衣采用了翻领设计，通常由将官或参谋军官穿着。

"战场灰"大衣有两排 6 颗衣扣以及泛蓝深绿色或"战场灰"衣领（1942 年加宽），将官另有亮红色翻领里衬。将官的石灰色或战场灰马裤上有亮红色裤缝绲边及条纹，参谋军官为深红色。黑色皮质高帮靴搭配马刺穿着。从 1943 年 7 月 27 日起，棕色皮带改为黑色，但该命令在 1943 年 10 月 30 日被取消。

非军官版常服

技术军士、高级军士和许多低级军士的常服包括非军官版 M1935 款大檐帽或 M1935/M1942 款作战帽、M1935 款作战上衣和 M1935 款作战大衣。M1940 款长裤搭配黑色皮质行军鞋，或 M1943 款束带长裤搭配 M1941 款"战场灰"帆布短袜（这被士兵们嘲讽为"撤退绑腿"或"铁木辛哥袜"）以及黑色及踝绑带鞋。黑色皮质腰带上有铝制带扣（启用于 1936 年 1 月 24 日，1941 年起采用"战场灰"涂装）以及装手枪的枪套，另有灰色绒面手套。其他低级军士和士兵始终戴作战帽，在腰带上搭配刺刀和刀鞘。

非军官版大檐帽与军官版相似，但采用"战场灰"斜纹布，有黑色漆皮或硫化纤维颏带。M1935 款非军官版"战场灰"作战帽有鼠灰色机器刺绣"鹰标"，"战场灰"底，另有长菱形上的三色国家帽徽。M1942 款非军官版作战帽，启用于 1942 年 7 月 21 日，有双层里衬护耳，可以翻折下来并在下巴处扣合以应对寒冷天气。在这款帽子上可以佩戴第四版 M1939 款山地帽标识——鼠灰色编织"鹰标"和国家袖标，都缀在"战场灰"T形底面上。

1944 年 1 月，这名受伤的步兵在作战服外穿了一件 M1942 款两面穿垫絮冬季上衣，坐在一个简单的担架上，与他的同伴一起等待从师级卫生连派来的卡车。左侧的士兵，可能是一名军士或军官，穿着 M1942 款两件套宽松雪地棉质外套，在右臂上有红色的战地标识。他的装备包括 M1938 款折叠铲，M1931 款饭盒、面包袋、水壶和 M1935 款地图盒。中间的士兵，是一名医护人员，穿着 M1935 款大衣，在腰带上的两个医疗包里装着战地绷带。

M1943 款带檐作战帽，启用于 1943 年 6 月 11 日，并迅速配发给了野战军和补充军部队。该作战帽使用劣质"战场灰"制服布制成，有两个小的灰色护耳扣，另有帽檐（在实际使用中很快就会弯成新月状）。其上佩戴 M1942 款作战帽标识。

M1940 款"战场灰"上衣有 5 颗（从 1941 年 5 月 26 日改为 6 颗）亚光灰色衣扣，非军官版 M1940 款有鼠灰色"雄鹰胸标"。M1940 款还有标准穗带领章。军士佩戴鼠灰色 M1940 款人造丝线或人造纤维呢质衣领边缘穗带。M1942 款非军官版作战上衣去掉了口袋折褶设计，M1943 款上衣则采用方形口袋翻盖。M1943 款束带长裤在臀部有加强补丁，并在脚踝处收口。

M1940 款非军官版"战场灰"作战大衣和军官版相同，但采用了非军官版布料和标识。M1942 款改版有更宽大的衣领，以期在寒冷天气中能够提供更多保暖性。

外出制服

当外出或休假时，军官穿常服，有时会穿 M1937 款军官版绲边作战上衣，搭配直筒"战场灰"长裤，不配腰带、枪套和手枪。技术军士和高级军士戴大檐帽，穿作战上衣或大衣、长裤及黑色皮质及踝鞋和腰带和神枪手饰带，低级军士和士兵另加有刺刀装饰节的带鞘刺刀。

军官版作战制服

在战场上，所有军官（除了排长）穿非军官版 M1940 / M1942 / M1943 / M1944 款作战上衣，戴 M1935 / M1942 款钢盔或 M1938 / M1943 款作战帽，穿军官马裤搭配高帮鞋或非军官版长裤搭配 M1941 款短袜和黑色及膝绑带鞋。

1939 年 10 月 31 日所有战斗部队的将官以下军官被命令穿着非军官版作战上衣、黑色皮带、长裤和行军鞋，以免在战斗中过于显眼；但大部分军官裁短了上衣下摆，加上了军官版后翻袖口，口袋有折褶设计，使用军官版领章，以及形状更尖锐的泛蓝深绿色衣领。1943 年 7 月 23 日后，禁止军官佩戴非军官版黑色腰带，改为泛黑的军官版 M1934 款棕色腰带。

1944 年 4 月，罗马尼亚东北部。这张照片可以确定无疑是拍摄的陆军中将哈索·冯·曼陀菲尔（中），大德意志装甲掷弹兵师指挥官，戴着他的 M1934 款老式作战帽，穿着皮革大衣，携带有黑色人造树胶镜头盖的 10×50 彩色双筒望远镜。他正在与一名穿着羊皮大衣的军官交谈。右侧的大德意志装甲掷弹兵团上尉穿着芦苇绿人字斜纹布的 M1942 款装甲部队牛仔制服，有一个很大的左侧腿袋。可以看到各自搭配的领章，有镀金 GD 交织首字母的肩章。在后方左侧是一名罗马尼亚将官和上尉。5 个月后，罗马尼亚变换阵营并对德国宣战。

表1：德国陆军军衔标识
1942年8月22日—1945年5月8日

这种标识佩戴在左肩下方10厘米处，包括M1938款山地部队风衣、雪地衬衫、M1935款灰色装甲部队衬衣、M1940款卡其色热带衬衣、M1940款芦苇绿劳作上衣、M1941款连体服、M1941款略微率衬衣、羊皮大衣、M1941款和M1942款装甲部队牛仔上衣、M1942款两面穿与伪装冬季上衣、M1942款伪装罩服、M1943款带兜帽伪装罩服、M1942款芦苇绿劳作作战服和M1943款山地部队大衣，均以肩章固定件。低阶（上等兵-上级掷弹兵）通常不佩戴军衔臂章，但在M1935款灰色装甲部队衬衣和M1940款卡其色热带衬衣上除外。

下列军衔为德军战斗步兵军衔，括号内为特殊军官军衔，启用于1944年8月10日，斜体字为军事行政官军衔（以1942年战地邮局军官军衔为例），启用于1943年7月15日。

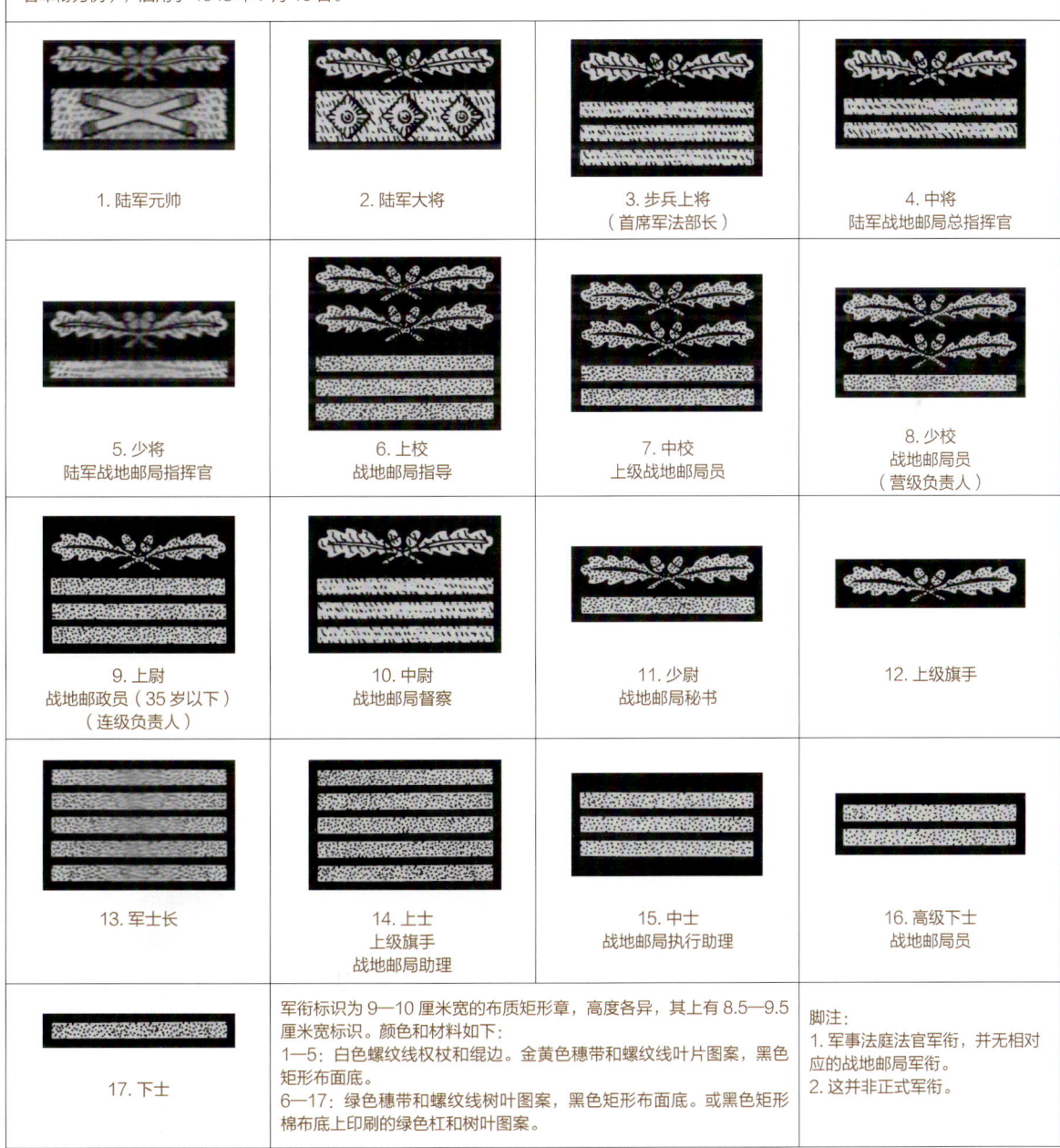

1. 陆军元帅	2. 陆军大将	3. 步兵上将（首席军法部长）	4. 中将 陆军战地邮局总指挥官
5. 少将 陆军战地邮局指挥官	6. 上校 战地邮局指导	7. 中校 上级战地邮局员	8. 少校 战地邮局员（营级负责人）
9. 上尉 战地邮政员（35岁以下）（连级负责人）	10. 中尉 战地邮局督察	11. 少尉 战地邮局秘书	12. 上级旗手
13. 军士长	14. 上士 上级旗手 战地邮局助理	15. 中士 战地邮局执行助理	16. 高级下士 战地邮局员
17. 下士	军衔标识为9—10厘米宽的布质矩形章，高度各异，其上有8.5—9.5厘米宽标识。颜色和材料如下： 1—5：白色螺纹线权杖和绳边。金黄色穗带和螺纹线叶片图案，黑色矩形布面底。 6—17：绿色穗带和螺纹线树叶图案，黑色矩形布面底。或黑色矩形棉布底上印刷的绿色杠和树叶图案。		脚注： 1. 军事法庭法官军衔，并无相对应的战地邮局军衔。 2. 这并非正式军衔。

1944年9月25日，启用了M1944款作战服，成为了所有军阶的标准作战服，取代了所有现存的制服。其中及腰的作战上衣，采用了被命名为M1944年"战场灰"的泛棕色灰绿色低劣布料，有6个前襟扣和2个无折褶方形翻盖胸袋。军官佩戴非军官版M1940款战场灰近卫穗带，直接绣在衣领上，或是军官版

将官享有在制服着装条例方面更大的自主权。在北非战场上表现卓越的少将弗里茨·拜尔莱因，在1944年1月10日被提拔为新近成立的精锐部队装甲教导师的指挥官。此图拍摄于1944年4月的匈牙利，他穿着军官版M1935款作战上衣，配将官版金色拉里施刺绣的亮红色领章；戴了没有将官版金色丝线帽冠绲边和前翻片绲边的标准M1943款作战帽，但有一个非官方的镀金铝制"鹰标"和纳粹卍字符，取自M1937款白色礼服上衣。他的M1940款大衣上没有将官的亮红色饰面布翻领里衬，佩戴着有橡树叶图案的骑士十字奖章。

M1935款领章。军官的"雄鹰胸标"既有缀在"战场灰"三角底布非军官版M1944款鼠灰色编织纳粹"鹰标"，也有军官版泛蓝深绿色底布上的军官版M1944款铝制螺纹线"雄鹰胸标"，或是泛蓝深绿色底布上的M1935款军官版铝制螺纹线"雄鹰胸标"。将官佩戴礼服质地的M1935款金色螺纹线或M1938款人造丝线"鹰标"。M1944款长裤，也同样采用"战场灰"，有内置腰带，并在脚踝处用拉带收紧。

M1935款钢盔，采用亚光泛绿灰色涂装并对表面进行了糙化处理，左侧有黑色底上的银色/白色国防军"鹰标"，在1943年8月28日废除。M1942款头盔，启用于1943年4月20日，为了简化生产省去了边缘卷边；但直到1943年前在战场上并不常见。无帽檐的M1938款军官版战场灰斜纹布作战帽有铝制螺纹线绳边，另在泛蓝深绿色底布上有铝制丝线刺绣帽徽和铝制螺纹线"鹰标"，将官采用金色螺纹线或人造丝线。M1934款旧式带檐作战帽，1942年4月1日起被官方废除，但有些军官和军士一直佩戴到1945年5月。有的军官自行戴非军官版M1942款作战帽，有铝线绲边（将官为金线）。军官们还会戴M1943款带檐作战帽，有铝线（将官为金线或人造丝线）帽冠绲边，偶尔会佩戴非军官版"鹰标"和帽徽。

担任步兵排长的尉官佩戴非军官版黑色腰带，上面挂84/98式刺刀和刀鞘，采用M1939款刺刀环扣，通常固定在短柄铲或M1938款折叠铲的盒子上。另有M1941款帆布面包袋、M1931款水壶和水杯、皮质M1935款文件盒。黑色皮质M1920款军官版支撑带固定了3组第1款泛绿棕色"战场灰"帆布MP38/40冲锋枪弹匣袋中的2组。防毒披肩装在泛绿棕色或"战场灰"涂胶帆布或麻布袋里，通常用橡胶绷带或绑带固定在"战场灰"涂装的M1930款防毒面具罐外。防毒面具罐用吊带从肩上挂下，或是捆在面包袋上。蔡司6×30双筒望远镜挂在胸前，信号哨则用一根折褶饰绳固定在胸袋扣子上，另外在肩章扣上挂着一个手电筒。

非军官版作战制服

非军官人员穿常服作战，越来越多地出现短袜和及踝绑带鞋，相比军官增加了钢盔，去掉了大檐帽，但一些军士还是佩戴着M1934款旧式带檐作战帽。技术军士和高级军士携带黑色枪套里的手枪；担任步兵排长或班长的军士佩戴与尉官排长一样的装备，但采用非军官版M1939款Y形步兵支撑带。

非军官版M1944款作战上衣与军官版的区别在于使用了M1944款"战场灰"圆底肩章，有兵种色绲边，M1940款"战场灰"近卫穗带直接绣在衣领上，另有非军官版M1944款鼠灰色"鹰标"，缀在战场灰编织三角形布面底上。军士不佩戴衣领边缘穗带。

大多数军士和士兵佩戴标准步兵装具，腰带上挂84/98款刺刀、

M1938 款折叠铲、M1931/M1944 款面包袋和 M1931 款水壶、水杯。M1939 款步兵 Y 形支撑带和 D 形环在前方固定了 3 组步枪弹药袋中的 2 组，背后是 M1939 款"战场灰"帆布 A 形框架，上有 M1931 款泛绿棕色涂装的铝制饭盒、M1931 款伪装帐篷组件、帆布战斗背包和捆在防毒面具罐上的防毒披肩。

夏季作战制服

1941 年夏季，许多部队将 M1940 款训练服用作夏季作战服，包括芦苇绿人字斜纹棉布上衣，有 5 颗衣扣和 2 个明贴袋，另有长裤。军官和军士加上了肩章军衔标识，所有军阶都佩戴"雄鹰胸标"。

M1941 款芦苇绿套头衫启用于 1942 年早期，在温暖气候中作为外穿衣物，有 5 颗白色塑料衣扣，从 1942 年中期起增加了 2 个胸袋，有折褶版和无折褶版，翻盖为三角形。作战服质地的肩章军衔标识以及 V 形臂章一直使用到了 1945 年 5 月，但其实在 1942 年 8 月 22 日后曾经官方发布了一套特殊的臂章军衔系统，但并没有推广。

M1942 款芦苇绿人字斜纹布上衣，启用于 1942 年早期，但在 1943 年夏季前并未广泛穿着。与 M1943 款作战上衣的样式相同，有方形翻盖的无折褶胸袋。作战服质地的军衔标识和"雄鹰胸标"。军官佩戴 M1935 款领章，军士和士兵将 M1940 款战场灰近卫穗带直接绣在衣领上，与之搭配的裤子出现在 1942 年。1944 年 9 月 22 日官方启用了一种芦苇绿训练服版本的 M1944 款作战上衣和长裤，但几乎可以肯定根本就没有生产过。

冬季衣物

冬季制服，最早在 1942 年 3 月前开始配发，包括"战场灰"桶状毛线巴拉克拉法帽、加厚毛线内衣、M1936 和 M1942 款毛衣、"战场灰"毛线手套、"战场灰"哨兵双排扣大衣和毡布罩靴、载具驾驶员的 M1934 款或 M1940 款厚大衣、毛皮里衬手套、师级和摩托车手的手部罩套。许多部队用平民版羊毛大衣或缴获的红军羊毛帽及作战棉衣作为补充。其他配发的冬季衣物包括羊皮大衣、毛皮帽、穿在大衣下制服外的棕色夹袄和裤子、加装了皮革的毡靴；还有山地部队在战前配发的长及小腿的白色棉布"雪地袜"。M1933 款奶油色或灰白色人字斜纹棉布作战上衣，可以当作雪地伪装服。1943 年初启用的 M1942 款波罗领毛衣的领子，可以拉起来盖到嘴巴以上以保暖。

M1942 款两面穿夹层白色/"战场灰"冬季上衣，

1944 年 4 月，一名突击炮旅的少校指挥官——佩戴骑士十字奖章者——正在和一名营长商讨。前者戴着一顶 M1943 款作战帽，但没有条例规定的军官版铝制丝线绲边；另有佩 M1935 款军官版领章的 M1940 款特殊灰色作战上衣（1944 年 5 月 7 日被下令改为红色绲边的"战场灰"领章）。营长戴着老式的作战帽，穿着摩托车手的 M1934 款橡胶作战大衣，扣子上挂着一个作战手电筒。

从 1942 年秋天开始配发，有薄版（一层白色薄布和两层"战场灰"厚布）、中版（一层白色薄布和两层"战场灰"厚布，毛线里衬）以及厚版（一层白色和一层"战场灰"厚斜纹棉布，中间絮棉）。这款上衣长度及腿，腰部和袖子有松紧绳，6 颗白色／"战场灰"前襟扣，两个斜翻盖的斜腰袋，另有带松紧绳的内置罩帽。左右两臂上各有一颗小扣子固定了彩色布质战场标识，用以区别德军和苏军。M1942 款长裤采用了同样的双面布料，有两个斜裤袋，同样为斜翻盖，在脚踝处有松紧绳。搭配这款制服穿戴的 M1942 款加皮白色雪地毡靴，另外还有不受欢迎的两面穿独立罩帽和面具。

从 1942 年末起，生产了总计 4 款其他雪地伪装制服，从 1943 年初开始装备部队。宽大的 4 扣 M1942 款雪地罩服有侧面通气孔，穿在作战服和大衣外。M1942 款两件套雪地服包括宽大的 3 扣式棉布上衣，有家常的袖子、内置罩帽，另有长裤，非常便于清洗。M1942 款山地部队雪地制服，包括两面穿白色／"战场灰"厚夹克和罩裤，配发给了所有类型的作战部队。长度及腿的 M1942 款厚夹克有带松紧绳的内置罩帽；另有腰部和袖口松紧绳，颈部用 6 组扣眼绑带拉紧，并有 3 扣式前襟；另有硕大的无折褶中央胸袋，为三角形翻盖，两边是两个小一些的折褶口袋；另有两个类似的折褶侧袋，同样有固定战场标识的臂扣。其罩裤在脚踝处有松紧绳。

伪装服

1920 年代，意大利陆军就开始配发伪装帐篷半组件，但到 1930 年 6 月 26 日，德国陆军才开始配发第一款 M1930 三角形帐篷 1/4 组件（31 式帆布条纹），采用紧密的棉质机织斜纹布。之后最终发展为双面布料的第一款浅／深绿棕色卡其色带角的"碎片"伪装图纹，既可以用作帐篷组件，也可以用作穿在作战装具外的雨衣；1939 年后，也会穿在作战装具下当作夏季伪装披风使用。

M1942 款无领两面穿 31 式帆布条纹伪装／白色罩服，采用人字斜纹机织布，设计参考了武装党卫军的 M1938 款罩服，穿在作战携具外，从 1942 年 4 月后有小规模配发。其胸前有 5 组扣眼，用拉索系紧；胸前有两个缝口，为纵向或斜向的带扣或不带扣开口，可以让人将手伸进去够到作战上衣的胸袋；另有腰部松紧绳，以及两个有三角形带扣翻盖的侧袋和带扣袖口。为其设计了 M1942 款军衔臂章，但通常不会佩戴。罩裤采用了同样的布料，剪裁与 M1942 款雪地制服类似。第一版 M1942 款 31 式帆布条纹伪装／白色头盔罩很快就研发出了第二版，有 5—7 个布质树叶环，用以固定伪装的树叶。两个版本都在头盔卷边下用松紧绳拉紧固定。

另外从 1942 年 4 月起还生产了一小批 M1942 款垫絮两面穿白色／"战场灰"冬季上衣、长裤和手套，也是采用的 31 式帆布条纹伪装／白色两面布料，在 1942—1943 年冬季配发部队。同时还有采用 31 式帆布条纹布

1944 年 4 月，一名步兵一等兵穿着一件有大衣领的 M1942 款大衣，其 M1940 款肩章上有步兵的白色绲边，另有深绿色饰面布三角底的 M1935 款军衔臂章，以及库班战役盾形纪念章。

料和沼泽图案的非两面穿版本。M1944 款伪装围裙，为无袖、无袋的罩服，在胸前用带扣前襟闭合，采用 31 式帆布条纹布料或沼泽图纹人字斜纹布料。

后来生产的罩服和冬季上衣都采用了沼泽伪装图纹——为卡其色或泛灰绿色底布上的棕色和绿色团；第二版 M1943 款带尖角"碎片"伪装图纹，启用于 1943 年中期；之后在 1944 年中期启用了第三版圆形的"斑点"伪装图纹。M1943 款非两面穿罩服只采用了沼泽伪装图文，有 6 组前胸扣眼和内置罩帽，主要配发给狙击手和部分装甲掷弹兵部队。

德国空军野战师的人员，在 1943 年 9 月转隶陆军，但经常保留了他们很有特色的 M1942 款长度及腿的上衣，采用厚防风人字斜纹布料制成，上有伞兵的空军版"碎片"伪装图纹，或采用沼泽图纹；其有 5 颗前襟扣，带扣袖口以及两个大腿暗袋，有方形带扣翻盖。另佩军衔肩章和"雄鹰胸标"。

伪装服在德军中很受欢迎，有的人员，特别是军官，穿自行采购的 M1943 款作战上衣搭配 M1940 款长裤或 M1944 款作战上衣和长裤，以及 M1940 款特殊装甲乘员上衣和长裤，但都采用 31 式帆布条纹或沼泽图纹的人字斜纹布料。

军衔标识

1942 年 8 月 22 日，德国陆军在 M1935 款空军飞行服标识的灵感借鉴基础上，启用了新的军衔臂章，佩戴在左臂上方，详见表 1。但在 1944 年前，这种臂章并没有大规模推广，并且不怎么受欢迎。德军经常在冬季上衣和外套上去掉这一臂章，取而代之的是在灰色、卡其色和芦苇绿衬衣、训练服上加上肩章。

兵种标识

兵种标识详见表 3。1944 年，最高统帅部认识到，从 1939 年起就已经允许如大德意志师等精锐部队佩戴的部队标识，可以提高士气并帮助宪兵迅速辨别人员身份。这些需要目前已经远远超过了战场保密的要求，总体的军事局势已经陷入了绝望之中。因此，从 1944 年 2 月 16 日开始，所有野战军和补充军的成员下令佩戴彩色兵种色的链式针法兵种和部队标识，缀在"战场灰"（装甲部队为黑色）的肩章滑片环带上。大多数军官和高级军士只需要简单地将之前就允许在非战场情况下佩戴的金色或银色字母及数字固定在肩章上就好。事实上，在官方正式许可之前，就已经有许多

1944 年 9 月，一名自走反坦克部队的上等兵。他穿着有粉色绲边"战场灰骷髅"领章的 M1940 款特殊战场灰制服。佩 M1940 款鼠灰色编织"雄鹰胸标"，另有代表他用手持武器独自击毁四辆坦克的坦克击毁纪念章；还有一级铁十字奖章和二级铁十字勋带，以及一枚难以辨识的奖章。他的 M1935 款作战帽上还有 1942 年 7 月 10 日已经下令废除的粉色兵种色 V 形纹。

军人在战场上佩戴着部队标识。

坦克手特殊黑色制服和标识

装甲团中的大部分人员与师部的许多人员都穿着启用于1934年11月12日的黑色制服，包括头盔或作战帽、作战夹克和长裤、深灰色衬衣、黑色领带和黑色绑带鞋或行军鞋（后者从1941年1月18日后只允许装甲工兵连的人员穿着）。

黑色的M1940款军官版作战帽，有铝制螺纹线帽冠饰绳和前翻盖绲边，与M1940款非军官版作战帽一样，从1942年7月10日后都去掉了兵种色V形纹。另有一种黑色呢质M1942款非军官版作战帽曾经小规模配发。1943年6月11日，为装甲部队设计了M1943款带檐作战帽，采用黑色布料。军官和军士还喜欢戴"战场灰"军官版M1935款大檐帽、M1934款带檐作战帽或M1938款作战帽，或非军官版M1935款大檐帽或M1934款作战帽，但这都是着装条例不允许的。

M1942款黑色呢质双排扣上衣有宽大的衣领（虽然比M1934/M1936款还是要小点），上有3个翻领扣眼，没有衣领绳边，四颗硕大的前襟扣和3个小扣子。所有军阶都佩戴矩形领章，有兵种色粉色绳边，缀铝制"骷髅"徽章。第24装甲师师部、其下属装甲团和装甲侦察营，以及其他装甲侦察营营部和装甲车连的乘员，使用金黄色骑兵兵种色；装甲师的反坦克营采用粉色兵种色，元首护卫营的坦克连和装甲车排使用白色兵种色；装甲工兵连使用白色和黑色；装甲通信营使用柠檬黄色。一些部队自行采购的制服进行了改良，加上了内置夹克或长裤口袋，并将纽扣换为了拉链。

装甲载具乘员和机师，以及装甲炮兵和火箭炮兵，配发了棉质连体服，有鼠灰色、"战场灰"、灰白色、浅棕色和芦苇绿各种，有时还会被装甲兵自己染成黑色。军人们经常不愿意佩戴M1942款军衔臂章，而是自己加上肩章、V形军衔章和"雄鹰胸标"。

连体服并不受德军士兵欢迎，从1941年5月5日起，装甲侦察营装甲车连的乘员开始穿M1941款装甲牛仔布制服，采用芦苇绿人字斜纹布或白色、鼠灰色棉布，作为劳作和夏季作战服。其中包括上衣，剪裁与M1936款黑色夹克相似，但有7颗小的前襟扣，并有一个内置胸袋。该制服通常搭配黑色制服的领章和肩章（虽然理论上应该搭配M1942款军衔臂章），同时还有制服色底的"雄鹰胸标"，没有衣领绳边。其长裤的设计与M1934款黑

一张不同寻常的照片，拍摄的是很悲怆的一幕。这名军官作为坦克指挥官在战斗中失去了左手，但在1944年9月被重新征召入伍，在新成立的人民掷弹兵师中担任师部的作战部军官，被授予了总参谋部少校军衔。他戴着老式作战帽，穿着用M1931款帆布条纹伪装布料制成的M1942款两面穿垫絮冬季上衣，另有加厚的骑兵马裤，上有总参谋部军官的深红色绲边和条纹。

这两名人民掷弹兵师的步兵刻画出了大战末期德军士兵的典型形象。左边的士兵——看上去像是柏林交响乐团的指挥——戴着 M1943 款作战帽，穿 M1942 款大衣、皮质 M1939 款 Y 形支撑带、M1931 款饭盒，装备着 MP38 冲锋枪，搭配皮质弹匣袋；他的同伴——一名特许工程师——在 M1942 款大衣下携带着 M1935 款地图盒。

色长裤相同。

由于这款制服很受欢迎，因此为所有装甲载具乘员和机师生产了 M1942 款装甲牛仔制服，采用芦苇绿人字斜纹布，包括宽大的夹克、有扇形带扣翻盖大型左胸袋，右襟为两排平行的 5 颗前襟扣。其长裤有大型左腿袋。这款制服在寒冷天气中，会被穿在黑色或"战场灰"制服外，而在夏季则常常被德军替代上述两款制服穿着。

特殊"战场灰"制服和标识

M1940 款黑色装甲部队作战服的特殊"战场灰"版本，是配发给突击炮营的装备。包括剪裁与 M1936 款黑色夹克相同但没有兵种色绲边的 M1940 款"战场灰"作战夹克，缀有"战场灰雄鹰胸标"。军官搭配标准 M1935 款军官版领章，军士和士兵则为"战场灰"底的鼠灰色标准近卫穗带，绣在矩形领章上，有亮红色兵种色绲边。M1940 款"战场灰"长裤的剪裁与 M1934 款黑色长裤相同；另有装甲部队灰色衬衣、黑色领带和黑色绑带鞋。头部装备为军官版 M1938 款作战帽、非军官版 M1934 款或 M1942 款作战帽及 M1943 款带檐作战帽或是钢盔。

在此之前，这款制服很早就已经由其他部队穿着，搭配合适的兵种色领章绲边以及肩章。装甲工兵载具乘员采用黑色兵种色，自走装甲炮兵采用亮红色兵种色。步兵、猎兵与山地师、军、集团军中的牵引式反坦克部队及自走反坦克炮部队采用粉色绲边的"战场灰"领章，缀"骷髅"徽章。装甲和装甲掷弹兵师、军及集团军中的自走反坦克部队装备了象式（费迪南德）自走炮，则采用标准的粉色绲边缀装甲部队"骷髅"徽章的领章。

1943 年 3 月 5 日起，步兵和装甲步兵部队中的半履带车反坦克和步兵炮连也采用了这套制服，分别使用白色或草绿色兵种色。1943 年 5 月 12 日起，装甲列车排的人员由原来的黑色制服改为这款"战场灰"特殊制服，使用粉色兵种色。陆军防空部队采用这套制服，并使用亮红色绲边，装甲火箭炮连的人员使用枣红色绲边。装甲载具上的通信兵（非装甲通信兵）人员采用柠檬黄绲边的"战场灰"领章，缀"骷髅"徽章；1943 年 6 月 11 日起，一些骑兵团的成员，也使用这套制服，采用金黄色绲边的"战场灰"领章，缀"骷髅"徽章。1943 年 9 月起，第 1 雪地旅也采用了这套"战场灰"制服，搭配草绿色绲边的 M1935 款军官版领章和标准的 M1940 款非军官版领章。

配发了这种"战场灰"制服的部队通常还会配发芦苇绿劳作和夏季作战服，搭配各自对应的兵种标识。

其他兵种的特殊制服和标识

1944 年 4 月 25 日起，只有作战部队的将官才能使用亮红色领章、

（左）1944 年 9 月，左边是一名排长，隶属于东普鲁士的第 28 猎兵师的第 49 猎兵团，正在向他的军士做任务简报。穿着普通的 M1942 款非军官版上衣，有绿色军官版衣领章饰面布和少尉的肩章、领章和"雄鹰胸标"，以及 M1942 款猎兵臂章。右侧的中士，已经被批准称为候补军官（中士旗手侍从），可以看到他肩章上的两根军士穗带环。他的 M1942 款上衣衣领上是 M1938 款"战场灰"近卫穗带，有深绿色中央条纹，都缀在深绿色领章上。中间的上等猎兵，也穿着 M1942 款作战上衣。三人都戴着 M1943 款作战帽，中士的帽子上可以看到猎兵部队的 M1942 款铝制帽徽。

肩章底和大衣翻领里衬。特殊职业的将官被要求在 1944 年 12 月 30 日前改为各自对应的兵种色（但保留了他们的亮红色长裤绲边和条纹）；但在 1944 年 10 月 24 日又下令将这一要求延期到 1945 年。这条命令适用于医疗部门（深蓝色）、兽医部门（深红色）、军械部门（橙色）、载具管理部队（粉色）、军法（枣红色）和行政勤务（浅蓝色）部门的将官。

1944 年 8 月 21 日起，第 1 雪地旅（后改为师）的人员采用了猎兵款 M1942 "橡树叶" 作战帽帽徽，上面叠有雪橇图案（但他们从未佩戴本来为其设计的有交叉红色或白色雪橇的改进版猎兵臂章，而是继续使用 M1942 款猎兵臂章）。

1941 年起，德军部队通常是装甲师或摩托化师的成员，可以看到在其作战服上佩戴了非官方的编队章，通常是铝制的师级载具标识的复制品。一般佩戴在作战帽的左侧，包括 M1934 款老式带檐作战帽，配在左耳上方。在 1943—1945 年部署在东线和巴尔干前线的德军师中，可查的佩戴了这种徽章的包括：（北极圈战线）第 2 山地师——"鹿头"；（北线）第 290 步兵师——"宝剑"；第 5 山地师——"岩羚羊"；（中线）第 20 装甲掷弹兵师——"锚"；第 34 步兵师——蓝白两色"盾"；（南线）第 1 装甲师——"橡树叶"；第 19 装甲师——四边形上的狼图腾；第 22 装甲师——箭头；第 23 装甲师——有横杠的箭头；第 4 山地师——蓝色"龙胆花"。

1944 年 10 月，一名指挥着一个装甲团的上校，佩有带 "橡树叶" 和 "剑" 的骑士十字奖章。他穿着 M1942 款特殊黑色装甲部队上衣，M1940 款军官版黑色作战帽上依然保留着 1942 年 7 月已经废除的粉色兵种色 V 形纹。他的两名同僚都穿着 M1942 款两面穿垫絮冬季上衣，左面的军官为 M1944 款斑点伪装图纹，右侧的为 M1943 款碎片伪装图纹。

6 个德军精锐师继续使用了显眼的标识，这些部队的将官经常自行佩戴铝制肩章交织首字母标识。大德意志师的人员佩戴 GD 交织首字母肩章，低级军士和士兵为兵种色链式针法标识；另在 1940 年 10 月 7 日启用了第三版黑色右袖口标识，为手工或机器刺绣的铝制螺纹线草书 "大德意志" 字样。1944 年 12 月 20 日后，所有大德意志装甲军的部队，除了勃兰登堡师之外，都佩戴这款袖标。勃兰登堡师则在 1944 年 8 月启用了一款机器刺绣的铝线或浅灰色哥特字体 "勃兰登堡" 泛蓝深绿色右袖标，并有同样材质的绲边。其第 1、第 2 猎兵团分别佩戴猎兵和山地兵标识。

部署在希特勒个人司令部的元首护卫营/团/师的成员，佩戴 GD 交织首字母肩章，并在左袖上有 "元首司令部" 袖标。这支部队的其他人员则采用 "大德意志" 袖标。1943 年 9 月 16 日起，元首掷弹兵营/旅/师的人员佩戴大德意志袖标以及 FG 交织首字母肩章，在 1944 年 8 月 19 日被

1943年春，北部和中部前线
1：1943年3月，俄罗斯中部，勒热夫突出部，第2装甲掷弹兵团，少尉
2：1943年2月，俄罗斯西北部，第240炮兵团，上尉
3：1943年2月，俄罗斯中部，德米杨斯克，第474掷弹兵团，掷弹兵

1943年夏季，南部和中部前线
1：1943年7月，俄罗斯中部，库尔斯克，第15装甲团，上等兵
2：1943年9月，乌克兰中部，基辅，第202燧发枪团，上等燧发枪手
3：1943年7月，俄罗斯中部，库尔斯克，第37掷弹兵团，下士

1943—1944 年冬季

1：1943 年 10 月，白俄罗斯东部，奥尔沙，第 163 掷弹兵团，上等兵
2：1944 年 1 月，乌克兰南部，尼科波尔，第 204 猎兵团，少尉
3：1944 年 3 月，乌克兰东部，卡缅涅茨－波多利斯基，第 146 装甲掷弹兵团，装甲掷弹兵

C

1944 年，北部和中部前线
1：1944 年春，爱沙尼亚，纳尔瓦，第 659 爱沙尼亚营，高级下士
2：1944 年春，白俄罗斯西部，平斯克，中央骑兵团，上校
3：1944 年 7 月，白俄罗斯中部，明斯克，统帅堂燧发枪团，燧发枪手

1944年，中部和南部前线
1：1944年8月，罗马尼亚，拉西，第103装甲掷弹兵团，一等兵
2：1944年7月，乌克兰西部，布洛迪，第454保安师，少将
3：1944年9月，华沙，第73装甲掷弹兵团，装甲掷弹兵

1944—1945 年冬季

1：1944 年 12 月，普鲁士东部，因斯特堡（切尔尼亚霍夫斯克），第 236 掷弹兵团，中尉
2：1944 年 12 月，拉脱维亚中部，图库姆斯，第 1/227 运输队，司机
3：1945 年 2 月，斯洛伐克北部，崔斯提纳，第 1 雪地猎兵团，上等猎兵

F

1945年，南线

1：1945年4月，维也纳，第124装甲工兵营，上士
2：1945年3月，匈牙利中部，赛克什白堡，第1装甲团，中尉
3：1945年5月，捷克斯洛伐克西部，皮尔森，第178卫生连，参谋医师

1945 年，中线

1：1945 年 4 月，德国东部，什切青，第 1099 掷弹兵团，少尉
2：1945 年 4 月，柏林，第 1075 掷弹兵团，掷弹兵
3：1945 年 4 月，德国东部，泽洛高地，慕钦堡第 1 装甲掷弹兵团，中士

H

替换为 GD 交织首字母，但在 1945 年 1 月 26 日又被下令废除。计划中的元首掷弹兵师特有的袖标并没有开始生产。

统帅堂师在左袖上佩戴统帅堂团时期的棕色袖标，1943 年 6 月 20 日后启用了交织首字母肩章——三个胜利符文另加 SA 交织首字母，缀在一个垂直的胜利符文上，从 1944 年 11 月 27 日起，推广到统帅堂装甲军的所有人员。1943 年 12 月 31 日条顿骑士团大团长师的成员在肩章上佩戴灰色铝制"斯大林格勒"十字。从 1945 年 2 月 26 日起另有泛蓝深绿色布质袖标，上有银灰色机器刺绣边缘和"条顿骑士团大团长"哥特字体字样；另有一种版本是黑色袖标，上为罗马字符。

1943 年 12 月 12 日，第 199 掷弹兵团（从 1944 年 8 月 31 日起为第 19 掷弹兵团）被奖励授予泛蓝深绿色袖标，上有亚光灰色或银灰色机器刺绣边缘和草书的"李斯特步兵团"（译注：实际上指的是"一战"时期巴伐利亚陆军第 16 预备步兵团。即希特勒服役的部队。1935 年被授予了第 7 步兵师的第 19 步兵团，该团被认为是巴伐利亚陆军第 16 预备步兵团的继承者。不过，这一荣誉在第 19 步兵团只保留到 1939 年，随后被转让给第 57 步兵师第 199 步兵团）。1944 年夏季，第 199 步兵团在白俄罗斯被苏军歼灭后，"李斯特团"的荣誉才在 1944 年 8 月 31 日回归第 19 步兵团），佩戴在右袖口上，以期传承希特勒在"一战"时服役的步兵团的历史。1944 年 8 月 12 日，"迪特尔大将"（译注：爱德华·迪特尔，德国山地步兵大将，和南方骄阳将军隆美尔并称的北国雪之将军；参加过"一战"。战后在国防军中供职。1938 年晋升为少将。"二战"爆发后，参加入侵波兰的作战；1940 年 4 月 10 日起率领山地师在挪威纳尔维克作战，首获骑士十字勋章，晋升中将；苏德战争初期率部队从芬兰侵入苏联北极地区。1942—1944 年统率在挪威和芬兰的德军第 20 集团军；1942 年 6 月 1 日晋升为大将；1944 年 6 月 23 日死于空难。）袖标被授予第 139 山地旅，以纪念在 1944 年 6 月 23 日死于空难的杰出的山地将官——但很可能并没有配发给部队。1945 年 3 月 12 日，还在当地生产了一种银色/白色袖标，有黑色绲边及条顿骑士团盾章和"库尔兰"字眼，授予库尔兰集团军群的所有人员。

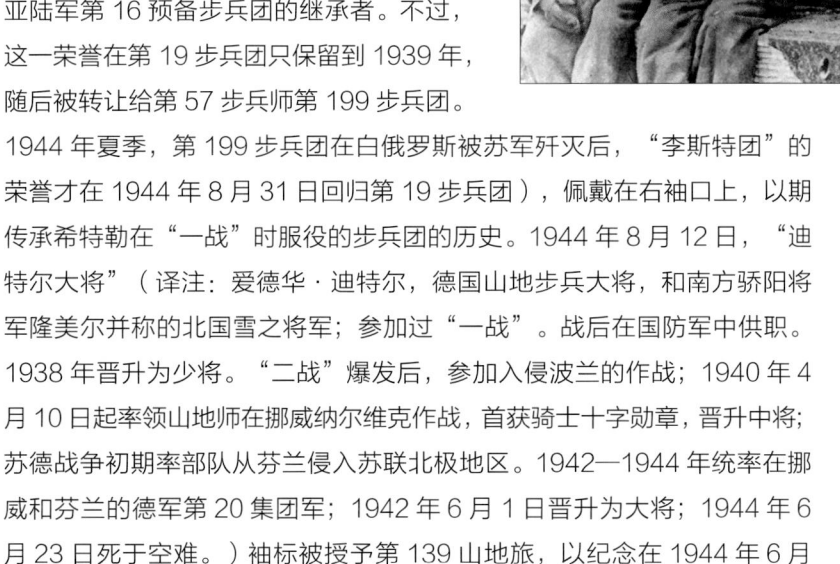

北方骑兵团（成立于 1943 年 6 月 1 日），非官方地佩戴铝制"普鲁士骷髅"帽徽，统一纪念其前身第 5 骑兵团，佩戴在大檐帽的"鹰标"和作战帽的一体化"鹰标"与国家徽章之下，在 1944 年 8 月 27 日被官方承认为正式着装。1944 年 6 月 3 日，其又更名为第 5 骑兵团，在 1944 年

1943 年 1 月，一辆坦克的乘员正在合影。大多数人都穿着 M1942 款垫絮两面穿冬季外套，搭配 M1940 款或 M1943 款装甲部队作战帽，或 M1935 款"战场灰"作战帽。军官在他自行采购的无领羊皮上衣上加上了少校的 M1942 款军衔臂章。

1945年2月10日，德国西南部，明辛根训练营，俄罗斯解放军的第1师成员正在接受A. A. 弗拉索夫中将的检阅。他们穿着M1942款无领两面穿白色/31式帆布条纹伪装罩服和长裤，其下是作战服。前排的3名军官，正在行纳粹军礼，该军礼在1944年7月—1945年2月间在俄罗斯解放军中实行。他们戴着军官版大檐帽，在俄罗斯解放军帽徽（由获得德军军衔的人员佩戴）上方有"鹰标"和纳粹卐字符。他们装备着过时的9毫米MP34/1贝格曼冲锋枪。后面的士兵装备着毛瑟98k步枪和60式铁拳反坦克榴弹。

12月4日，被授予黑色左袖标，上有银灰色机器刺绣边缘和"冯·马肯森元帅"（译注：奥古斯特·冯·马肯森，德国统帅，"一战"中五位大铁十字勋章获得者之一。1869年入伍，曾参加普法战争，后任步兵第十七军军长；第一次世界大战中任东线第九集团军司令，因对戈尔利采的突破大败俄军而于1915年晋升元帅；后任德奥第十一集团军司令，转战巴尔干半岛，在两个月内横扫塞尔维亚，1916年率德保集团军群攻占罗马尼亚，任驻罗占领军司令直至第一次世界大战结束）字样，以纪念德军"一战"时杰出的骑兵将军。1944年12月29日，这支部队又在肩章上增加了"骷髅"徽章，但在1945年时被去掉，以免被俘的骑兵人员被误认为武装党卫队成员。该团的装甲部队成员穿着黑色装甲制服。南方骑兵团（同样成立于1943年6月1日，在1944年5月26日更名为第41骑兵团）佩戴原第3骑兵团的"布伦瑞克骷髅"帽徽；中央骑兵团（成立于1944年4月1日），佩戴原第6骑兵团的"龙骑兵鹰标"帽徽。

1944年8月27日，第3骑兵旅（由原中央骑兵团在1944年3月改建而来）的成员采用了"龙骑兵鹰标"帽徽；第4骑兵旅（第5、第41骑兵团）除了第5骑兵团之外采用"布伦瑞克骷髅"帽徽；第4骑兵师（第5、第41骑兵团），是在1945年2月由第4骑兵旅改建而来，在左袖上方佩戴黑色边缘的金黄色盾徽，上有两个黑色马头。同样在1945年，第一骑兵军军部人员非官方地在左袖上方佩戴黑色边缘的金黄色矩形徽章，上有4个黑色马蹄铁，2个黑色Ks字样，最上方是黑色三角旗。

陆军巡逻勤务的人员穿着他们原始部队的制服，在右肩上搭配过时的亚光铝制螺纹线M1920款副官饰绳。1941年10月17日起，火车站卫戍部队军官佩戴棕色常服腰带和交叉腰带，其他人员在颈部用链条挂着铝制勤务颈饰，上有"车站守卫"的文字，以及分别用罗马和阿拉伯数字标明的军区番号和部队番号。铁道卫戍人员有"铁路巡查营"字样的勤务护颈和阿拉伯数字的营级番号。国防军巡逻勤务部门中的陆军成员佩戴M1935款军官版典礼用饰绳，在左臂上方佩戴的白色袖标上有官方印章和黑色哥特字体或罗马字体的"国防军/巡逻勤务"字样。司令部卫兵佩戴有"司令部"字样的铝制勤务颈饰，上有阿拉伯数字的部队番号。

战地警察佩戴有"战地猎兵军"字样的宪兵勤务颈饰，在左臂上方或下方有红色袖标，上有官方印章和黑色罗马文字的"最高统帅部/战地猎兵"

字样。宪兵则保持了他们的 M1939 款勤务颈饰，但从 1944 年 3 月 19 日起，去掉了他们的 M1939 款臂章和袖标，以免在被俘后被报复。

欧洲志愿者制服和标识

　　欧洲志愿者穿戴德军制服和标识，并有黑色机器刺绣的臂章，上有原属国籍的名字和国籍彩色旗帜。有时在钢盔右侧还会加上一个盾形的国家旗帜图案。

　　西班牙蓝色师和军团部队的成员有黄色的"西班牙"字样，并有红/黄/红水平条状盾形章，配于右臂上方以及作为钢盔装饰。克罗地亚军团部队成员佩戴红色"赫尔瓦次卡"字样或"克罗地亚"字样（部队中的德国籍骨干人员经常去掉这些字样），以及红/白色棋盘状盾章，配于右臂上方（许多军官佩戴在左臂上）以及作为钢盔装饰。法国籍部队成员佩戴白色"法国"字样和蓝/白/红垂直条纹盾章，配于右臂上方以及作为钢盔装饰。瓦隆部队成员佩戴黄色"瓦隆"字样，以及黑/黄/红垂直条纹盾章，配在左臂上方，并作为钢盔装饰，他们还配发了山地作战帽、"雪绒花"帽徽和右臂臂章，并采用浅绿色兵种色。

　　在德军中服役的罗马尼亚军人也有类似形状的机器刺绣臂章——有"罗马尼亚"字样及黄/蓝/红垂直条纹盾章；匈牙利人——"匈牙利"字样以及白/红条纹盾章（左臂）并在右臂上佩戴红色底绿色山脉和双叉十字架图案的臂章；斯洛伐克人——"斯洛伐克"字样及红色盾章，上有三重绿色山脉和一个双叉十字架图案。保加利亚人采用直框盾形章，上有斜向的白/红/绿条纹。但是，是否真正向这些陆军中的外籍人员配发了这四种盾章，并不能完全确认。

东方部队制服和标识

　　爱沙尼亚、拉脱维亚和立陶宛部队穿戴标准的德军制服、帽徽、"雄鹰胸标"、领章和军衔标识。有些爱沙尼亚部队自行佩戴爱沙尼亚警察部队的右臂章——斜向蓝/黑/白三色条纹，黄色边缘，并有三个黄色狮子图案。1943 年中期起，这些波罗的海诸国部队成员配发了一种曲边扇形顶右臂布质章，有国籍颜色的斜向条纹——蓝/黑/白（爱沙尼亚）、深红/白/深红（拉脱维亚）或黄/绿/红（立陶宛）。作战帽上还有采用这些颜色的国家帽徽。

　　1943 年 4 月 29 日起，"协助者"穿戴德军制服；1944 年 7 月 1 日起，他们可以获得晋升，最高可任命为下士。德军为俄罗斯人、白俄罗斯人

右侧的一名俄罗斯解放军少校，在询问一名苏联战俘时的照片。他的帽子上配有俄罗斯解放军帽徽，穿 M1940 款非军官版作战上衣，有军官版深绿色衣领、俄罗斯解放军领章，以及深绿色的俄罗斯解放军臂章。可以看到他佩戴了德军军衔肩章。左侧是一名特殊军官，为一名少尉翻译官——隶属于一支山地步兵部队。他佩戴了特殊军官肩章和领章，在作战帽上有雪绒花图案帽徽。

表2：俄罗斯解放军和哥萨克部队军衔标识
1943年1月—1944年3月17日

军衔称谓：第1排——俄罗斯解放军；第2排（括号）——哥萨克；第3排（斜体字）——1943—1945年的德军军衔

俄罗斯解放军颜色：1—3：泛蓝深绿色肩章，金色纽扣，红色绲边，金色之字形穗带，银色绲边；4—9：泛蓝深绿色肩章，"战场灰"纽扣，红色绲边和中央条纹，金色军衔星；10：铝线袖口绲带；11："战场灰"肩章，德军兵种色绲边，"战场灰"纽扣，铝线穗带，银色绲边；12—17：泛蓝深绿色肩章，"战场灰"纽扣，红色绲边，铝线杠；18：深蓝色、中间红色、银色射线；20：深蓝色、中间红色；21—22：中间红色，泛蓝深绿色领章，铝线穗带，"战场灰"纽扣，银色丝线绲边。

哥萨克颜色：肩章同俄罗斯解放军，或4—9：银色穗带肩章（炮兵为金色），红色绲边（捷列克为浅蓝色），银色纽扣，红色中央条纹（顿河为深蓝色，捷列克为蓝色，炮兵为黑色）；10—11：与俄罗斯解放军相同，金黄色肩章绲边（炮兵为亮红色）；12—17：红色肩章（顿河为深蓝色，捷列克为蓝色，炮兵为黑色），银色纽扣，红色绲边（捷列克为浅蓝色），银色穗带杠；19—20：帽徽／射线：中央－深蓝色：红（顿河），深蓝色：黄色（西伯利亚），黑色：红（库班），黑色：蓝色（捷列克），23：红色领章，白色长矛图案，铝线穗带边缘；24：红色领章，白色长矛图案，铝线穗带边缘。

1944年3月18日—1945年5月8日：广泛采用了德军领章，获得许可的军官和军士佩戴德军军衔标识。

 1. 上将（骑兵上将）[1] 步兵上将	 2. 中将（中将）[1] 中将	 3. 少将（少将）[2] 少将	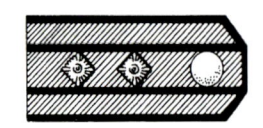 4. 上校（上校） 上校
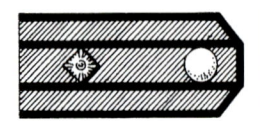 5. 中校（军队指挥官） 中校	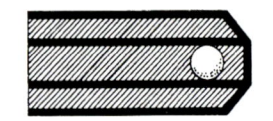 6. 少校（少校） 少校	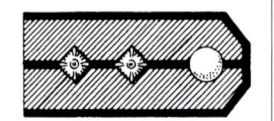 7. 上尉（上尉官） 上尉	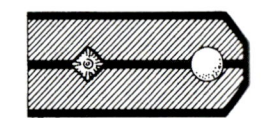 8. 中尉（百人长） 中尉
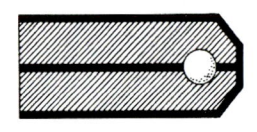 9. 少尉（掌旗官） 少尉	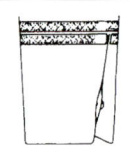 10. 连级上士（连级军士）[3] 附属官	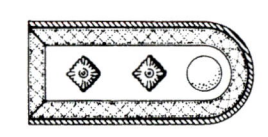 11. 上士（上级军士）[4] 上士	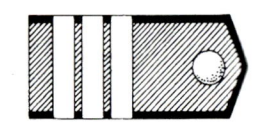 12. 中士（军士） 中士
 13. 下士（兵长） 下士	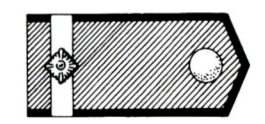 14. 上等兵（上等士兵）[5] 上等兵	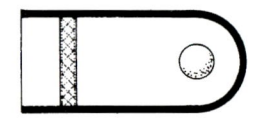 15. 一等兵（士兵） 一等兵	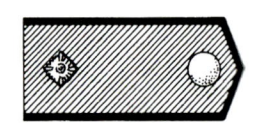 16. 上级列兵（上级列兵）[5] 上级掷弹兵
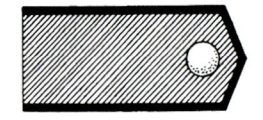 17. 列兵（列兵） 掷弹兵	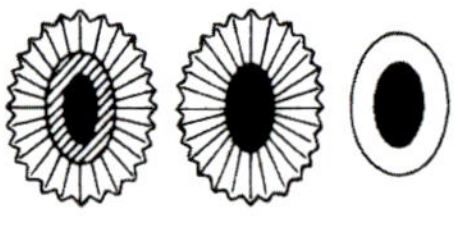 18. 俄罗斯解放军军官帽徽 19. 哥萨克军官帽徽 20. 所有军士和士兵帽徽	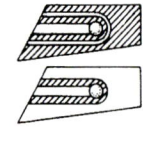 21. 俄罗斯解放军领章军官 22. 军官和士兵哥萨克领章	 23. 军官 24. 军士和士兵

1. 该军衔并未实际授予。
2. 1944年11月后授予伊万·尼奇提奇·考诺诺夫（译注：1902年出生，哥萨克人，1927年加入苏联共产党，1939年成为红军团长，1941年8月3日率部叛变德军，成为德军哥萨克部队的领导人。"二战"后逃亡澳大利亚，1967年死于车祸），佩戴德军军衔标识。
3. 为职务，非军衔，通常由上士担任。
4. 启用于1944年6月15日，授予被批准的军士。
5. 启用于1944年1月1日。

和乌克兰人正式设计了国家盾章、国家帽徽和俄罗斯解放军军衔领章，但也可以穿戴标准的德军标识。波兰人则佩戴有"为德国国防军服务"字样的臂章。

1943年1月起，隶属于东方营的俄罗斯解放军成员和后来的俄罗斯解放军步兵师人员穿戴德军制服，佩戴特殊标识，并可以晋升到将官军衔。军官的军帽标识包括沙皇时期样式的蓝色椭圆形帽徽，有红色中央图案和银色放射线装饰；军士和士兵则为无装饰的椭圆蓝红两色帽徽。这些改进版的沙皇时代军衔标识和领章标识详见表2。另有盾章，通常佩戴在左臂上方，为泛蓝深绿色的圆底盾，有直边顶部，机器刺绣或直接印制的黄色"POA"（即"俄罗斯解放军"的斯拉夫文字缩写）字样，中间有"白色盾牌"，外缘为红色，另有蓝色的沙皇时代的圣安德鲁十字图案。1944年3月18日起，部分获得许可的人员，通常仅限于军官，佩戴德军军衔标识和领章，有时会在他们的国家帽徽上方加上纳粹"鹰标"和卐字符。俄罗斯解放军的成员通常佩戴德军版"雄鹰胸标"，但1945年3月2日下令禁止采取这种做法，并命令其中的德国籍骨干去掉他们的俄罗斯解放军臂章，以虚构所谓俄罗斯解放军的是独立的德军盟友武装的谎言。

乌克兰的志愿军也设计了同样的标识系统，有蓝黄两色的国家徽章，并有缀有"YBB"字样的臂章，臂章上有白色乌克兰三叉戟图案，底部是黄色和浅蓝色水平条纹的盾牌图案。不过这种标识虽然有部分生产，但从未真正配发。

哥萨克部队成员要么保留他们的传统服饰，要么采用德军制服。从1943年1月起，又佩戴德军"雄鹰胸标"和1942年11月15日启用的"长矛"领章。理论上为他们设计了俄罗斯解放军的军衔标识，但大多数哥萨克人员佩戴他们的传统银色或金色军官版穗带、绦边和中央条纹，以及非军官版的肩章和绦边。1944年3月18日后，大多数部队采用了德军领章，部分被许可的人员可以佩戴德军军衔标识。1944年11月，所有的制服和标识都被转为武装党卫军样式。其中的德国籍骨干穿戴德军制服和标识，佩哥萨克臂章，但许多也穿戴了哥萨克帽子和披风，特别是在阅兵时。有些从俄国革命开始就流亡海外的哥萨克军官，虽然名义上领导哥萨克士兵，但并不被爱戴，采用了很古怪的德军和哥萨克制服混搭的穿法。

东方军团营继续使用德军"雄鹰胸标"和领章以及1942年4月启用的肩章军衔标

德军步兵——包括十几岁的少年和中年人——正在一处战俘营中等待发落。大多数人穿着M1944款作战服，戴着M1943款作战帽，大部分装具都被缴去。可以看到右边的上等兵依然佩戴着M1935款V形军衔标识。

1944年9月,这名胸前满是勋章的中士,是一支人民掷弹兵师侦察连中的排长。在M1943款作战上衣上有一级铁十字奖章、二级铁十字勋带和近距离战斗章,以及——虽然他明显是一名步兵——通用突击章。他携带着6×30望远镜,以及优先配发给人民掷弹兵师的44式突击步枪。

识,另有1942年9月启用的帽徽。德军籍军官和军士骨干穿戴德军制服和标识,在右臂上方佩戴军团臂章。

勋章和奖励

1941年7月起,德军中的英勇行为被记录在"德国陆军荣耀卷"中,相当于英国陆军的"战报表彰";1944年1月30日,有这些行为的士兵会被颁发缠绕纳粹卐字符样式的镀金金属扣件,别在二级铁十字扣眼勋带上。

1942年11月25日,设立了近距离战斗扣件——为金属质地的"鹰标"和纳粹卐字符,以及交叉的手榴弹和刺刀图案,底部是橡树叶图案,佩戴在左胸袋上——分别授予从1942年12月1日起,在没有装甲支援的情况下徒步参加近距离战斗累计达15天(铜质)、30天(银质)或50天(镀金)的人员。希特勒认为其中的镀金扣件章是最高等级的步兵荣誉,因此从1944年8月17日起,亲自向获得嘉奖的人员颁发。

反游击队战争章——金属质地,为利剑向下刺穿蠕动的蛇的图案——由党卫军帝国元首希姆莱在1944年1月30日设立,颁发给任何完成了20天(铜质)、50天(银质)或150天(金质)反游击队任务的人员。

1944年8月20日,设立了狙击手徽章——灰色布质椭圆章,有一个黑色雄鹰头和两片绿色橡树叶图案,佩戴在袖口上,有三个等级——一级,搭配金色丝线内缘,60个以上狙击记录;二级,银色丝线内缘,40个以上狙击记录;三级,没有饰绳内缘,20个以上狙击记录。从1944年9月1日起开始颁发。

在这一时期,德军官方还设立了三种新的战役纪念章,佩戴在左臂上方。1943年4月25日,设立了白色金属质地德米扬斯克盾形章——图案为国防军雄鹰抓住一个铁十字,下方是交叉的剑和飞机图案,没有布质底——奖励给6个步兵师(第12、30、32、123、225、290)和第二军中的10万名德军,他们在1942年2月8日—6月30日间参加了俄罗斯中部的德米扬斯克包围战。还有铜质的库班盾形章——"鹰标"和纳粹卐字符,其下是插画式的地图,有"战场灰"布质底——设立于1943年9月20日,颁发给参加了从1943年2月1日到10月9日的库班桥头堡战役的第17集团军。1944年12月10日,设立了铜质的华沙盾形纪念章——图案为德军雄鹰抓住了一条蛇——颁发给在1944年8月1日—10月2日间参加了镇压波兰祖国军华沙起义的部队成员,但实际上这种纪念盾章并没有生产。（1945年3月，还有一种灰色拉普兰盾形纪念章——图案为该地区地图——原本设计颁发给第20山地集团军的成员，但并没有真正颁发。）

"单独摧毁坦克"特殊纪念章——黑色金属坦克图案，覆盖银色条纹，上缘和下缘有黑色边线，佩戴在右臂上方——从1942年3月9日开始颁发。1943年12月18日，为了奖励摧毁5辆以上坦克的行为，设立了有金色条纹的金色坦克图案纪念章。1945年1月12日有一款采取同样设计，但用一个飞机剪影替代了坦克图案的"远距离摧毁飞机"特殊纪念章被设立，颁发给那些使用轻武器或轻机枪击落敌军飞机的人员。

表3：东线兵种和部队标识节选
1943年2月3日—1945年5月8日

部队	兵种色	肩章标识 北线	肩章标识 中线	肩章标识 南线（1944.10.5—1945.5.8，巴尔干）	其他标识
作战部队 - 参谋					
将官	亮红色	—	—	—	拉里施领章
总参谋部军官	深红色			领章	银色领章
7个集团军群司令部	白色	G（北方/库尔兰）	G（中央/北方，维斯瓦南方/无柯南北方/A/中央）（E，F）	G（A/乌克兰南方/厄斯特马克）	—
10个集团军司令部	白色	A / 16,18	A / 2 / 东普鲁士 1, 4, 9, 11	A / 6-9, 17	—
1个山地集团军司令部	浅绿色	A / 20			"雪绒花"帽徽
4个装甲集团军司令部	粉色	—	A / 2,3	A / 1, 4 (2)	
52个军部（军部番号为拉丁数字）	白色	1-7, 8, 10, 16, 26, 28, 33, 38-9, 43, 50, 54, 70-1	6-9, 12-3, 17, 20-3, 26-8, 32, 35, 43, 53, 55, 59-60, 66-9, 101	5, 7-8, 11-3, 17, 24, 29, 30, 32, 34, 42-4, 49, 52, 59, 72, 90 (15, 22, 68-9)	
4个山地军军部	浅绿色	18-9, 36	15,18	—	"雪绒花"帽徽
11个装甲军军部	粉色	—	39-41,46-8,56-7	GD, 3, 4 / FH, 39, 40, 46-8, 56-7	
1个骑兵军军部	金黄色		1	(1)	
3个后备军军部	白色	61	—	62 (69)	—
作战部队 - 步兵					
180个步兵师师部	白色	1-2, 11, 21, 23-4, 30, 32, 52, 58, 61, 69, 74, 81, 83, 87, 93, 96, 121-3, 126, 132, 140, 163, 169-70, 199, 201, 205, 207, 210, 215, 217-8, 223, 225, 227, 230, 254, 263, 270, 274, 280-1, 285, 290, 295, 300, 328-9, 331, 389, 391, 613, 702	1, 7, 12, 14, 17, 21, 23, 30, 34-6, 50, 52, 56-8, 61, 68-9, 72-3, 82-3, 85-8, 93, 95, 98, 102, 110, 112-3, 129, 131, 134, 137, 169-70, 197, 201, 203, 205-6, 208, 214-6, 221, 227, 251-3, 255, 258, 260, 262-3, 267-8, 281, 286, 291-3, 296, 299, 321, 323, 327, 330-2, 339, 342, 377, 383, 391, 402, 433, 463, 604-7, 610, 707, 712	1, 9, 15, 17, 34, 38-9, 46, 48, 50, 57, 68, 72-3, 75-6, 82, 88, 94, 96-8, 106, 111-2, 123, 125, 131, 153-4, 158, 161, 164, 182, 187, 193, 198, 213-4, 217, 223, 253-5, 258, 269, 275, 282, 291, 293-4, 302, 304, 306, 327-8, 332, 335-6, 339, 342, 344, 356-7, 359, 367, 370-1, 376, 384, 387, 389, 404, 408, 413, 444, 454, 463-4, 546, 603, 609, 613, 616	—

续表

部队	兵种色	肩章标识			其他标识
		北线	中线	南线（1944.10.5—1945.5.8，巴尔干）	
14个掷弹兵师师部	白色	31	6, 541-2, 547-9, 558, 561-2	HuD, 45, 544-5	—
38个人民掷弹兵师师部	白色	12, 31, 211, 563	6, 18, 26, 31, 45, 183, 211-2, 246, 256, 277, 326, 337, 340, 349, 541-2, 547-9, 551, 558, 561-2	6, 12, 16, 45, 62, 79, 167, 183, 211, 257, 271, 276, 320, 340, 347, 349, 361, 544-5	
1个人民冲锋师师部	白色	—	78	78	—
9个掷弹兵旅	白色	193, 388, 503	1131-2, 1136	1133-4, 1136	
580个掷弹兵团	白色	1-742 series	1-745 series	1-1090 series	
9个燧发枪团	白色	22, 26, 68	GD, 22, 26-7, 34, 39, 68, 202	GD, 230	
7个猎兵师师部	浅绿色	5, 8, 28	5, 28, 100-1	8, 28, 100-1, 117(117-8)	猎兵徽章
14个猎兵团	浅绿色	28, 38, 49, 56, 75, 83,	49, 54, 56, 75, 83, 227-9	28, 38, 49, 54, 83, 227-9, 737, 749	猎兵徽章
11个步枪战地师师部	白色	1, 9-10, 12-4, 21	4, 6	5 (11)	
23个步枪战地团	白色	1, 17-20, 23-8, 41-3	49-54	9 (21-2)	
7个山地师师部	浅绿色	2, 5-7	3	1, 3-4 (1)	"雪绒花"帽徽
14个山地团	浅绿色	85, 100, 136-7, 141, 143, 206, 218	138-9	13, 91, 98-9, 138-9 (98-9)	"雪绒花"帽徽
1个雪地师师部	浅绿色	—	1	1	"雪绒花"帽徽
2个雪地团	浅绿色	—	1, 2	1, 2	"雪绒花"帽徽
8个后备师师部	白色	—	141, 151, 154, 174	147, 153 (173, 187)	—
20个后备步兵团	白色	—	1-266 series	23-268 series (17-462 series)	—
作战部队 - 机动部队					
1个骑兵师师部	金黄色		3-4	3-4 (3-4)	骑兵马裤 骑兵靴
4个骑兵团	金黄色	—	北方/5，南方/41，中央/105	5, 31-2, 41	骑兵马裤 骑兵靴
21个装甲师师部	粉色	4, 12, 14	2-9, 12, 18-20, 25	1-3, 6-9, 11, 13-4, 16-7, 19-20, 23, 25, 27 (23)	黑色制服
1个装甲师师部	金黄色	—	—	24	黑色制服
3个装甲师师部	粉色		FH1, GD	FH2, GD	黑色制服
5个装甲旅	粉色	101	102-4	109-10	黑色制服
25个装甲团	粉色	29, 35-6, 118	3, 6, 8-11, 18, 21, 25, 27, 29, 31, 33, 35, 101, 118	1-4, 6, 9-11, 15, 21, 25, 27, 33, 36, 39 (23)	黑色制服
1个装甲团	金黄色	—	—	24	黑色制服
4个装甲团	粉色	—	FH / FH1, GD	BG, FH2, GD (BG)	黑色制服
26个装甲侦察营	粉色	A / 4, 12, 14 1	A / FH, GD 2-9, 12, 18-9	A / 1-3, 6-9, 11, 13-4, 16-7, 19, 24, -5, 110, 120 (23)	灰色制服
4个装甲步兵师	草绿色	18	10, 18, 20, 25	10, 20	灰色制服
4个装甲步兵师	白色	—	FB, FG, FH, GD	BG, FH1, GD (BG)	灰色制服

续表

部队	兵种色	肩章标识			其他标识
		北线	中线	南线（1944.10.5—1945.5.8，巴尔干）	
1 个摩托化旅	白色	—	—	(92)	—
50 个装甲步兵团	草绿色	5, 12, 25, 30, 33, 51	2-5, 6-7, 10-4, 20, 25, 28, 30, 33, 35, 41, 51-2, 73-4, 76, 90, 98-102, 114, 119, 146-7, 304, 394, 146-7, 304, 394 (126, 128)	3-4, 6-7, 10-1, 20-1, 26, 28, 40-1, 63-4, 66, 73-4, 76, 79, 90, 93, 98, 103, 108, 110-1, 113-4, 140	灰色制服
5 个装甲步兵团	草绿色	—	FB, FH1, GD	BG, FH3 (BG)	灰色制服
251 个师级侦察营	金黄色	1-702	1-712 div. series	1-546 div. series	—
7 个山地侦察营	金黄色	67, 91, 95, 99	95	54, 94, 112, (54)	"雪绒花"帽徽
286 个反坦克营	粉色	P / 1-702 div. series	P / 1-712 div. series	P / 1-546 div. series	
作战部队 - 炮兵					
1 个炮兵师	亮红色	—	—	18	—
254 个炮兵团	亮红色	1-702 series	1-712 series	1-546 series	
7 个山地炮兵团	亮红色	82, 95, 111, 118	112	79, 94, 111 (79)	"雪绒花"帽徽
29 个装甲炮兵团	亮红色	29-118 series	FB, FG, FH, GD, 2-25 series	BG, FH1, GD, 1-27 series (23)	黑色制服
44 个突击炮旅	亮红色	184-5, 202, 303, 393, 600, 909, 912	177, 1 89-90, 201-3, 209-10, 226, 228, 232, 237, 244-5, 259, 261, 270, 276, 279, 281, 286, 303, 904, 920	177, 191203, 210, 228, 232, 239, 243-4, 249, 259, 277, 300-1, 311, 322, 325, 395, 600, 905, 911	灰色制服
4 个火箭炮兵旅	枣红色	2	3, 6	1	—
作战部队 - 工兵					
251 个工兵营	黑色	1-702 div. series	1-712 div. series	1-546 div. series	
7 个山地工兵营	黑色	82, 91, 95, 99	83	54, 83, 94	"雪绒花"帽徽
29 个装甲工兵团	黑色	29-118 div. series	FB, FG, FH, GD, 2-25 series	BG, FH1, GD, 1-27 series (23)	黑色制服
作战部队 - 通讯					
251 个通讯营	柠檬黄	29-118 div.series	FB, FG, FH, GD, 2-25 series	BG, FH1, GD, 1-27 series (23)	
7 个山地通讯营	柠檬黄	67, 91, 95, 99	68	54, 68, 94	"雪绒花"帽徽
23 个装甲通讯团	柠檬黄	29-118 div. series	FB, FG, FH, GD, -25 series	BG, FH1, GD, (23) 1-27 series	黑色制服
15 个战地通讯社连	柠檬黄	501, 621, 680	612, 670, 689, 649, 693, 697	612, 637, 649, 666, 691, 694-5 (693)	宣传连袖标
支援部队					
290 个师级后勤纵队	浅蓝色	D / 1-702 div. series	D / 1-712 div. series	D / 1-546 div. series	—
290 个摩托化运输队	浅蓝色	N / 1-702 div. series	N / 1-712 div. series	N / 1-546 div. series	
380 个马驮运输队	浅蓝色	N / 1-702 div. series	N / 1-712 div. series	N / 1-546 div. series	骑兵马裤马靴
290 个马驮医疗连	深蓝色	1-702 div. series	1-712 div. series	1-546 div. series	红十字袖标
32 个摩托化医疗连	深蓝色	1-702 div. series	1-712 div. series	1-546 div. series	
251 个兽医连	深红色	1-702 div. series	1-712 div. series	1-546 div. series	骑兵马裤

续表

部队	兵种色	肩章标识		其他标识
保安部队				
14 个集团军后方司令部	白色	525, 583-4	532, 550, 580, 590	531, 535, 550, 553, 558, 585, 593	—
11 个军分区司令部	白色	394, 396	392, 399, 400, 668	242, 393, 397, 579, 679	—
290 个宪兵部队	橙色	1-702 div. series	1-712 div. series	1-546 div. series	臂章、袖标
16 个保安师	白色	D / 52, 94, 207, 281, 285, 390-1	D / 52, 201, 203, 221, 286	D / 213, 403, 444, 454	—
19 个保安团	白色	S / 7, 88, 94, 107, 113, 601	S / 36, 57, 61, 88, 122, 183, 601 608, 613	S / 177, 318, 360, 375	—
外籍部队				
1 个西班牙步兵师	白色	D / 250	—	—	西班牙臂章
3 个西班牙步兵团	白色	262-3, 269	—	—	西班牙臂章
1 个西班牙军团	白色	?	—	—	西班牙臂章
3 个克罗地亚步兵师	白色	—	—	(369, 373, 392)	克罗地亚臂章
6 个克罗地亚步兵团	白色	—	—	(369-70, 373-4, 846-7)	克罗地亚臂章
1 个法国步兵团	白色	—	638	—	法国臂章
1 个瓦隆步兵营	浅绿色	—	—	373	比利时臂章
2 个俄罗斯解放军步兵师	红色	—	600, 650	—	俄罗斯解放军右臂章
1 个俄罗斯解放军步兵旅	红色	—	599	—	俄罗斯解放军右臂章
6 个俄罗斯解放军步兵团	红色	—	1601-5, 1607, 1651-3	—	俄罗斯解放军右臂章
71 个俄罗斯解放军东方营	红色	653, 658-669, 672, 674	7, 82, 134, 229, 263, 268, 308, 339, 406, 412, 427, 439, 441, 446-9, 559, 561, 574, 600-5, 615-21, 627-30, 633-7, 642-3, 646-9, 651, 675, 680	318, 447, 454, 550-1, 556	俄罗斯解放军左臂章
11 个亚美尼亚东方军团营	金黄色	—	Ⅰ / 98, Ⅰ / 125, 810, 814-6	Ⅱ / 9, Ⅲ / 73, 808-9 (Ⅰ / 125, 422)	亚美尼亚臂章
14 个阿塞拜疆东方军团营	绿色	—	817-20, Ⅳ / 101	Ⅰ /4 (Geb), Ⅰ - Ⅱ /73, Ⅰ / 97, Ⅰ / 101, Ⅰ / 111, 804-6	阿塞拜疆臂章
7 个格鲁吉亚东方军团营	红色	—	Ⅰ /1(Geb), Ⅰ /9(Geb)	Ⅱ /4 (Geb), Ⅰ / 9, 795-6, (Ⅱ / 125)	格鲁吉亚臂章
5 个北高加索东方军团营	棕色	—	—	800-2, 842-3	北高加索臂章
34 个突厥人东方军团营	浅蓝色	—	Ⅰ/44, Ⅰ/71, Ⅰ/76, Ⅰ/79, Ⅰ/ 100, Ⅰ/ 113, Ⅰ/ 305, Ⅰ/ 371, Ⅰ/ 376, Ⅰ/ 384, Ⅰ/389, 785-9, 788, 790-2	8(Fz), 11(Fz), 156, Ⅰ/ 295, Ⅰ / 370, 450, 452, 781-4, 811, 1000-1 (Geb Tr) (Ⅰ / 297, 789)	突厥人臂章
8 个伏尔加鞑靼东方军团营	蓝 / 绿色	—	825, 828-34	—	伏尔加鞑靼臂章
2 个哥萨克师	金黄色	—	—	(1, 2)	哥萨克臂章
6 个哥萨克骑兵团	各种颜色	—	—	1-6 (1-6)	哥萨克臂章
9 个哥萨克步兵营	红色	126	574-5, 622, 624-5	570, 572-3 (572-3)	哥萨克臂章
19 个哥萨克骑兵营	红色	207, 285	57, 69, 780, 161, 443, 580, 622-5, 631, 638	126, 281, 403, 444, 480	哥萨克臂章

插图图说

A: 1943 年春，北部和中部前线

A1: 1943 年 3 月，俄罗斯中部，勒热夫突出部，第 2 装甲掷弹兵团，少尉

在佩戴了军官版 M1935 款领章的非军官版 M1940 款作战上衣外，这名排长穿了 M1942 款白色/"战场灰"两面穿冬季上衣，没有佩戴很不受欢迎的 M1942 款军衔臂章——1944 年之前都没有得到推广。他还戴了一顶有兔毛里衬的"战场灰"布质帽（这是最常见的皮毛帽），上有自行加上的 M1935 款作战帽标识。他还另穿 M1942 款两面穿长裤、非军官版腰带和 M1939 款行军鞋及毛线"扳机指"手套，另有搭配他的 MP40 冲锋枪的弹药袋、皮质闪光弹弹药袋。他正在朝自己的 M1928 款 27 毫米瓦尔特短管信号枪里装填红色烟雾弹。

A2: 1943 年 2 月，俄罗斯西北部，第 240 炮兵团，上尉

这名炮兵营长穿着哨兵和马驮载具成员的羊皮大衣，有"战场灰"布质衣领，这种衣服在军官中也很受欢迎——将官最喜欢长度及腿的版本并使用羊皮衣领。M1934 款老式作战帽上没有帽冠梁架，本来在 1942 年 4 月 1 日就已经被官方废除，但在 1945 年 5 月前都被广泛穿戴，其上有铝制螺纹线标识和亮红色炮兵绲边。他还戴了一顶巴拉克拉法帽，穿着 M1942 款雪地靴和毛线手套。他没有佩戴 M1942 款军衔臂章，只能从 10×50 蔡司望远镜、M1934 款军官腰带和装 P08 鲁格手枪的硬壳枪套来推测他的职务。

A3: 1943 年 2 月，俄罗斯中部，德米杨斯克，第 474 掷弹兵团，掷弹兵

这名哨兵穿着 M1942 款雪地罩服，其下是 M1942 款非军官版大衣。可以看到手套以及他的 M1935 款泛白钢盔下的巴拉克拉法帽，还有通用护目镜。M1942 款皮质加强毡布罩靴有木质鞋底，配发给冬季站岗的哨兵和静态防御时穿着，取代了不实用的稻草罩靴，有时德军还会穿着这种鞋子移动。他携带了 M1931 款水壶和饭盒，系在 M1941 款帆布面包袋上。他的武器是国防军标准步枪，毛瑟 Kar98k 步枪。

B: 1943 年夏季，南部和中部前线

B1: 1943 年 7 月，俄罗斯中部，库尔斯克，第 15 装甲团，上等兵

这名参加了库尔斯克"装甲大决战"的坦克乘员穿着 M1942 款装甲部队夹克，没有粉色衣领绲边，但有 M1934 款粉色绲边"骷髅"领章和肩章，以及 M1940 款鼠灰色"雄鹰胸标"和（左臂）V 形军衔标识。他有 1941/1942 东线冬季战役扣眼纪念勋带，以及黑色受伤纪念章（1 或 2 次受伤）。他的头部装备为存在时间很短的 M1942 款黑色作战帽；另有 M1942 款芦苇绿人字斜纹布装甲部队工作裤（上有大腿袋），以及及踝鞋、通用护目镜，拿着 M1931 款水壶和杯子。

B2: 1943 年 9 月，乌克兰中部，基辅，第 202 燧发枪团，上等燧发枪手

这名资深班组成员隶属于在 1943 年 6 月 11 日为了纪念第一次世界大战中的德军团而更名为"燧发枪团"的一支步兵团，穿着有 M1940 款标识的 M1942 款作战上衣、有带扣护耳的 M1942 款作战帽、M1940 款长裤、M1941 款短袜和及踝鞋，同时还在他的 M1935 款钢盔上涂装有已经过时的国防军"鹰标"。他装备着 M1909 款皮质步枪弹药袋以及在 1943 年 5 月后广泛配发的 M1940 款热带 Y 形支撑步兵装具。斜向的吊绳上挂着防毒面具罐，左后臀上是刺刀和战壕铲。在他的右手袋上拴了一枚 M1939 款 TNT"蛋型"震荡手榴弹，装备着不受欢迎的瓦尔特 7.92 毫米格韦尔 41（W）半自动步枪。图

（左）1944 年 4 月，一名大德意志摩托化团的列兵正在执行侦察任务。他穿着 M1943 款作战上衣，肩章上有作为候补军官的两根军士穗带杠。头盔上是用 M1942 款 31 式帆布条纹伪装布制成的第二版盔罩，正在使用 M1933 款野战电话。

中另有 M1943 款铁拳 30 式无后坐力反坦克榴弹，这种武器在 1943 年 7 月的东线战场上进行了试验，并立刻投入了大批量生产。

B3: 1943 年 7 月，俄罗斯中部，库尔斯克，第 37 掷弹兵团，下士

这名狙击手穿着 M1942 款第一版无领两面穿白色/31 式帆布条纹"碎片"伪装罩服以及搭配的 M1935 款盔罩，另有 M1940 款"战场灰"长裤和 M1939 款行军鞋。他没有佩戴 M1942 款军衔臂章，可以模糊自己的军士身份。在他的黑色非军官版腰带上，有搭配他的毛瑟 Kar98k 步枪的 M1909 款皮质弹药袋，他的步枪上有非常有效的 M1939 款蔡司 4 倍坐架式狙击镜，专门配发给训练有素的狙击手。他还携带了一个同样有 31 式帆布条纹伪装罩的标准 6×30 望远镜，以及一把刺刀。

C: 1943—1944 年冬季

C1: 1943 年 10 月，白俄罗斯东部，奥尔沙，第 163 掷弹兵团，上等兵

这名机枪手穿着一件 M1942 款大衣——与厚外套一样，是步兵的主要冬季保暖衣物——上有 M1940 款 V 形军衔左臂章。他的 M1935 款钢盔上有橡胶内胎绷带，用来固定伪装的树叶，并且按照 1943 年 8 月 28 日的命令刮掉了钢盔左侧的"鹰标"。他的 M1942 款作战帽抄在腰带里，此外他还穿着 M1940 款长裤、M1941 款短袜和及踝鞋，携带着 MG42 轻机枪和第一射手的腰带装具——黑色皮质备用弹药袋和装在硬壳枪套里的 P38 瓦尔特手枪，另有 M1939 款步兵 Y 形支撑带。在他的肩部可以看到防毒面具罐的吊带，在臀部有刺刀和折叠铲。

C2: 1944 年 1 月，乌克兰南部，尼科波尔，第 204 猎兵团，少尉

这名排长穿着 M1942 款薄两件套雪地伪装服，在左右两侧袖子上各有一个红色战地标识，其下是"战场灰"作战服和 M1942 款波罗领毛衣，搭配 M1939 款行军鞋。其头盔罩是 M1942 款第 1 版两面穿白色/31 式帆布条纹布料。他携带着搭配他的 MP40 冲锋枪的两组弹匣袋，另有 6×30 望远镜，以及 3 千克的反坦克突击炸药包。

C3: 1944 年 3 月，乌克兰东部，卡缅涅茨-波多利斯基，第 146 装甲掷弹兵团，装甲掷弹兵

这名班级轻机枪小组的第三射手，携带着一个 MG42 机枪的 300 发弹药盒。他穿着 M1942 款垫絮两面穿冬季上衣和长裤，都是采用的第 1 版白色/31 式帆布条纹伪装布料，通常是配发给装甲步兵部队，另有 M1943 款带檐作战帽、M1941 款短袜和及踝鞋。他选择了"战场灰"

1943 年 9 月，一名步兵连补鞋匠正在工作，身后是一堆长筒和 M1939 款短筒行军鞋及及踝鞋。他的同伴是一名连级裁缝，正在缝补一件作战上衣。在 1943—1945 年间，许多非标准制服部件都是出自部队裁缝之手。

1943年11月，一名大德意志装甲掷弹兵师的下士穿着一件M1935款作战上衣。可以看到肩章上的兵种色交织首字母"GD"。毛皮边缘毡布作战帽上有铝线机器刺绣M1935款"雄鹰胸标"。另有皮质M1939款Y形支撑带，10×50福伦达战斗指挥员双筒望远镜。他佩戴了一级铁十字奖章、授予摩托化步兵的铜质步兵突击章，以及铜质运动奖章。

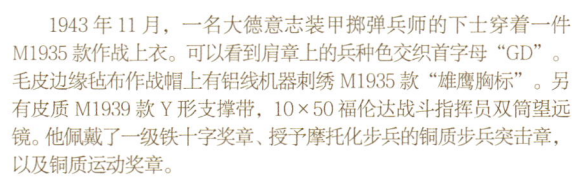

1944年1月，一名中尉穿着一件M1942款两面穿垫絮冬季上衣，将白色一面向外，并佩有M1942款军衔臂章，其下是作战上衣，露出了军官版M1935款领章和骑士十字奖章。他的M1938款军官版作战帽上有铝制丝线帽冠和前翻片绲边。

毛线"扳机指"手套而不是没有扳机指的非白色/伪装色两面穿手套，这一缺点在后来的"沼泽"图纹手套中被改进。他携带着毛瑟Kar98k大战中期型号步枪的M1909款皮质弹药袋、M1924款木柄手榴弹，他的头盔上还有白色床单制成的雪地伪装罩。

是折叠铲和M1931款水壶。他的左肩上有战地手电筒，还装备着M1924款木柄手榴弹和瓦尔特7.92毫米格韦尔43式半自动步枪。

D2: 1944年春，白俄罗斯西部，平斯克，中央骑兵团，上校

按照最常见的方式，这名骑兵团长将他的非军官版M1940款作战上衣的衣摆裁短，并搭配泛蓝深绿色衣领、军官版领章和"雄鹰胸标"，但没有偶见的后翻袖口。他戴着M1935款头盔，穿M1940款皮质加强马裤、骑兵靴和马刺，少见的人造树胶6×30望远镜盒，以及装在软枪套里的瓦尔特P38手枪。他的抄在腰带里的军官版M1938款作战帽有铝制螺纹线绲边、"鹰标"和国家徽章，但没有该团从1943年4月起非正式佩戴的布伦瑞克"鹰标"帽徽。他佩戴着一级铁十字奖章和二级铁十字勋带，以及通用突击章。

D: 1944年，北部和中部前线

D1: 1944年春，爱沙尼亚，纳尔瓦，第659爱沙尼亚营，高级下士

这名志愿者穿着M1942款芦苇绿作战服，佩M1940款"战场灰"肩章和M1940款军士条纹和衣领穗带、"雄鹰胸标"及领章。可以看到M1943款爱沙尼亚臂章、步兵突击章、银色受伤纪念章和二级铁十字扣眼勋带。M1943款带檐作战帽上有鼠灰色标识，另有M1941款短袜和及踝靴。M1939款Y形支撑带上有M1909款毛瑟Kar98k（右）和帆布格韦尔43（左）弹药袋，腰带上

205

D3: 1944 年 7 月，白俄罗斯中部，明斯克，统帅堂燧发枪团，燧发枪手

这名前冲锋队的冲锋员（可以看到铜质的武装冲锋队体能章）穿着 M1943 款作战上衣，佩 M1940 款领章和"雄鹰胸标"，上有刺绣的"统帅堂"袖标和北欧符号式的肩章图案。他还穿着 M1943 款长裤、M1941 款短袜和及踝鞋。他将 M1942 款头盔涂装成夏季的棕褐色，有时候还会加上绿色和棕色的斑点。他的腰带上有 M1909 款弹药袋、刺刀和折叠铲，没有 Y 形支撑带。毛瑟 98K 步枪和防毒面具罐的吊带交叉在胸前。他的武器包括 M1924 款木柄手榴弹和 M1939 款蛋型手榴弹，以及一具 60 式铁拳反坦克榴弹。这支部队在明斯克战役中被歼灭。

E: 1944 年，中部和南部前线

E1: 1944 年 8 月，罗马尼亚，拉西，第 103 装甲掷弹兵团，一等兵

这名机枪手穿着 M1943 款作战上衣和长裤、M1941 款短袜和及踝鞋、M1942 款头盔和伪装罩。作为第一射手，他在左后臀上穿戴了一把装在软枪套里的瓦尔特 P38 手枪；右前方是备用弹药袋——黑色皮质，或黑色/棕褐色压制硬纸板——装 7.92 毫米 MG42 机枪的子弹。

（上）1944 年 3 月，第 667 突击炮旅的一名观测中士。可以看到他的肩章上有旅级部队番号，1944 年 2 月 16 日之后德军允许在战场上佩戴此种标识。他去掉了红色绲边"战场灰"领章上的装甲师"骷髅"徽章，但并没有加上从 1943 年 1 月 30 日启用的鼠灰色近卫穗带。

（左）1943 年 9 月，一名大德意志装甲掷弹兵师的突击炮营的中尉正站在他的自走突击炮的炮塔上。M1940 款"战场灰"制服上有 M1935 款标准军官版领章，并有红色炮兵绲边，M1940 款浅灰色穗带肩章为红色布面底，上有镀金铝线"GD"交织首字母。他的 M1943 款作战布帽没有绲边。可以看到军官版"战场灰"绒面手套，他佩戴的铜质步兵突击章表明他曾隶属于摩托化步兵部队。

他腰带上配备着轻装步兵的装具，包括 84/98 款刺刀、M1931 款面包袋、水壶、水杯和饭盒，另有用装备带捆好的 M1931 款帐篷组件。他将他的防毒面具和 M1938 款折叠铲放在了 Sd.Kfz.251/1 装甲运兵车中。

E2: 1944 年 7 月，乌克兰西部，布洛迪，第 454 保安师，少将

这支在布洛迪被歼灭的后方德军师的师长穿着将官版作战服，这种制服其实从 1939 年以来并没有太大变化。包括 M1935 款军官版作战上衣，佩将官版肩章，"雄鹰胸标"和领章；M1935 款常服帽，有金色绲边和颏带饰绳，

以及 M1942 款镀金标识。他穿着有将官版绲边和条纹的 M1935 款石灰色马裤，搭配骑兵靴。在他的左臂上是装在皮质软枪套里的瓦尔特 PPK 手枪，他的 10×50 望远镜用一个带扣衬扁固定。他佩戴着一级铁十字奖章和二级铁十字勋带，以及金质的德国十字星。

E3：1944 年 9 月，华沙，第 73 装甲掷弹兵团，装甲掷弹兵

这名班组成员穿着 M1943 款非两面穿罩服，有内置兜帽和第 2 版沼泽伪装图纹，其下是 M1943 款作战上衣和 M1943 款束带裤。他的 M1942 款头盔有细铁丝网罩，用来固定伪装树叶。作为装甲步兵，在下车作战时要按照机械化战斗的要求采用轻装。传统的腰带装备包括弹药袋、木柄和蛋型手雷、刺刀、折叠战壕铲。

F：1944—1945 年冬季

F1：1944 年 12 月，普鲁士东部，因斯特堡（切尔尼亚霍夫斯克），第 236 掷弹兵团，中尉

这名步兵连长穿着 M1942 款垫絮两面穿白色/M1943 款"沼泽"版伪装冬季外套，其上衣和裤子分别是两个不同的翻面。他的左臂上是黑底绿色的 M1942 款军衔标识，还穿着皮质加强冬季毡靴，非官方但非常见的毡布作战帽，与 M1943 款作战帽类似，有白色毛绒帽墙和护耳里衬，缀有铝制常服版帽徽。三指式两面穿手套有着伪装服翻面。携带着略微泛白的 M1935 款头盔和短款 10×50 望远镜。他的黑色 M1934 款军官版腰带上有装在软枪套里的瓦尔特 P38 手枪和一个文件盒。

F2：1944 年 12 月，拉脱维亚中部，图库姆斯，第 1/227 运输队，司机

这名隶属于师级后勤团马驮运输连的年轻司机，最近才从德国境内调来，正在按照 1944 年 7 月后的命令行德国纳粹军礼。他戴着过时的 M1934 款非军官版作战帽，有鼠灰色标识，在 1944 年时以原有库存重新配发。另有 M1943 款作战上衣（佩 M1940 款标识）、"战场灰"毛线巴拉克拉法帽、毛线手套、最终版"战场灰"布质加强骑兵马裤和 1944 年时非常少见的骑兵靴。他装备着后期生产的毛瑟 98k 步枪，配发给后方部队的单组 M1909 款弹药袋、有 M1942 款骑兵环的 84/98 款刺刀。可以看到左胸袋上有希特勒青年团的徽章。

F3：1945 年 2 月，斯洛伐克北部，崔斯提纳，第 1 雪地猎兵团，上等猎兵

这名班长穿着山地部队的作战制服：M1938 款山地部队"战场灰"/白色两面穿防风大衣，有三个胸袋和军衔臂章，以及两面穿防风罩裤，其下是 M1940 款特殊"战场灰"制服。他还穿了短袜、登山鞋及 M1943 款带檐作战帽（上有鼠灰色标识和铝制雪橇、橡树叶图案的徽章）。皮质 M1939 款 Y 形支撑带上有第 1 版 M1943 款米黄色帆布单翻盖弹匣带，搭配他的 MP43/MP44 冲锋枪（在 1944 年 12 月改名为 44 式突击步枪）。

G：1945 年，南线

G1：1945 年 4 月，维也纳，第 124 装甲工兵营，上士

这名隶属于元首掷弹兵师的军士排长穿着 M1940 款特殊"战场灰"上衣，佩鼠灰色"雄鹰胸标"、黑色绲边领章上有 M1940 款鼠灰色近卫穗带，以及"大德意志"右袖标（但没有 GD 肩章交织首字母——1945 年 1 月 26 日被下令移除）。他的长裤抄进灰色袜子里，搭配及踝鞋；他的 M1943 款头盔上有第二版 31 式帆布条纹碎

一名第 290 步兵师的中尉，穿着一件 M1940 款非军官版作战上衣，改造后加上了深绿色衣领和军官版领章、"雄鹰胸标"及肩章。他的 M1934 款带檐作战帽上，有铝制螺纹线"鹰标"、国家帽徽和"花环"，也有一个非正式的师级"宽剑"徽章；更不寻常的是，这一徽章还出现在他的左胸袋翻盖上。这名军官佩戴了一级铁十字奖章和二级铁十字勋带，1941—1942 年东线冬季战役勋带和步兵突击章，以及——作为一名"德米扬斯克"师的成员——有德米扬斯克战役纪念臂章。

片图纹伪装罩。他佩戴了二级铁十字勋带、铜质近距离战斗章、通用突击章和黑色受伤纪念章。另有德米杨斯克纪念臂章，可以看出他曾经在第二军服役。他装了一组米黄色帆布 MP40 弹匣袋，软皮枪套里是瓦尔特 P38 手枪，并挂着一枚 60 式铁拳榴弹。

G2: 1945 年 3 月，匈牙利中部，赛克什白堡，第 1 装甲团，中尉

这名坦克连长穿着特殊黑色装甲部队制服（夹克的翻领盖住了 M1934 款铝制"雄鹰胸标"），佩 M1934 款粉色绲边"骷髅"领章，M1940 款浅灰色穗带肩章上有镀金军衔星和团级番号。M1934 款长裤搭配及踝鞋；M1943 款装甲部队带檐作战帽上有军官版铝制帽冠绲边、铝制"鹰标"和国家帽徽，以及非官方的第 1 装甲师橡树叶图案帽徽。图中可以看到装瓦尔特 P38 手枪的硬壳枪套，灰色羊毛手套和摩托车护目镜，另有一级铁十字奖章、二级铁十字勋带和银质坦克战斗章。

G3: 1945 年 5 月，捷克斯洛伐克西部，皮尔森，第 178 卫生连，参谋医师

这名师级卫生连的连长试图向美军第 3 集团军的部队投降。他在非军官版 M1943 款作战上衣上佩戴着军官版 M1935 款领章和"雄鹰胸标"，以及 M1940 款浅灰色穗带肩章，在扣眼上可以看到十字和剑功勋奖章的勋带，另外还穿有 M1940 款"战场灰"马裤、骑兵靴及有铝制螺纹线标识和帽冠绲边的 M1943 款作战帽。他带了一件 M1942 款垫絮两面穿白色 /31 式帆布条纹冬季上衣，上有医疗人员佩戴红十字袖标。除此之外，可以看到他的棕色 M1934 款军官版腰带上有装在硬枪套里的鲁格 P08 手枪，以作个人防身之用。

H: 1945 年，中线

H1: 1945 年 4 月，德国东部，什切青，第 1099 掷弹兵团，少尉

这名隶属于第 549 人民掷弹兵师的连长，穿着 M1944 款作战上衣和长裤，另有 M1943 款波罗领毛衣，并且足够幸运获得了一双 M1939 款行军鞋。他的 M1942 款头盔上有粗线网罩。他佩戴了 M1935 款军官版领章、步兵白色底的 M1940 款浅灰色穗带领章、44 式"战场灰"三角形底上的非官版 M1944 款机器刺绣"雄鹰胸标"、一个坦克摧毁章和步兵突击章。其装具包括染成黑色的 M1934 款棕色军官版腰带、6×30 望远镜和两组搭配 44 式突击步枪的标准 M1944 米黄色帆布弹匣袋——这种武器有限配发人民掷弹兵师部队，以及反坦克手雷。

H2: 1945 年 4 月，柏林，第 1075 掷弹兵团，掷弹兵

这名 50 岁的步兵，隶属于在柏林负隅顽抗的第 541 人民掷弹兵师的一个战斗小组，穿着有内置兜帽的 M1940 款外套，其下是作战服，搭配 M1941 款短袜和及踝鞋，另有鼠灰色刺绣标识的 M1943 款作战帽。他配有传统腰带和 Y 形支撑带装具，携带一支最终版的毛瑟 Kar98k 步枪（没有刺刀架和通条）；他还装备了 M1943 款木柄和 M1939 款蛋型手雷，另有 100 式铁拳榴弹。

H3: 1945 年 4 月，德国东部，泽洛高地，慕钦堡第 1 装甲掷弹兵团，中士

这名防守奥得河防线的班长，穿着 M1943 款两面穿冬季上衣，上有第 3 版 M1944 款"斑点"伪装图纹及 M1942 款军衔臂章，其下是 M1942 款毛衣和 M1943 款作战上衣。其 M1942 款垫絮两面穿白色 /"战场灰"长裤下是 M1943 款束带长裤，另有 M1941 款短袜和及踝鞋，并在 M1935 款头盔上涂抹了泥巴以用作伪装。他装备了 M1940 款热带帆布 Y 形支撑带和米黄色帆布苏联弹匣袋，用来搭配他缴获的 7.62 毫米 PPS43 冲锋枪。他还装备了用于近距离战斗的 M1938 款折叠铲。

德国陆军 1939—1945 年 (5)
西线 1943—1945 年

The German Army 1939—1945 (5)
Western Front 1943—1945

西线 1943—1945 年背景介绍

德国陆军和国防军高层指挥体系

德国武装力量（国防军）包括陆军、海军和空军，统一归武装力量最高指挥部（最高统帅部，OKW）总司令陆军元帅威廉·凯特尔指挥。武装党卫军，官方宣布成立于 1939 年 11 月，由党卫军帝国元首海因里希·希姆莱指挥，为独立军队，但其野战部队归德国陆军指挥。除此之外还有包括警察、边境卫队、冲锋队（SA）、国家社会摩托化军（NSKK）、国家劳工部门（RAD）和托特劳工组织（OT），以及成立于 1944 年 9 月 25 日的德国国土保卫部队（德国人民冲锋队）等准军事化组织。从 1944 年 10 月起，这些部队都拼凑在一起协助德国陆军防卫德国西部。

从 1933 年 1 月 30 日开始担任德国政府领袖和元首的阿道夫·希特勒，在 1938 年 2 月 4 日任命自己为武装力量最高司令（国防军至高司令官），1941 年 12 月 9 日起又担任陆军总司令部（OKH）总司令。希特勒实际上是一个只会纸上谈兵的所谓战略家，他坚信自己在"一战"中的步兵经验和独到的政治观点，足以使自己成为一个出类拔萃的野战司令。他日益忽略凯特尔，并绕过连续三任陆军总参谋长——步兵上将（后升任陆军大将）库尔特·蔡茨勒（1942 年 9 月 24 日至 1944 年 7 月 21 日）、陆军大将海因茨·古德里安（1945 年 3 月 28 日前），以及步兵上将汉斯·克雷布斯——这必然导致可以预见的灾难性结局。1945 年 4 月 30 日，希特勒自杀，5 月 1 日约瑟夫·戈培尔成为总理，任命海军元帅卡尔·邓尼茨担任总统，之后戈培尔也自杀。5 月 7 日，邓尼茨命令凯特尔在法国东部的兰斯与西方盟军签订协议，所有的德国武装力量无条件投降。

希特勒鼓励德国内部的政治和军事机构之间相互竞争，以此来保证没有人能够挑战他的权威。他指派德军最高统帅部管理法国、比利时、荷兰、丹麦、挪威和意大利，又将东线和巴尔干战场留给了陆军总司令部。这使得在西线的陆军将军们比东线的自由权还要少，完全成为希特勒假手最高统帅部下达指令的傀儡。这一现象在 1944 年 7 月 20 日由陆军军官发起的"炸弹阴谋"失败后更为严重。

从 1945 年 4 月 25 日起，由陆军大将阿尔弗雷德·约德尔指挥的最高统帅部作战局，名义上获得了大战的全面军事指挥权，同时邓尼茨控制了

1944 年 9 月，一名不堪重负的德军步兵穿过比利时的森林地区。他的头盔上有伪装的树叶，在作战服和装具外披着 31 式帆布条纹三角式伪装帐篷组件。他携带着 M1943 款铁拳反坦克榴弹发射器以及一盒弹头，另外还有毛瑟 Kar98k 步枪和一枚 M1924 款木柄手榴弹。

德国北部的部队,而空军元帅阿尔伯特·凯瑟林则控制了在德国南部、奥地利和意大利北部的部队,实际上将陆军总司令部的指挥权瓜分一空——除了在战争的最后几周加剧了混乱的状况外,这种指挥体系其实毫无用处。

德国陆军包括在德国境外作战的野战军,以及补充军。后者从 1944 年 7 月起,归希姆莱的武装党卫军指挥,为在占领区作战的野战军补充训练兵员。截至 1945 年 5 月,德国陆军从巅峰时期的 655 万人下降到 530 万人,另有 80 万人归武装党卫军指挥。

1940 年 10 月 26 日起,在法国占领区——从 1942 年 11 月 27 日起,还包括了原维希法国控制区——以及比利时和荷兰的德军都归设在巴黎的西线总司令部指挥,又被称为 D 集团军群。这司令部最早由陆军元帅埃尔文·冯·维茨勒本指挥,1943 年 3 月 15 日后为陆军元帅赫德·冯·伦德施泰特指挥,1944 年 7 月 2 日起直到被作为"炸弹阴谋"的同谋者被逮捕前,为陆军元帅冈特尔·冯·克鲁格指挥,1944 年 8 月 15 日后为陆军元帅瓦尔特·莫德尔指挥,1944 年 9 月 5 日起又为冯·伦德施泰特指挥。西线总司令部还指挥 B 集团军群和 G 集团军群。

意大利战区由第 2 航空队指挥,后来更名为南线总司令部,并在 1943 年 11 月 26 日又更名为德国陆军西南总司令部,由空军元帅阿尔伯特·凯瑟林指挥,下辖 C 集团军群,并短暂指挥过 B 集团军群。随着西线战场和意大利战场合并,西线总司令部和西南总司令部在 1945 年 4 月 22 日合并为南线总司令部,由凯瑟林指挥。最高统帅部通过武装力量司令部(国防军司令部)直接控制荷兰、丹麦和挪威。1944 年 11 月 11 日,荷兰武装力量司令部改编为 H 集团军群;1945 年 4 月 7 日改编为西北线总司令部,由陆军大将约翰内斯·布拉斯科维茨指挥,1945 年 4 月 15 日后为陆军元帅恩斯特·布施指挥。

战略战术

德国从 1939 年 9 月—1943 年 2 月的持续胜利来自于经验丰富的将领可以自由应用"闪电战"战术,集中坦克、摩托化步兵和空军的地面攻击机突破敌军防线的薄弱环节,并直捣其指挥中心,同时"决战学说"战术运用步兵将敌军围困并消灭在孤立的包围圈中。

随着法国沦陷,入侵大不列颠的计划也被无限期延后,希特勒将自己任命为最高指挥官,将这些战术改为了用要塞防线进行的静态防御——这

尽管从未被提拔为元帅,但陆军大将阿尔弗雷德·约德尔作为最高统帅部作战局的负责人,以及所有战地指挥官与元首沟通的桥梁,被认为是德国国防军中最有权势的军官。照片中他身着标准 M1935 款军官版常服礼服。大檐帽上有将官的金质帽冠和帽墙绲边、帽扣和饰绳绲带,以及镀金的铝制"鹰标"和其余用于 1942 年 11 月 16 日的"花环"徽章。他的"战场灰"上衣有泛蓝深绿色饰面布底衣领,另有金质衣扣和金质螺纹线"雄鹰胸标"。其将官版肩章为亮红色底,上有金色和银色饰绳,以及亮红色底的上的金质拉里施领章。在扣眼上,他佩戴了 1914 年二级铁十字勋带,上有 1939 年附加章,以标识他在"二战"中再一次获得了这一荣誉。一枚相似的章,有同样的图案,佩戴在他左胸袋的 1914 年一级铁十字奖章上。

不过是他在"一战"期间于西线的巴伐利亚第 16 步兵团里担任通信兵所得来的经验。

1942 年 3 月 23 日，希特勒命令托特劳工部门开始修建"大西洋壁垒"防线，这是一系列碉堡化的海港"要塞群"，意图形成一条穿过荷兰、比利时和法国大西洋沿岸，直达西班牙边境（以及海峡群岛）的连续防线。这些点位之间将以水泥的海岸炮阵地和碉堡群、坦克障碍、雷场和带刺铁丝网连接，以阻止预期中的英美联军海上登陆，使得德军可以集中兵力投入东线和北非战役。大西洋壁垒防线由缺乏机动力的步兵师防守，同时数支装甲师作为机动后备队。但到 1944 年 6 月，这些要塞群还没有完工，防卫部队也被不断地抽取人力和坦克以补充东线战场。

希特勒很勉强地任命"老战马"陆军元帅赫德·冯·伦德施泰特负责防守法国、比利时和荷兰；但之后，希特勒毫不理会这名经验丰富的指挥官做出的认为盟军会在诺曼底登陆的判断，坚持认为登陆地点会在加莱或荷兰海岸，并持续做出至关重要的增援防线的错误命令。在 1945 年 5 月前，希特勒都还坚持在挪威地区保留了一支庞大的驻守部队，以应对他臆测的盟军可能发起的登陆。

1944 年 6 月，数量极其有限的德军步兵在诺曼底的滩头阵地上进行艰难的防御。但在远离前线的地方，德军将官们浪费了数小时乃至数日的时间来说服战栗的希特勒，批准动用装甲预备部队对盟军滩头阵地发起进攻。尽管如此，陆军元帅瓦尔特·莫德尔，这位也许是隆美尔之后最杰出的德军指挥官（但由于希特勒的阻扰和盟军在装甲和空中的全面优势，无法施展"闪电战"或"决战学说"），在盟军对地攻击机从不间断的日间狂轰滥炸中指挥了一场卓越的战斗撤退。希特勒将增援兵力浪费在了要求寸土必争的防御上，并拒绝执行战术撤退以稳固防线，同时日益信赖武装党卫队而轻视德国陆军。

希特勒坚持，为了保证士气，对所有被歼灭和耗尽的部队都予以重建，使得德军在理论上看上去还有很庞大的战斗力，但其中满是只有旅甚至团级力量的有名无实的师。他于 1944 年 12 月在阿登地区发起的鲁莽且孤注一掷的向西反击战斗，挥霍了伦德施泰特最好的部队；但总体而言在德国西部边境防御的德军虽然精疲力竭，但却依然保留着战斗意志，直到 1945 年 3 月战败已经不可避免时，才最终崩溃。

希特勒非常惧怕失去意大利地区，因此意大利前线的指挥官——空军元帅阿尔伯特·凯瑟林获得了实力强劲的陆军和空军地面部队。他指挥部队，依托意大利利于防守的合理和山地地形且战且退，一路向北，一直坚持到 1945 年 4 月才全面崩溃。这使得意大利战役，并没有如温斯顿·丘吉尔所言会加快德国的战败，而是呈现出一种旗鼓相当的态势，有效地牵制了西线盟军可能获得的增援。

一张精心摆拍的宣传照片，意图向德国大众表达——坚定、自信的德军士兵可以成功抵抗任何盟军的入侵。这名步兵戴着有伪装树叶网盔罩的 M1942 款头盔，M1935 款作战上衣的深绿色衣领上缀有标准的 M1938 款领章。他携带着大战后期的绿色涂漆钢制 7.92 毫米弹药链，用于他的班级 MG34 或 MG42 轻机枪。

陆军部队发展

在1943—1945年西线战场上的德国陆军，被组织为2个，后来为3个集团军群，在意大利另有第4个集团军群——包括1个装甲集团军和8个步兵集团军，1个利古里亚－意大利补充集团军和1个补充军（其实是没有集团军直属部队的集团军）。除此之外还有第1空军伞降集团军和第6武装党卫队装甲集团军。补充军的部队则包括上莱茵河集团军群和布鲁门迪特集团军。每个集团军下辖2—5个步兵军。在这些前线中没有骑兵、山地兵或后备军。

步兵师

步兵师依然是德国陆军的骨干，1939年9月—1945年3月，这些步兵师共有35批，每批被命名为一个"波次"。师级番号和波次番号基本上可以判断该师的人力和火力规模及质量，波次越高番号位数越多的师，规模越小，士兵质量、武器和装备水平也更差。

1—20波次师，组建于1934—1942年7月间（师级番号为1—399、702—719），是按照M1939步兵师编制组建，但在部队人数方面逐渐减少（从17734人减少到11246人）。1942年9月20日以后，建立了12个"静态"步兵师，番号为242—245、264—266、326和343—348，是在"波次"系统之外单独建立的拱卫大西洋防线的师。每个师有2个，后来有时会有3个要塞团或步兵团，每个团有2个或3个营，通常共计6个营而非普通步兵师的9个。这些年龄较大、缺乏训练的士兵，只有最少量的摩托化装备和被削弱的火力配备。

东线战场的损失，使得西线的M1939编制师——以及第21—28波次的新建师——从1943年11月到1944年7月间被改建为M1944编制师。M1944编制步兵师有12772人，下辖3个M1944步兵团，每个团有1个反坦克连、1个步兵炮连和2个步兵营。6个师级支援部队包括1个炮兵团、1个燧发枪手自行车侦察营、野战补充营、反坦克营、工兵营和通信营。师级勤务部队包括马驮运输队和摩托化运输队，1个卫生连、战地医院、兽医连、宪兵部队和战地邮局。其中5个师（第59、64、226、232、237）是部署在西线和意大利战场的静态防御部队。

在1944年7月20日的"炸弹阴谋"之后，从1944年8月26日起，希特勒将54个在1944年7—8月间新建和改编的第29—32波次师，命名为"人民掷弹兵师"，意图打造具有高度政治可信度的步兵部队，由希姆莱直接指挥，最终这些部队构成了西线德军步兵的主体。人民掷弹兵师的常规编制为10072人——要么是改编自厌战疲乏的部队，要么是以伤兵和未经训练的新兵组建的新部队——其编制与M1944编制步兵师相似，但

一名法国战场上的装甲掷弹兵狙击手，携带着有坐式狙击镜的毛瑟Kar98k步枪。他将头盔伪装网下拉覆盖了脸部。他穿着有"战场灰"衣领和领章的M1940款作战上衣——比起M1935款衣领和M1938款领章而言，不那么显眼——以及有他服役兵种的草绿色兵种色绲边的"战场灰"M1940款肩章。

只有一个燧发枪连而非燧发枪营，人力削弱了 18%，火力配备削弱了 16%，其战斗效能也参差不齐。

1944 年 12 月 10 日，所有现存的步兵师，以及第 33—35 波次的新建师（师级番号为 48—716 以及部分命名师），其中 6 个为"人民掷弹兵师"，被改建为 M1945 编制师。M1945 编制步兵师有 11909 人，师级勤务部队改编为 1 个后勤团，下辖 1 个摩托化运输连、2 个马驮运输连、1 个军械连和 1 个机械维修排，另有行政管理连、卫生连和兽医连、宪兵部队和战地邮局。1945 年 3 月，其人力编制进一步削减到 11380 人，但在大战进行到这个时候，很值得怀疑到底有没有一支部队是按照这一编制成立的。有些在 1945 年春季仓促组建的师，被授予了命名而非通常的师级番号。

德国人非常擅长在战场上将残余的小规模部队和个别散兵合并组建为临时的"战斗集团"，没有固定的编制，并以指挥官名字命名，以执行某些特定任务。与之相似的是，偶尔会将更大规模的部队整合为一个"特殊部署师级单位"，但没有惯常的师级组织架构。

1939 年 10 月起，每个军区成立了几个轮换师，为野战军在德国境内训练轮换部队。每个有番号的轮换师是按照 M1939 步兵师编制建立，从 1944 年秋天起，这些轮换师的规模得到扩充被作为野战部队用来防守德国边境地区或接近边境地区的阵地——例如，在 1944 年 9 月，在阿纳姆部署了第 180 和第 190 轮换师。1942 年 10 月，许多轮换师被改建为预备师（番号 141—188），每个师有 16000 人，部署在占领区作为静态卫戍部队。1944 年 10 月 9 日，随着全部的占领区域都被盟军夺回，预备师被改建为步兵师，称作训练师，每个师有 16000 名接受进一步战斗训练并等待分配到前线部队的新兵。

3 个山地步兵师（第 2、6、7）部署在挪威，另外 4 个山地步兵师（2、5、8、157）部署在西线和意大利前线。M1939 编制山地师有 13056 人，编制架构与 M1939 步兵师相似，但有两个山地步兵团和拥有山地装备的支援部队和勤务部队。同时有 13000 人的 M1942 编制猎兵师作为轻装机动步兵。在西线和意大利战场上，没有保安师。

装甲部队

1943 年 6 月 23 日，摩托化步兵师被改编为 M1943 编制装甲步兵师（装甲掷弹兵师），有 14738 人编制，下辖 2 个摩托化步兵团和 1 个装甲

陆军元帅赫德·冯·伦德施泰特，在 1944 年 6 月间指挥在法国、比利时、荷兰的德军。他是唯一一名曾获得传统任命为"团级上校"的在役军官，他曾在 1925—1926 年间担任第 18 步兵团团长（译注：德军中的老牌将领，都已在"二战"前就获得校级任命而自豪，因此喜欢佩戴"二战"前的校级标识，以此表明自己与隆美尔、戈林等新贵的不同）。他因此穿着特殊的制服，混合了他现在的军衔标识和他过去的光荣任职历史的标识。这件 8 扣的 M1920 款军官版作战上衣有将官的金质衣扣和"雄鹰胸标"；前襟股那边为 1928 年为将官专门设计的，此处为步兵的白色。他的元帅肩章为白色底，缀有交叉元帅权杖的军衔标识和团级番号"18"。M1935 款军官版领章上有银质螺纹线近卫穗带，步兵的白色底。他在喉部佩戴着橡树叶、宝剑图案骑士十字奖章。

营，以及 7 个师级支援部队——摩托化炮兵团、战地补充营、装甲侦察营、反坦克营、摩托化防空营、摩托化工兵营和摩托化通信兵营，另有师级勤务部队。1944 年 9 月 20 日起，它被改编为 M1944 编制装甲步兵师，减少了 680 名支援部队人员和装备，但增加了火力配置；摩托化步兵团被改编为装甲掷弹兵团。

在西线战场上只有 6 个装甲师，在意大利有 2 个。1943 年 9 月 24 日，所有 15600 人的 M1941 编制装甲师被改编为 M1944 装甲师，编制 14727 人：下辖 1 个 2 营制的坦克团，第 1 营通常装备 PzKpfwV 型豹式坦克，第 2 营则继续装备 PzKpfwIV 型四号坦克；2 个 2 营制的摩托化装甲掷弹兵团，每个团中有 1 个营装备半履带装甲运兵车；7 个师级支援部队——1 个装甲炮兵团，野战补充营、摩托化防空营、装甲侦察营、装甲反坦克营、装甲工兵营和装甲通信兵营；另有师级勤务部队。

这一表面上的编制下掩盖的事实是，每个师装备的坦克数量从 1939 年 9 月的 328 辆逐步下滑到 1943 年的 165 辆。在实战中，由于机械故障、缺乏备用零件、战斗损失，以及在盟军战斗轰炸机统治天空的情形下增援不可能抵达、在逃离围追堵截时被迫将重型装备遗弃等情况，陆军元帅莫德尔在 1944 年 9 月报告说，每个装甲师平均只有 5—10 辆可以使用的坦克——虽然这一境况在后期有所改善，但这种灾难性的态势却被希特勒故意忽略了。

1945 年 3 月 24 日，所有的装甲师和装甲掷弹兵师被下令改建为 M1945 编制装甲师，只有纯粹的防御能力和区区 54 辆坦克。但在大战末期，没有一个师是真正按照这一编制执行的。理论上有 11422 人的 M1945 编制装甲师，有一个混成装甲团，下辖 1 个坦克营和 1 个半履带车装甲掷弹兵营；2 个装甲掷弹兵团；以及与之前相似的支援和勤务部队。

德军装甲部队在战斗中会得到来自集团军指派的突击炮营的增援和加强。1944 年 2 月 25 日，这些突击炮营被改编为突击炮旅，每个旅有 3 个炮组，每个炮组有 10—14 门自走突击炮。装甲师和装甲掷弹兵师有装甲防空营，每个营有两个 88 毫米双用途防空炮炮组——当作为地面火炮使用时有强大的摧毁力——以及 2 个 20 毫米轻型防空炮炮组。1944 年 3 月 1 日，火箭炮团被合并为旅，

1944 年 6 月，诺曼底。隶属于师级反坦克营的一门经过伪装的 75 毫米口径 40L/46 反坦克炮的三人炮组。他们穿着五花八门的作战上衣、行军鞋和及踝鞋；中间和右边的士兵看起来在头盔上罩有伪装条纹；左侧的士兵装备着 MP40 冲锋枪；中间的士兵佩戴套在枪套里的鲁格手枪；右边的一等兵则有 M1911 款步枪弹药袋和 84/98 刺刀。尽管他们看起来轻装上阵，但很有意思的是他们还是带着 M1930 款防毒面具罐，另有捆在一起的防毒披风。

1944年9月起，这些部队名义上都归希姆莱指挥，被称为"人民火箭炮旅"，其中10个旅参加了阿登反击战。

精锐师

德军在"二战"期间共有6个精锐陆军师，但除了大德意志师曾短暂部署在西线外，自1940年6月后，没有一个精锐陆军师出现在西线战场。1943年6月1日，第44步兵师被改编为条顿骑士团大团长帝国掷弹兵师，试图以继承奥地利帝国军事传统的方式来鼓励奥地利人继续忠于第三帝国。1943年8月—1944年11月，其被部署在意大利。1943年6月20日，以原冲锋队队员为基础，成立了统帅堂掷弹兵师；1944年8月后，在西线成立了第106统帅堂装甲旅。另有224人的勃兰登堡部队突击队员组成了斯蒂劳集团，被拆分为56个4人小组，身着美军军装，在1944年12月的阿登反击战期间在盟军后方从事破坏活动，其中72人被盟军抓获并以间谍身份被枪决。元首步兵旅（元首掷弹兵旅）和元首护卫旅在1945年1月参加了阿登战役的最后阶段。

非陆军部队

1943年11月1日，残存的14支空军野战师被转隶陆军，并改编为M1944步兵师，下辖"步枪（L）团"，以及支援部队和勤务部队。在理论上，成立了14个空军伞兵师——这些"绿魔"部队中的部分部队可以称为大战期间最精锐的德军部队——其中9个（第2、3、5—8、11、20、埃德曼师）在西线战场上支援陆军作战，另有2个（第1、第4）部署在意大利战场。精锐的赫尔曼·戈林装甲师从1943年6月到1944年7月间，也部署在意大利战场。

武装党卫军在西线战场上有8个师（第1、2、9、10、12装甲师；第

1944年8月，法国东北部，一名工兵一等兵正在组装一枚炸弹。他戴着第二版伪装盔罩——有很明显的树叶插环带——用松紧绳固定在头盔上，采用了31式帆布条纹碎片伪装图纹。图中的M1935款上衣上有M1940款V型军衔标识，采用了"战场灰"布面底而非早期的深绿色底。

1944年6月12日，一群在诺曼底被俘虏的德军。左侧的一等兵戴着M1943款带檐作战帽，穿M1940款作战上衣；后排右边的一名士兵则戴着老款M1934作战帽；右起第二人身上可以看到用沼泽图纹伪装布料制成的M1943款带兜帽罩服，是配发给狙击手的装备。

17 装甲掷弹兵师；第 34 步兵师；第 6 山地师），第 16 武装党卫军装甲掷弹兵师部署在意大利。

宪兵、牧师和军事行政官

1941 年 2 月 1 日，负责监督补充军驻防情况和检查离营士兵文件的陆军巡逻勤务部门，被归并到巡逻勤务司令部，下辖铁路卫戍营，并在大铁路车站检查文件。1941 年 12 月 1 日后，改为陆军巡逻勤务集团，1944 年 3 月 1 日后改为武装力量巡逻集团，部署在占领区。随着德军在 1943 年 2 月的斯大林格勒战役中失败，德军传统的优良军纪逐渐崩坏，要求有更多的部队来支援宪兵和后方司令部维持军纪。

1943 年 11 月 27 日，成立了第一到第三战地警察司令部，直接向陆军元帅凯特尔汇报，拥有超越所有巡逻勤务和宪兵的权力。每个司令部下辖一个战地警察营（从 1944 年 4 月 25 日后改为一个团），有 5 个摩托化连；部署在前线后方 12 英里处的这些部队可以不加审判就实行包括处决在内的方式处理国防军人员。1944 年 1 月后，又增加了巡逻军分队来支援他们的活动。每个集团军有一个 49 人的营级秘密战地警察集团，实施战地保安和镇压反抗的任务，向陆军情报局负责。

在每个德军师师部，各有一名新教和天主教牧师，同时阿塞拜疆、北高加索、突厥人和伏尔加鞑靼人营里会指派一名逊尼派穆斯林教士（毛拉）。1944 年 1 月 24 日，陆军军事行政官的部分分支，被永久转为野战军隶属，改称勤务人员，1944 年 5 月 1 日又改为新成立的两个特别勤务部队分支——由高级军事法庭行政官担任的国防军军纪勤务和由高级、上级军分区督查行政官及高级发薪行政官担任的行政管理勤务。

欧洲志愿者

德军中的西欧和北欧志愿者并没有被部署在西线战场上，以免其被同胞抓获后以叛国者身份被处决。因此西班牙的"蓝色师"、比利时瓦隆人的第 373 步兵营和法国人的第 638 加强掷弹兵团只被部署在东线。武装党卫军中的比利时佛兰德人、丹麦人、荷兰人、挪威人、瑞典人、瑞士人和后来的西班牙志愿者也都部署在东线，并在 1943 年 6 月 1 日合并了瓦隆人，1944 年 9 月 1 日合并了法国人。

1943 年 9 月 15 日，墨索里尼在意大利北部和中部成立了意大利社会共和国（RSI），RSI 部队在意大利前线穿着意大利军队制服，以德国盟军的身份继续作战。1943 年 8 月，该战场上又加入了身着斯洛伐克军队制

陆军元帅冈特·冯·克鲁格（左），在 1944 年 7 月间担任西线总司令时拍摄了这张照片，但他的任期只有短短 3 周。"战场灰"皮革大衣在高阶军官中非常流行，但 1944 年 2 月 29 日后就停止了生产，以节约战略资源。其翻领没有里衬，陪伴他的少将穿着一件涂胶大衣。

服的斯洛伐克陆军的第 2 斯洛伐克师（后改名为第 2 技术师）；1944 年 5 月 8 日，另有捷克陆军的 11 个步兵营身着捷克军队制服为德军作战。有的意大利志愿者加入了武装党卫军，其余人则被分配到德军陆军中的师级勤务部队。

东方部队

在东线的德国陆军，从 1941 年 8 月起就接收了来自俄罗斯和苏联加盟共和国的志愿者，称为"协助者"，部署在战斗师中。这一成功导致后来成立了三种独立部队。哥萨克骑兵中队和后来的骑兵营、骑兵团、步兵营及步兵团成立于 1941 年 10 月。1942 年 2 月 8 日后，亚美尼亚、阿塞拜疆、格鲁吉亚、北高加索、突厥人和伏尔加鞑靼步兵营被改编为 6 个东方军团。1942 年 10 月 1 日，爱沙尼亚、俄罗斯、白俄罗斯和乌克兰部队被改编为东方营。1943 年 1 月，俄罗斯、白俄罗斯和乌克兰部队被合并为俄罗斯解放军（ROA），由原红军少将安德烈·弗拉索夫指挥。

1944 年 11 月 14 日，俄罗斯解放军被官方改称为俄罗斯人民解放委员会武装力量（VS-KONR），但在 1945 年 5 月前依旧被简称为俄罗斯解放军（ROA）。所有这些部队都被配属加强给德军师，作为战斗部队或支援部队。

1943 年 7 月，德军从波罗的海地区溃退，撤入白俄罗斯和乌克兰，这些志愿者的许多原籍国土被红军重新获得。为了避免兵变或叛逃，从 1943 年 10 月起，67 个东方营被调到欧洲西部，以充实大西洋壁垒防线上德军师的力量；另有 24 个营被调往意大利。他们通常被编制为德军步兵团的第 4 个营。有两个隶属于第 319 步兵师的营（第 643 东方营、第 823 格鲁吉亚营）甚至被部署在海峡群岛。1944 年 2 月 1 日，在法国东南部成立了志愿者轮换师，下辖第 1—5 团，以训练补充部队。

这些营的战斗士气大相径庭，他们远离故土，被要求与西方盟军而非先前德国人所承诺的与红军作战。盟军非常惊讶于居然有俄罗斯士兵向他们的先头部队投降。但整体而言，东方营的战斗表现还算不错，在诺曼底战役中，B 集团军群有 23 个营，其中 10 个被歼灭，另有 11 个东方营隶属于位于法国南部的 G 集团军群。5 个哥萨克步兵营和 3 个骑兵营，划归 B 集团军群，在战斗中被歼灭了 1 个步兵营。

东方军团部队，是德军建立起来为了"解放"外高加索和中亚地区的，但他们的表现不能达到德国人的期望，很成问题。有 18 个营参加了诺曼底战役，其中 7 个部署在法国南部。1944 年 7 月，第 799 格

1944 年 7 月，两名伪装得很好的装甲掷弹兵，穿着伪装罩服和长裤，躲在诺曼底的篱笆树林里，等待盟军装甲部队。他们装备着致命的 PRzB54 式反坦克火箭筒。这款 88 毫米口径的反坦克火箭筒，是美军巴祖卡火箭筒的仿制改进版，可以在 150 码射程内发射空心装药的穿甲火箭弹。发射的火箭弹的尾焰在离开筒口大约 8 英尺之内都会继续燃烧——因此设计了有观测孔的射手防护盾。另一人携带着一盒 RPzBGr4332 或 4992 式火箭弹。

鲁吉亚营的部分人员逃往盟军战线,第 627 伏尔加鞑靼营直接兵变;1945 年 4 月 5 日,驻扎在荷兰海岸外的特赛尔岛的第 803 北高加索营和第 822 格鲁吉亚营,宣布倒向盟军阵营,并坚守该岛抵抗德军反击,直到 4 月 17 日才向德军投降。

第 162 步兵师,在波兰占领区成立,目的是为了向东方军团部队提供人员,有 5 个阿塞拜疆和 6 个突厥人步兵和炮兵营,以及德国支援部队和勤务部队;1943 年 10 月,该师被调往意大利北部。另有 1 个亚美尼亚、3 个格鲁吉亚和 2 个东方营被加强配属给意大利的其他德军师,以在战线后方执行反游击队作战任务。没有哥萨克部队参加意大利战场的战斗,但 1944 年 9 月—1945 年 4 月,哥萨克家属被先后安置在该国东北部的吉莫洛和托尔梅佐。

1943—1945 年战役简介

1944 年,诺曼底登陆

1944 年 6 月,法国、比利时和荷兰地区,由德军西线总司令部负责防守,下辖控制法国北部、比利时和荷兰的 B 集团军群,以及法国南部的补充军 G 集团军群。

B 集团军群,指挥官为陆军元帅埃尔文·隆美尔,这名名望卓著的指挥官曾经担任北非的德国－意大利联军总司令,此时掌握着两个集团军和荷兰卫戍部队。其中第 7 集团军下辖 12 个师(第 77、243、265、266、275、343、352、353、709、716 步兵师;第 2 空降师;第 21 装甲师),部署在布列塔尼和诺曼底西部,另有 219 步兵师部署在海峡群岛。东边是第 15 集团军以 18 个师的兵力(第 47—49,第 84、85、245、326、331、344、346、348、711、712 步兵师;第 165、192 后备师;第 17—19 空军步兵师)防守诺曼底东部、加莱海峡省和比利时地区;同时在荷兰有 4 个师(第 347、719 步兵师,第 16 空军步兵师,第 19 装甲师)。西方装甲集群,在 1944 年 8 月 5 日改编为第 5 集团军群,作为冯·伦德施泰特的战略后备队,部署在巴黎地区,有 9

1944 年 8 月,诺曼底东部的一幅很有意味的景象——3 名来自原德国空军野战师的步兵,从一辆被击毁的英军谢尔曼坦克上提来满满的油箱。所有人都穿着 M1942 款第 2 版长度及腿的德国空军碎片图纹连体服,这是德国空军野战部队的标志性衣物。他们还保留着 M1935 款德国空军非军官版腰带。其他照片显示,野战师的步兵会穿着德国空军的第 2 版伪装伞兵跳伞服。

个师（第 271、272 步兵师；第 2、116 装甲师；装甲教导师；第 1、第 12 武装党卫军装甲师）。

登陆日开始于 1944 年 6 月 6 日的半夜，盟军的第 21 集团军群，以 8 个师（3 个伞兵师和 5 个步兵师）、3 个装甲旅的兵力，加上完全的空中优势，在诺曼底西部登陆，此处由德军第 7 集团军第八十四军的 3 个静态步兵师防御（第 352、709、716）。希特勒拙劣的战略直觉让这里的部队并未做好准备，同时他的过分谨慎也使得德军不能做出快速反应或机动部署。因此，只有第 21 装甲师在卡昂附近发动了反击。盟军的空中优势严重地阻挠了德军在白天的推进，到 6 月底时，隶属于西部装甲集群和 G 集团军群的 7 个一线装甲师（第 2 装甲师；装甲教导师；第 1、9、10、12 武装党卫军装甲师；第 17 武装党卫军装甲掷弹兵师）已经错失了夺下盟军滩头阵地的可能。到 7 月初，滩头阵地上已经调入了共计 28 个盟国、英国和加拿大师（3 个伞兵师、19 个步兵师、6 个装甲师）以及 5 个装甲旅。

1944—1945 年，法国北部、比利时和荷兰

7 月 17 日，隆美尔被英国皇家空军的一架战斗机扫射，受伤严重，冯·克鲁格代替他成为 B 集团军群司令，直至被捕[①]，之后在 8 月 17 日，莫德尔接任。盟军的滩头阵地在与德军的坚决反击中缓慢扩大，但最终英国军队在 7 月 10 日占领了卡昂，这意味着登陆场已经完全肃清。7 月 25 日，盟军冲出滩头阵地，8 月 7 日时，德军第 7 集团军丢掉了布列塔尼。第 1 集团军被短暂地划归 B 集团军群，但无力阻止盟军推进；8 月 20 日，第 7 集团军和第 5 装甲集团军，在付出巨大代价后，从法莱斯包围网中撤出，退过了塞纳河。德军于 23 日弃守巴黎。

1944 年 8 月 25 日，盟军渡过塞纳河发动进攻。西线司令部和 B 集团军群（第 7、15 集团军；第 5 装甲集团军）在盟军强大的空中攻击下，迅速向东撤退，在 9 月 6 日从法国北部撤出——但许多孤立的海峡港口依然掌握在德军要塞卫戍部队手中，有的甚至坚持到了 1945 年 5 月。英国军队通过比利时的速度甚至更加迅速，在 9 月 3 日就占领了布鲁塞尔，9 月 4 日占领了安特卫普城——但未能夺下临海部分，9 月 10 日夺下卢森堡。到 9 月 15 日，B 集团军群的大部分部队，在极少量残存的装甲部队和没有后备队的情况下，在比利时境内（依然阻止着盟军使用安特卫普的港口设施）和（比利时—德国边境的要塞群），

①克鲁格并非 7 月 20 日"炸弹阴谋"的策划者和参与者，但他同情这些军官,而被希特勒所猜忌。8 月 17 日，被下令解除职务并押解回国，途中服毒自杀。

1944 年 8 月，法国东北部。一具 6 管 150 毫米口径 41 式烟雾发射器的 4 人炮组乘员正在准备开炮。所有人看起来都穿着 M1942 款芦苇绿夏季作战服，并在操作他们这门威力巨大、震慑力十足的武器时卸下了所有的个人装具。

1939年齐格菲防线（西墙）勉强构筑了一条防线。

9月15日，疲乏不堪、筋疲力尽的盟军，惊讶于德军溃败的速度，并由于油料短缺，停止了攻势，使得德军赢得了宝贵的时间以人民冲锋队、边境卫队和人民掷弹兵部队来增援他们的防线。1944年9月4日，下辖7个师（第84、85、89、176、179、353步兵师，第6伞兵师）的德国空军第1空降集团军增援在荷兰的B集团军群，刚好赶上——在第二武装党卫军装甲军的大力协助下——在9月17—26日击退英军伞兵在阿纳姆的攻势。

但是，到10月21日时，盟军已经占领了荷兰南部，并且夺下了德国西部的第一座大城市——亚琛。1944年11月11日，德军成立了H集团军群，由空军大将库尔特·斯图登特指挥，以第1空降集团军和第15集团军防守剩下的荷兰占领区。

1944年12月16日，国防军以24个隶属于B集团军群（第7集团军、第5装甲集团军）的非满编师（第12、18、26、47、62、246、276、277、326、340、352、560人民掷弹兵师；第3、15装甲掷弹兵师；第2、116装甲师，装甲教导师；第1、2、9、10、12武装党卫军装甲师；第3、5空降师）以及西线总司令部的第6武装党卫军装甲集团军的兵力，依托德国空军所剩无几的支援，在比利时的阿登地区发动反击。最初，这些西线德军残存的精华只需要面对的是6个盟军师。阿登攻势，也被称为突出部战役，意图是要重新夺回安特卫普，但在最初的成功后，12月20日，德军攻势被遏制，这次反击推进了50英里，距离默兹河上的迪南，只有4英里，但却将本来可以用来防御德国西部的机动力量消耗一空。1945年1月20日，德军被迫退回齐格菲防线。

1944—1945年，法国南部

法国南部由补充军G集团军群驻防，司令官是陆军大将约翰内斯·布拉斯科维茨，下辖部署在法国西南部的第1集团军，有3个未满编的静态海岸防御师（第708步兵师；第158、159后备师），并以第11装甲师作为战略预备队；另有部署在法国南部和中部的第19集团军，有7个静态师（第242、244、338、716步兵师；第148、157、189后备师）以及第198步兵师，以第9装甲师作为后备队。

1944年8月15日8点，美军第7集团军以8个美军和法军师（6个步兵师、1个装甲师、1个空降师）的兵力，在法国东南部展开"铁砧"登陆行动。补充军G集团军群（在12月12日更名为G集团军群），在火力和人力上都完全处于下风，迅速溃败。第19集团军在8月28日放弃马

陆军中将费迪南德·海姆，在1943年8月退休，他在前一年担任的是东线战场上的第6集团军的总参谋长职务。1944年8月1日，他被重新征召，被任命为布伦卫戍司令。9月22日向加拿大第3步兵师投降后，他成为了一名沮丧的战俘，戴着有金线刺绣标识的将官版大檐帽。他的M1935款军官版作战大衣上有将官的亮红色翻领里衬。衣领带扣，显示出了拉里施领章和骑士十字奖章。

赛和普罗旺斯，9月3日放弃里昂，9月10日放弃第戎，迫使侧翼暴露的第1集团军在未经一战的情况下放弃法国西南部，向东北方向撤退。当盟军在1944年9月15日停止攻势时，G集团军群还控制着洛林地区的孚日山脉。9月21日，装甲兵上将赫尔曼·巴尔克取代了布拉斯科维茨，但后者在12月24日又重新出任司令官，此时第1集团军已经撤入了德国西南部（12月15日）。1945年1月，该集团军被并入在1944年11月由本地防御部队和补充军部队组建的上莱茵河集团军群。第19集团军在科尔马包围圈中负隅顽抗，此处是德军占领的最后一块法国领土，一直持续到1945年2月9日。在解放法国的过程中，自由法国的部队始终冲在盟军的最前列。

1945年，德国西部和荷兰

整个1945年1月，部署在荷兰比利时地区和德国西部边境的西线总司令部都在抵抗盟军的局部攻击，但在2月9日，三个盟军集团军群（第6、12、21集团军）发动了一次重大攻势，攻入了德国西部。1945年3月21日，盟军迫使B集团军群（第7、15集团军；第5装甲集团军，第6武装党卫军装甲集团军）以及大部分G集团军群（第1、19集团军）——从1945年1月29日后由武装党卫军大将保罗·豪赛尔任司令官——退过莱茵河，并在经过激战之后占领了位于荷兰边境的芮斯华森林，在3月5日占领了科隆，并在3月7日在雷马根建立了莱茵河桥头堡。

H集团军群的残余部队，后更名为西北线总司令部，以隶属于第1空降集团军的12个师（第84、180、190步兵师；第406特种师；第15装甲掷弹兵师；第116装甲师；第6—8空降师；第106装甲旅）和1944年11月10日成立的第25集团军（第331、346步兵师；第2空降师）驻防荷兰地区。从4月2日开始，盟军的持续进攻迫使西北线总司令部——在4月9日又调入了由德国补充军部队改编的布鲁门迪特集团军——在1945年4月15日撤入德国西北部，在4月26日放弃不莱梅，在5月3日放弃汉堡，并在5月4日投降。5月8日时，在丹麦的德国驻军，包括第281、第398分区司令部，以及在挪威的拥有11个师和9个旅的第20山地集团军，也向盟军投降。

B集团军群在德国西部的中央战场以27个师的兵力进行防御：

第5装甲集团军——此时已经没有什么装甲坦克了——（第85、89步兵师，第18、26、272、277人民掷弹兵师，第3、5空降师）。

第15集团军（第59、176、338、353步兵师；第12、183、363人民掷弹兵师；第476特种师；第3装甲掷弹兵师；第9、11装甲师，装

康斯坦丁·迈耶上校，在1944年8月担任洛林地区的梅茨卫戍司令。他的作战常服包括M1943款作战帽——隐约可见军官版银质帽冠绳边——M1935款作战大衣和上衣。照片中可以比较清晰地看见大衣的深绿色饰面布衣领；另有白色步兵底色的军衔肩章，并且缀有从1944年2月16日起恢复的镀金团级番号。可以看到6×30望远镜、标配作战手电和非军官版腰带。

甲教导师）。

吕特维茨集群（第 180、戴希曼、汉堡步兵师；第 190 特种师；第 116 装甲师；第 2 空降师；第 22 防空师）。

1945 年 3 月 23—25 日，盟军渡过莱茵河发动进攻，到 4 月 2 日时，将 B 集团军群围困在鲁尔包围圈中，后者在 4 月 18 日投降，陆军元帅莫德尔自杀。

G 集团军群，从 1945 年 4 月 2 日由步兵上将弗里德里希·舒尔茨指挥，以 37 个师的兵力防守德国西南部：

第 1 集团军（第 416、719、拉斯勒步兵师；第 16、19、36、47、256、257、347、559 人民掷弹兵师；第 526 后备师；第 905 特种师；第 2 山地师；第 17 武装党卫军装甲掷弹兵师；第 6 武装党卫军山地师）。

第 7 集团军（第 9、79、167、212、246、276、326、340、352、560 人民掷弹兵师，第 2 装甲师）。

第 19 集团军（第 106、189、198、716 步兵师；第 550 掷弹兵师；第 16、47、257 人民掷弹兵师；第 405、805 特种师；第 1005 步兵旅）另外还包括在 1944 年 11 月成立的第 24 集团军军部。

3 月 22 日，盟军渡过莱茵河发起进攻，在 4 月 4 日占领卡尔斯鲁厄，在 4 月 20 日占领斯图加特和纽伦堡，在 4 月 30 日占领慕尼黑，在 5 月 4 日抵达奥地利的萨尔茨堡。5 月 5 日，G 集团军群投降。

1943 年，西西里和意大利南部

1943 年 7 月 10 日，英军和美军在西西里东南部登陆，该地由意大利的第 6 集团军（4 个步兵师、1 个摩托化师，6 个海岸师）以及部署在西西里北部，有 3 个师兵力的德军第 14 装甲军（第 15、29 装甲掷弹兵师；赫尔曼·戈林空军装甲师）防御。德军在该岛上建立起了一条顽抗的轴心国防线，并在 8 月 17 日大部分撤入意大利南部的卡拉布尼亚。

西西里的沦陷震惊了意大利政府，在 7 月 25 日逮捕了墨索里尼，并任命彼得罗·巴多格里奥元帅担任首相。希特勒正确地预见到意大利即将投降，盟军将借此冲向奥地利南部边境，因此在 1943 年 8 月 15 日以驻扎在卡拉布尼亚的德军师组建了高度机动化的第 10 集团军。第 10 集团军，由设在罗马的德国空军南线司令部指挥，下辖有 10 个师的第五十六军（第 15、29 装甲掷弹兵师；

1944 年 9 月，一群勋章满身的德国军官正在计划在阿纳姆地区歼灭英军的第 1 空降师。（从左到右）分别是：陆军元帅莫德尔，B 集团军群指挥官；空降突击部队上将库尔特·斯图登特，第 1 空降集团军司令官，穿着陆军的 M1934 款摩托车手涂胶大衣，有"战场灰"布面衣领；后排，是一名少校，刚刚被授予骑士十字奖章，穿着 M1940 款特殊"战场灰"制服。远端右边是党卫军旅队长——武装党卫军少将海因茨·哈默尔，武装党卫军第 10 "弗龙兹堡"装甲师师长，穿着摩托车手大衣，但配的是深绿色饰面布衣领。

1944年10月，防守亚琛的人民掷弹兵师士兵。一名士兵显得非常高兴，因为刚刚被授予了二级铁十字奖章。他的M1935款头盔上依然还有从1943年8月28日起被命令去掉的国防军"鹰标"。他将一柄掘壕铲——也许是作为近战武器——抄进M1940款作战大衣的前襟里。他在腰带上抄着M1924款木柄手榴弹，右边的士兵穿着M1934款摩托车手涂胶大衣——他的手榴弹为M1942款预制碎片手雷。

第16、26装甲师，第1空降师），部署在卡拉布尼亚，另有3个师（第3、90装甲掷弹兵师；第2空降师；附加第16党卫军帝国元首突击旅）——后改建为第十四装甲军——部署在意大利中部作为后备队。

1943年9月3日，盟军在卡拉布尼亚登陆，9月9日在塔兰托的阿普利亚登陆，德军第10集团军向北且战且退。8日，意大利宣布投降，希特勒迅即派出陆军元帅埃尔文·隆美尔指挥的B集团军群（第四十一、九十七军，第二武装党卫军装甲军）占领了意大利北部。同时，盟军于9月9日在萨勒诺登陆，但德军第10集团军向滩头阵地发起了猛烈的攻击，直到9月18日。随后，第10集团军发挥丰富的撤退经验，在9月20日从波坦察、9月27日从福贾、10月1日从那不勒斯陆续撤出，在10月8日停下来加普亚－泰尔莫里地区构建了"维克托防线"。

1943—1945年，意大利中部和北部

1943年11月26日，德军成立了由空军元帅凯瑟林指挥的C集团军群，下辖18个师，分别隶属于部署在意大利中部的第10集团军（第44、65、94、305步兵师；第15、29、90装甲掷弹兵师；第5山地师；第26装甲师；第1空降师；赫尔曼·戈林装甲）和在1943年11月18日成立的部署在北部的第14集团军（第71、162、278、334、356、362步兵师；第188后备山地师）。第10集团军防守狭窄的意大利战场，表现出了极大的技巧和丰富的谋略，给盟军的地面进攻带来了巨大的伤亡，之后在1943年12月27日在桑格罗河和加里尼亚诺河构建了"古斯塔夫"防线，又称"希特勒防线"，以卡西诺山作为支撑点。1944年1月18日，盟军开始进攻古斯塔夫防线，1月22日在安奇奥和内图诺登陆。但第10集团军一直坚守古斯塔夫防线直到1944年5月13日，第14集团军也围困安奇奥滩头阵地直到5月23日。德军在6月4日从罗马撤退并快速向北方前进，9月4日放弃佛罗伦萨，并在8月19日构建了"哥特防线"。同时，1944年3月17日，冯·扎根的补充军（冯·扎根集群）在意大利北部成立，在1944年7月31日扩充为利古里亚集团军，下辖2个意大利社会共和国师（RSI）和5个德军师（第34步兵师；第148、157后备师；第42猎兵师；第5山地师）。

1944年8月25日，盟军冲破了哥特防线，在9月21日占领了里米尼，但后续进攻却因为C集团军群坚决的反击而进展缓慢，并在1944年

12月29日被迫在博洛尼亚南面停止。1945年3月10日，陆军大将海因里希·冯·维廷霍夫——这名杰出的第10集团军司令官，在凯瑟林晋升后接替了C集团军群的指挥权；德军很快迅速撤入奥地利境内，在4月21日放弃了博洛尼亚，在4月27日放弃了热那亚。意大利的德军在1945年5月2日投降，使得盟军在欧战胜利日之前得以进入了奥地利南部。

1945年1月，3名掷弹兵团的排长正在荷兰比利时边境研究地图，他们的士兵等在半履带车里。这三人都穿着有深绿色或M1940款"战场灰"衣领的M1934款摩托车手涂胶大衣。军官（中间）戴着M1934款老式带檐作战帽。

陆军制服

军官版常服

这套军官常服包括M1935款军官"马鞍状"大檐帽、M1935款军官版带勋带作战上衣、M1935/M1940款军官版作战大衣、M1934款军官版棕色皮革腰带、军官版马裤和军官版黑色高帮靴、灰色绒面手套、手枪和枪套。其布料是上等质地的泛绿灰色布料，传统上被称为"战场灰"布料。

非军官版常服

技术军士和高级军士的常服，采用质地一般的"战场灰"布料，包括非军官版M1935款大檐帽或M1934/M1942款作战帽，M1935款作战上衣和M1940款作战大衣。M1940款长裤搭配黑色行军鞋，或M1943款束带裤搭配M1941款战场灰帆布短袜及黑色绑带及踝鞋。黑色皮质腰带有M1936款铝制皮带扣，从1941年改为"战场灰"，另有套在枪套里的手枪和灰色绒面手套。更多的低级军士和士兵戴作战帽，在腰带上配插在刀鞘里的刺刀。带檐M1943款通用作战帽，在1934年6月被官方替换为M1934/M1942款作战帽，到1944年时，已经成为了最常见的陆军头部装备，其实质就是有深帽檐的M1942款作战帽。

M1942款作战上衣省去了上一版的口袋折褶，M1943款上衣改为方形口袋翻盖。有的军士按照军官式样，将领尖处理得更尖锐，并且下摆更短，并且将下侧袋袋口缝住，以显得更为整洁。M1943款束带裤在臀部有加厚布料，腿部及裤口呈锥形，以搭配短袜。非军官版作战大衣采用非军官版品质的布料和标识，M1942款有更宽大的衣领用来在寒冷天气中提供更好的保暖性。

军官版作战制服

在战场上，所有军官（除了排长——到 1944 年只有军士和最年轻的少尉会担任排长），都穿 M1935 款军官版作战上衣，搭配军官版腰带和戴套手枪；另有 M1935/M1942 款钢盔，军官版 M1938 或 M1943 款作战帽，以及军官版马裤搭配骑兵靴。

1939 年 10 月 31 日，在作战部队中所有将官以下军衔的军官被命令穿戴非军官版作战上衣、黑色腰带、长裤和行军鞋，以减少被敌人发现的危险；但大多数军官全部或部分违抗了这一命令。许多人自行购买并替换了原有的非军官版上衣，增加了如更短的衣摆、后翻袖口、口袋折褶和泛蓝深绿色衣领等在内的军官版特征，并搭配军官版标识。当在战场上与士兵们在一起时，这款上衣的衣领扣可以解开。1943 年 7 月 23 日后，不再佩戴非军官版黑色腰带，改为涂黑的军官版 M1934 款腰带，但在 1943 年 10 月 30 日后，M1934 款棕色腰带又重新启用。

1944 年 9 月 25 日，德军启用了 M1944 款作战服，对象包括陆军、海军陆上部队、空军和武装党卫军的所有军阶。这款长度及腰的作战夹克或束带衣，采用了颜色更偏棕色的绿灰色，即 44 式战场灰劣质布料，有 6 颗前襟扣和两个无折褶胸袋。这款上衣与英国的作战上衣即美国的"艾森豪威尔夹克"外形相似，比之前的老式上衣看上去要现代化一些，使得它似乎更受欢迎；有的军官为了更加模仿盟军的这两款衣物，甚至自行将前襟缝合。M1944 款长裤，也采用了 44 式"战场灰"布料，有内置腰带和踝部松紧绳。从 1944 年 12 月 13 日起生产的 M1944 款夹克可以将衣领敞开，搭配黑色领带和衬衣——泛绿灰色、绿色、泛绿棕色、米色或白色都有。非军官版 M1941 款战场灰近卫穗带，直接缝在衣领上，另有军官版 M1935 款领章。德军为军官设计了标准的 M1944 款鼠灰色编织"雄鹰胸标"和纳粹卐字符，都缀在三角形"战场灰"布面底上，但大多数人采用了军官版 M1935 款"雄鹰胸标"，材质为铝制螺纹线，深绿色布面底，或是深绿色三角布底上缀的 M1944 款铝线编织"雄鹰胸标"。将官则选择了礼服质地的 M1935 款金线螺纹或 M1938 款人造丝线"雄鹰胸标"。

M1935 款和 M1942 款钢盔采用了亚光泛绿灰色涂装，最初在左侧有白底银色的国防军"雄鹰"标识，但在 1943 年 8 月 28 日废除。无檐的 M1938 款军官版作战帽上有铝制螺纹线绲边，另有泛蓝深绿色布面底上的

1945 年 1 月，西线。一个火力支援小组操纵着一挺 MG42 轻机枪，机枪架在三脚架上以获得稳定的连续火力。第一射手（左）穿着 M1942 款垫絮两面穿"战场灰"/白色冬季上衣。

铝制丝线刺绣国标帽徽以及铝制螺纹线"雄鹰胸标"（将官为金质螺纹线或人造丝线）。军官还佩戴有铝制（将官为金质）饰绳帽冠绲边的 M1943 款带檐作战帽，偶尔上面会缀有非军官版"鹰标"和国家帽徽。过时的 M1934 款老式军官带檐作战帽有机器刺绣的标识（现在的裁缝称其为"破碎机帽"），直到 1945 年 5 月前还有许多军人穿戴。有的军官还自行戴着非军官版 M1942 款作战帽，上面增加了军官版铝质或金质绲边。

担任步兵排长的尉官穿戴非军官版黑色腰带，上面有 84/98 款刺刀和刀鞘，M1939 款刺刀扣环，M1938 款折叠铲，M1941 款或 M1944 款面包袋，M1931 款水壶和水杯以及 M1935 款文件盒。M1942 款"军官"支撑带上固定着两组 MP38/MP40 冲锋枪使用的 M38/40 款弹匣袋。装在口袋里的防毒披风通常捆在 M1930 款防毒面具罐上，从肩部挂下，或系在面包袋上。另有蔡司 6×30 双筒望远镜，信号哨和手电筒。

1945 年 4 月，在荷兰的代芬特尔被加拿大第 1 集团军俘虏的一名反坦克部队中尉。他穿着的 M1940 款特殊"战场灰"制服，有粉色绲边的黑色装甲部队领章，适用于装甲师和装甲掷弹兵师中的反坦克营以及有集团军或军部直属的类似部队。他的肩章为粉色底，并有一个镀金的军衔星和镀金的代表装甲猎兵的"P"字符，但没有营级番号。他的非军官版 M1943 款作战帽上有标准标识，但没有军官的银色绲边，而"雄鹰胸标"又是军官版的银质版本。可以看到东线 1941—1942 年冬季战役章和二级铁十字勋带；左胸上有一级铁十字奖章、通用突击章、银质受伤纪念章（3 或 4 次受伤）；左臂上有库班战役纪念盾章。

非军官版作战制服

非军官穿戴常服，搭配 M1941 款"战场灰"帆布短袜和黑色绑带及踝鞋，这种组合日渐替代了传统的行军鞋，另佩戴钢盔。有的高级军士选择 M1934 款旧式带檐作战帽作为替代品。如果连长下令，士兵们可以将上衣领解开。技术军士和高级军士携带装在黑色枪套里的手枪；担任步兵排长或班长的军士采用尉官排长的装备，但使用非军官版 M1939 款步兵 Y 形支撑带。非军官版 M1944 款作战服有普通圆底肩章，上有兵种色绲边，M1940 款"战场灰"近卫穗带直接绣在衣领上，没有军士衣领边缘穗带，另有缀在"战场灰"三角布面底上的标准 M1944 款鼠灰色"雄鹰胸标"。

其他军士和士兵佩戴标准步枪兵装具：腰带上携带 84/98 款刺刀、M1938 款折叠铲、M1931 款或 M1944 款面包袋及 M1931 款水壶和水杯。M1939 款步兵 Y 形支撑带和 D 形环上固定着三组毛瑟 Kar98k 步枪搭配的 M1911 款弹药袋中的 2 组，背后的 M1939 款帆布 A 形框架上有 M1931 款饭盒、M1931 款伪装帐篷组件和帆布作战背包，以及捆在防毒面具罐上的防毒披风。

夏季作战制服

德军在西线和意大利战场上配发了在炎热气候中穿着的冬季作战服。热带制服从 1943 年夏季开始配发给法国南部，意大利南部、西西里岛和撒丁岛上的部队，鉴于北非在 1943 年 5 月 12 日投降，这些装备在除欧洲之外的战场上就没有用武之地了。

此时还可以偶尔见到芦苇绿人字斜纹布的 M1940 款劳作服。这款上衣，只有两个口袋，缀有"雄鹰胸标"，另有高级军士的衣领穗带。这些高级军士，以及军官，自行加上了军衔肩章。M1941 款芦苇绿套头棉布衬衣被作为温暖气候中的外穿衣物。有五颗白色塑料衣扣和 2 个胸袋。军官版肩章、非军官版绲边 M1940 款"战场灰"肩章，以及 V 形臂章或 M1942 款军衔臂章都可以作为该套制服的附件穿戴。

最常见的夏季制服是 M1942 款夏季上衣，采用芦苇绿或浅灰色人字斜纹布，剪裁类似 M1942 款作战上衣，有作战服质地标识和"雄鹰胸标"。军官佩戴 M1935 款领章，军士和士兵佩戴 M1940 款"战场灰"近卫穗带。行军裤出现在 1943 年。另有一种 M1944 款芦苇绿作战上衣和长裤被设计出来，但几乎可以肯定从未真正生产过。

另有在第二卷中已经描述过的浅橄榄色热带制服。包括很好辨识的非洲军 M1940 款带檐作战帽；M1940 款或 M1942 款作战上衣；M1940 款衬衣和领带；M1940 款马裤或长裤，或 M1943 款直筒裤；M1940 款短裤和及膝袜；高帮绑带鞋或及踝鞋，棕色作战大衣，搭配 M1940 款帆布热带腰带和装具。

德国空军热带制服，启用于 1941 年 4 月 25 日，采用浅棕栗色布料，由转隶陆军的空军师及个别士兵穿戴。另有个别德军士兵获得了意大利和武装党卫军的热带制服配件，通常与芦苇绿陆军标配夏季衣物混搭穿戴。

冬季衣物

标准的冬季制服配件包括毛线巴拉克拉法帽或无檐帽；加厚的毛线内衣；毛衣；毛线手套，哨兵的双排扣卫戍大衣和毡布罩靴；载具乘员的厚大衣；毛皮里衬手套；驾驶员和摩托车手的手部罩套。其他配发的冬季衣物包括羊皮大衣，无装饰的棕色垫絮夹克和长裤，穿在野战制服外、大衣下，以及有皮革加厚补丁的长度及小腿的毡靴。

为东线战场研发的冬季制服，主要是在 1944 年 12 月到 1945 年 1 月的阿登之战中配发给西线部队，以及在 1944—1945 年冬季配发给意大利战场上的阿尔卑斯山区域的部队。M1942 款垫絮两面穿白色/"战场灰"冬季上衣有薄、中、厚三种不同版本，腰部和袖部有松紧绳、六颗前襟扣、两个侧腰袋和内置兜帽。两面穿长裤有两个腿袋，一根胯部拉紧带和脚踝松紧带。两面穿可分离式兜帽搭配这款制服一起配发，但并不受欢迎。两面穿手套和皮革加厚的白色毡布雪地靴也有配发。这种制服的生产很可能在 1944 年末就告终结，因为长期的物资短缺，这也成为必然。

第 12 突击炮旅是由空军伞兵志愿者组成的，戴着德国空军的头部装备和标识，搭配 M1940 款特殊"战场灰"制服。这张很有意思的照片显示出两名由海因茨·多伊奇中尉指挥的突击炮乘员，他们在 1945 年 2 月的芮斯华森林战役中与盟军装甲部队的交锋中表现卓著——射手，上士贝恩德（左），以及驾驶员，中士，斯坦加斯格尔。两者都穿着陆军"战场灰"制服，其黄色的空军军衔领章被军士穗带部分闭合。两者都佩戴着一级铁十字奖章和空军地面战斗章。贝恩德还有伞兵资质章。

其他冬季物品包括 7 颗前襟扣的 M1942 款连体雪地罩服、4 颗前襟扣的 M1942 款雪地罩服，M1942 款两件套雪地外套和 M1942 款山地部队雪地制服（是一种两面穿的厚大衣和罩裤，配发给了所有战斗部队）。

伪装制服

M1931 款三角形 1/4 帐篷组件（31 式帆布条纹），采用密织棉布布料，也可用作夏季伪装披风，穿在野战装具外或内。它采用了两面布料，有介于浅色和深色间的第一版"碎片"伪装图纹，有绿色、棕色和卡其色各种色块。

M1942 款罩服，为采用 31 式帆布条纹的无领棉布外套，可以反穿为白色，配发量较少。其在胸前用绳子穿过五组扣眼系紧；两个前胸缝隙可以使穿着者摸到罩服下上衣的口袋；有腰部松紧绳，还设计了两个侧袋，以及带扣袖口。为此设计了搭配的 M1942 款军衔臂章，但经常被士兵略去。罩裤也采用了同样的面料，另外还有盔罩。第一版 M1942 款盔罩采用了可以反穿为白色的 31 式帆布条纹布料；第二版则增加了树叶插环带；两者都用松紧绳在盔缘下方固定。

1942 年 4 月间，有一小批 M1942 款垫絮两面穿冬季上衣、长裤和手套也采用了 31 式帆布条纹 / 白色布料。还有一种非两面穿冬季上衣采用了 31 式帆布条纹布料或"沼泽"图纹面料——后者为卡其色或泛灰绿色底上的边缘更柔和的棕色和绿色图案。M1944 款伪装围裙为无袖的罩服，有带扣前襟，采用 31 式帆布条纹布料或沼泽图纹人字斜纹布。

后期生产的罩服和冬季上衣采用了第二版 M1943 款碎片伪装布料，第三版 M1944 款为圆形的"斑点"图纹。M1943 款沼泽图纹伪装罩服配发给了狙击手和装甲掷弹兵部队。

转隶陆军的空军野战师的人员经常保留了他们的 M1942 款长度及腿的外套，采用了德国空军的碎片伪装图纹布或沼泽图纹的人字斜纹布。装甲部队的 M1943 款野战上衣与 M1940 款长裤、M1944 款野战束带衣与长裤，以及装甲部队的 M1940 款特殊上衣与长裤，经常会使用其自行采购的 31 式帆布条纹或沼泽图纹人字斜纹布进行制作。

在意大利战场上的德军经常穿意大利陆军的 M1929 款帐篷组件，或 M1942 款 3/4 腿长的伞兵罩服、M1942 款盔罩及撒哈拉样式的上衣和长裤，都是采用标准的意大利陆军伪装布料制成。这种布料有云朵伪装图纹，有棕色、浅森林绿色和赭色。有时也会用这种布料来制作上一段所述的德

1945 年 4 月，这名隶属于 B 集团军群的焦虑不安的步兵上士，在鲁尔包围圈中被俘房。作为一名高级军士他还戴着 M1935 款非军官大檐帽，有"战场灰"帽冠、深绿色帽墙、铝制标识、白色绳边以及黑色皮革颏带，与他的士兵形成鲜明对比。他还穿着有深绿色饰面布衣领和肩章的 M1935 款非军官版作战大衣，在脖子上缠着一条平民版围巾。他身后士兵的表情显得紧张不安，但依然信赖于他的领导。

军式制服，特别是 M1943 款野战上衣。武装党卫军的伪装衣物也有个别德国陆军人员穿戴；赫尔曼·戈林师的空军人员，从 1942 年夏季开始配发了武装党卫军伪装罩服和盔罩。

军衔标识

将官的肩章为亮红色底，上有礼服质地折褶饰绳。其图案设计包括两叶金质丝线或人造丝线的饰绳以及一根亮光铝线饰绳（1944 年 4 月 25 日后，只有战斗兵种的将官采用亮红色肩章底）。陆军元帅的军衔标识为银色交叉元帅权杖（1941 年 4 月 3 日后，所有饰绳都改为金色）；大将、上将、中将和少将分别佩戴 3、2、1 颗或 0 颗银质的四尖德国军衔星。特殊兵种的将官和精锐部队的将官另有各自独特的肩章标识。

校官的肩章为两根折褶铝线饰绳，兵种色肩章底；上校、中校和少校各自有 2 颗、1 颗和 0 颗金色德国军衔星。担任连级职务的上尉、中尉和少尉，佩戴两根平行饰绳，同样以 2 颗、1 颗和 0 颗金质军衔星进行分别。所有特殊兵种和精锐部队的军官佩戴各自独特的金质标识。校级和连级军阶的肩章在战时采用不是很显眼的亚光银灰色饰绳（有时会被收藏者称为"氧化银"）。

高级军士军阶（从参谋上士到中士）佩戴深绿色或"战场灰"肩章，有兵种色绲边，边缘有 M1935 款亮光铝线或 M1940 款鼠灰色人造丝线或人造纤维穗带。各自佩戴 3 颗、2 颗或 1 颗军衔星，另有兵种或部队的铝制标识。附属官（连级军士长）另有两根袖口穗带环。低级军士（高级下士和下士）佩戴同样的肩章，但没有军衔星，后者还没有肩章底部的穗带，另有用兵种色链式针法缝制的兵种或部队标识。如果被委任为代理附属官（代理连级军士长——随着有资质的军士日渐短缺，德军采用了这种战时

1943 年 6 月 19 日，第 134 掷弹兵团被改称"条顿骑士团大团长"帝国掷弹兵团。按照条例，阿努尔夫·阿贝勒上尉作为一名营长，穿着 M1940 款非军官版作战上衣，配"雄鹰胸标"，但自己加上了 M1935 款军官版领章。

1943 年 6 月 3 日，比利时。一群第 134 掷弹兵团的士兵在阅兵中展示他们才被颁发的团级旗帜，该旗帜是按照传统的奥地利风格设计。8 月间，他们被调拨到意大利战场，划归第 44 条顿骑士团大团长帝国掷弹兵师。上士旗手穿着 M1942 款非军官版作战上衣，但与德国传统相悖的是，并没有佩戴肩带、颈饰或臂章。他有两名尉官护卫；三人在左胸袋的不同位置都佩戴着一级铁十字奖章、步兵突击章和黑色受伤纪念章。该团在 1943 年 12 月 31 日被颁发了"斯大林格勒十字"肩章标识。

231

任命的职务），他们也会佩戴两根袖口穗带环。

士兵佩戴普通肩章，有兵种色绲边。其军衔用穗带V形军衔章（或铝制军衔星）标识，佩戴在左臂上的泛蓝深绿色或"战场灰"三角形（或圆形）布面底上。从1942年4月25日起，有两年服役记录但并不适合提拔为低级军士的上等兵，可以被提拔为参谋一等兵；许多，但不是所有的"6年以上上等兵"都被提拔到了这个有额外津贴的军衔。

M1942式军衔臂章系统，启用于1942年8月22日，佩戴在军官和军士的白色冬季上衣、外套、衬衣和劳作上衣上（即官方标准中没有肩章的外衣）。包括金色或绿色的"橡树叶片"和军衔杠，缀在黑色矩形底上，这套标识在1944年前并没有广泛推广，并且即使推广后也并不受欢迎。

兵种标识

为了保密，从1939年9月1日起，德国陆军下令——当部队被派往德国境外时，取消或隐藏他们肩章上的兵种符号以及部队番号。补充军人员，以及休假或被指派在德国境内执行任务的陆军人员，可以继续公开佩戴这些标识。在大战期间，如大德意志师在内的精锐部队可以在战场上佩戴他们的GD交叉首字母肩章标识。到1944年时，德军最高统帅部认为这可以提升士气——并且有助于宪兵快速甄别逃兵——因此冒着军事泄密的危险重新启用了部队标识。从1944年2月16日起，所有的陆军和补充军军官被下令在他们的肩章上增加金色镀锌金属兵种和部队标识，高级军士则在肩章上采用亮光或亚光铝制标识。

低级士官和军士配发了"战场灰"（或装甲部队的黑色）肩章滑片，上有兵种色人造丝线链式针法缝制的标识。虽然设计时是希望这一滑片被佩戴在肩章中部，但事实上经常被佩戴在底部。1944年5月16日，德军设计了一种浅灰色链式针法的肩章标识滑片。德军日益恶化的后勤保障状况意味着肩章滑片没有足够的生产或配送量以满足所有部队，特别是那些新成立的有着"门牌号"一样番号的部队，因此肩章兵种和部队标识主要是由军官和高级军士持有（他们中许多人其实早在1944年2月前就已经佩戴这些标识了）。

坦克乘员的特殊黑色制服和标识

坦克营、团、旅，装甲师和装甲掷弹兵师的反坦克营以及许多装甲师师部的人员戴M1940款黑色作战帽；M1934、M1936或M1942款作战上衣及长裤，搭配灰色衬衣、黑色领带和褐色绑带靴，或是装甲工兵连的

1944年夏天，一名在意大利的装甲部队校官，戴着标准的"战场灰"M1935款军官大檐帽，身着M1940款橄榄色热带上衣，但有条例之外的附件——他加上了全套从他的黑色装甲部队作战夹克上取下来的M1934款粉色绲边黑色"骷髅"章。他佩戴了两次世界大战的铁十字奖章以及金质的德国十字奖章；左袖上可以看到似乎是"非洲"字样的袖标。他还没有将工厂生产的全军阶通用版"雄鹰胸标"替换为军官版。

1944 年，诺曼底和法国北部
1：1944 年 6 月，诺曼底，奥马哈海滩，第 914 掷弹兵团，掷弹兵
2：1944 年 8 月，巴朗通，第 901 装甲掷弹兵教导团，一等兵
3：1944 年 6 月，诺曼底，装甲火箭炮炮组，观测上士

1944 年，诺曼底和法国北部
1：1944 年 7 月，卡昂，第 857 要塞掷弹兵团，上尉
2：1944 年 8 月，法莱斯包围圈，第 281 陆军高射炮兵营，少尉
3：1944 年 9 月，里尔，第 192 装甲掷弹兵团，装甲掷弹兵

B

1944年，法国南部
1: 1944年8月，土伦，1/198亚美尼亚营，军团列兵
2: 1944年9月，阿尔萨斯，第11装甲师，少将
3: 1944年9月，洛林，第2113装甲营，高级下士

1944年，比利时和荷兰
1：1944年10月，阿纳姆走廊，第1222掷弹兵团，掷弹兵
2：1944年9月，荷兰－比利时边境，第189（摩托化）战地宪兵部队，中士
3：1944年10月，布雷斯肯斯包围圈，第1039掷弹兵团，上等兵

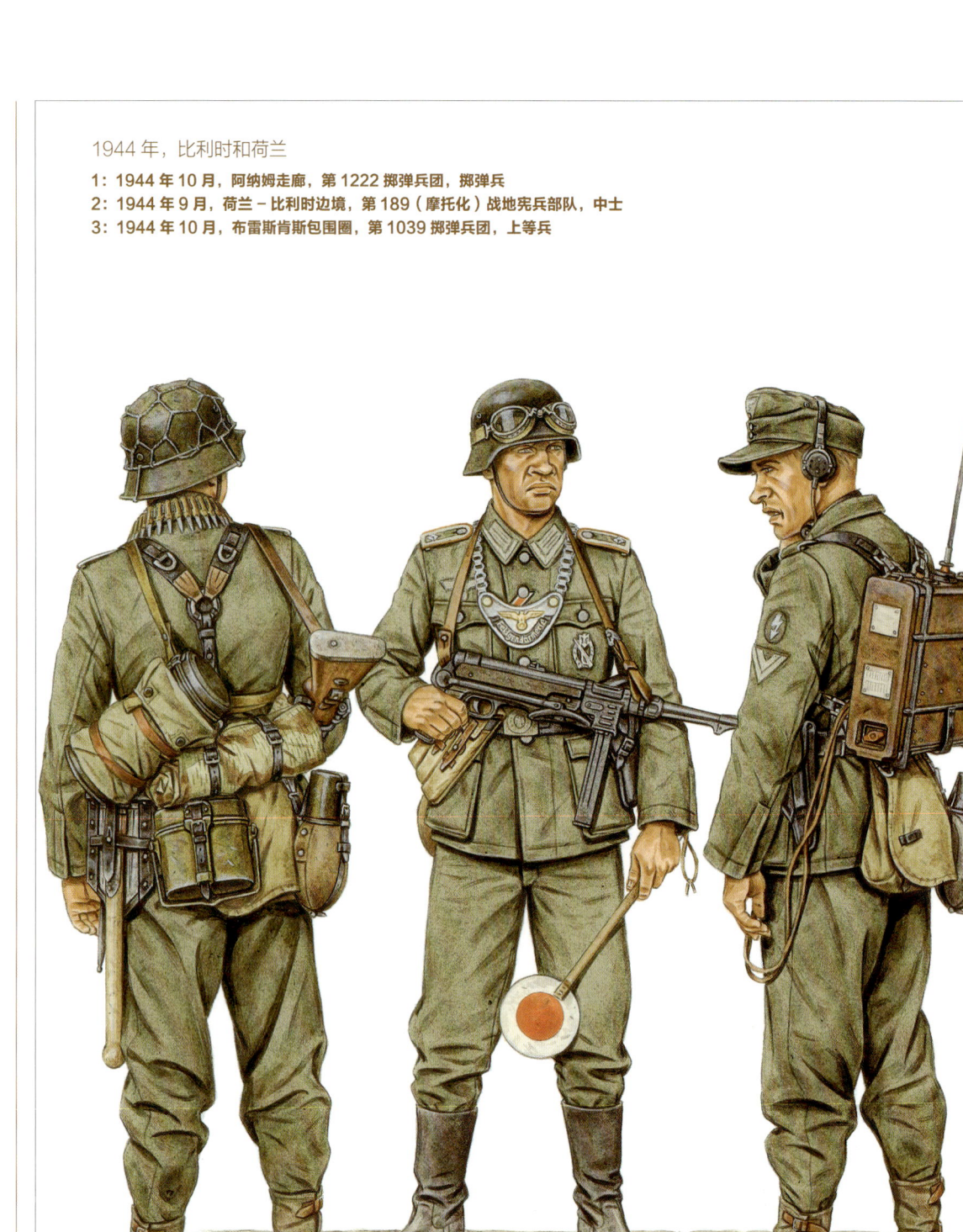

1944—1945年，阿登攻势

1：1944年12月，阿登，第39燧发枪团，下士
2：1944年12月，阿登，第33工兵营，中校
3：1945年1月，阿登，元首护卫旅，第1装甲掷弹兵营，上等装甲掷弹兵

1945 年，德国西部

1：1945 年 3 月，科隆，第 2106 掷弹兵营，中尉
2：1945 年 4 月，鲁尔包围圈，第 48 掷弹兵团，一等兵
3：1945 年 2 月，芮斯华森林，第 156 装甲掷弹兵团，装甲掷弹兵

F

1943年，西西里岛和意大利南部

1：1943年11月，沃尔图诺，第26装甲师，国防军上级牧师
2：1943年9月，萨勒诺，第64装甲掷弹兵团，装甲掷弹兵
3：1943年7月，西西里岛，第115装甲掷弹兵团，高级下士

1944—1945 年，意大利中部和北部
1：1944 年 9 月，哥特防线，第 25 猎兵团，上等兵
2：1944 年 2 月，古斯塔夫防线，条顿骑士团大团长帝国掷弹兵团，下士
3：1945 年 4 月，波河，第 26 装甲侦察营，参谋上士

H

行军鞋（有些装甲师的将官违反条例在特殊黑色制服上佩戴拉里施肩章，有时甚至加上了红色的长裤绲边和条纹）。

有一款黑色呢质版 M1942 款非军官版作战帽有小批量配发。所有的船形帽在 1943 年 6 月 11 日都被黑色呢质版 M1943 款带檐作战帽取代，但这种帽檐会在装甲战斗载具中操作光学观测装备时碍手碍脚；因此配发这款作战帽的许多人宁愿保留原来的旧版船形帽，这种情形非常广泛。许多军官和高级军士还违反条例选择"战场灰"军官版 M1935 款大檐帽、M1934 款旧式带檐作战帽，或是非军官版 M1935 款大檐帽。

装甲载具成员和机师，以及装甲炮兵和火箭炮乘员配发了棉布连体服，有鼠灰色、"战场灰"、泛白色、浅棕色或芦苇绿色等。装甲乘员有时将其染成黑色，有的在意大利战场上的乘员则自行采购用意大利伪装布料生产的版本。装甲车连的乘员穿采用芦苇绿人字斜纹布或白色或鼠灰色棉布的 M1941 款装甲师牛仔服作为劳作或夏季作战服。

M1942 款装甲部队牛仔服采用芦苇绿或浅灰色人字斜纹布，配发给了所有装甲载具乘员，包括突击炮乘员和机师。其宽大的夹克，有一个很大的左胸袋，扇形带扣翻盖，另在右襟上有两排 5 颗暗扣；这些暗扣可以调节松紧，因此可以在寒冷季节时穿在黑色或战场灰作战服外，或是在炎热天气中单穿。其长裤有一个大型左腿袋。这套制服也有自行采购使用碎片、沼泽伪装图纹或是意大利 M1929 款森林式伪装布料制成的。

1944 年，一名在意大利指挥装甲团的上校，戴着橄榄色 M1940 款热带作战帽；"鹰标"用浅泛蓝灰色线缝制在棕色底上，另有围绕在国家标识外的粉色兵种色 V 形纹（于 1942 年 9 月 8 日正式停用），也是棕色底。橄榄色 M1940 款热带上衣上有全军阶通用领章和"雄鹰胸标"（棕色底、浅泛蓝灰色线）。在下翻领上，他增加了从他的特殊黑色制服的领章上取下来的铝制"骷髅"徽章——这种方式最早见于北非战场。M1940 款浅橄榄色上衣搭配的是非标配的深色衬衣。他的奖章包括一级铁十字奖章和金质德国十字奖章、一枚受伤纪念章和一个难以辨识的国外十字奖章。

特殊"战场灰"制服和标识

在西线和意大利战场的装甲载具人员中有 11 类人员没有穿黑色装甲部队制服，而是配发了"战场灰"制服。这些人员包括突击炮乘员；驾驶黄蜂式或野蜂式自走炮的装甲炮兵；陆军摩托化防空营；装甲工兵；装甲列车；步兵部队和装甲掷弹兵部队中搭乘半履带车的反坦克炮连和步兵炮连；搭乘半履带车的装甲掷弹兵营；装甲火箭炮炮组；步兵、猎兵或山地师、军、集团军直属部队中的牵引式或自走式反坦克部队；集团军或军部直属的装备象式自走炮的反坦克部队；装甲载具中的通信人员（非装甲通信兵）。将官有时也会穿戴这种制服，搭配拉里施领章和马裤。

这套制服包括"战场灰"版 M1940 式装甲部队黑色作战制服——作战

上衣、长裤、灰色衬衣、黑色领带和黑色皮质绑带鞋。军官戴 M1938 款无檐或 M1943 款带檐作战帽，非军官版 M1934 款或 M1942 款无檐或 M1943 款带檐作战帽。

这款上衣上佩戴军官版标准 M1935 款领章、军士和士兵的 M1940 款鼠灰色标准近卫穗带，采用"战场灰"布面底，直接绣在矩形领章上，并有兵种色绲边：突击炮和装甲炮兵及陆军防空营为亮红色；装甲工兵为黑色；装甲列车为粉色；步兵部队中的反坦克炮和步兵炮连为白色；搭乘半履带车的装甲掷弹兵营以及装甲掷弹兵部队中的反坦克炮和步兵炮连为草绿色；装甲火箭炮炮组为枣红色（但有时省去绲边）。

在步兵、猎兵或山地师、军、集团军直属部队中的反坦克部队的所有军阶人员，佩戴有"骷髅"徽章的粉色绲边战场灰矩形领章；通信兵，采用有"骷髅"徽章的柠檬黄绲边战场灰领章；装甲师及装甲掷弹兵师中的自走反坦克部队及军或集团军直属的象式反坦克部队，采用与装甲团一样的带"骷髅"徽章的粉色绲边黑色领章。从 1941 年中期开始拍摄的许多照片，也显示出有许多时候，这些肩章上并没有"骷髅"徽章。1943 年 1 月颁布了命令重申这一规定，但同样也没有被遵守。

这些人员还会穿戴芦苇绿劳作和夏季作战制服，搭配各自合适的兵种标识。

其他兵种的特殊标识

德军精锐师继续佩戴独特的识别标识。从 1943 年 12 月 31 日起，第 44 步兵师师部（包括将官）和下属条顿骑士团大团长帝国掷弹兵团的人员，在他们的肩章上佩戴灰色铝制"斯大林格勒十字"——这是一种中世纪的条顿骑士团的徽章，上有这场战役的名字，以纪念该师在 1943 年 1 月的斯大林格勒战役中被歼灭的悲怆往事。这款十字有时也会被非正式地作为帽徽佩戴。1945 年 2 月 26 日，又为该师颁发了一款袖标，可能是右袖口标识，当时其已经被派往匈牙利。从 1943 年 6 月 3 日起，掷弹兵团已经被允许携带原奥地利陆军的第 4 条顿骑士团大团长步兵团的团级旗帜，为金黄色底上的黑色哈布斯堡王朝"雄鹰"标识。

第 106 统帅堂装甲旅（第 2106 装甲营和装甲掷弹兵营）在左袖口上佩戴棕色"统帅堂"袖标，以及铜线冲锋队"胜利符文"交织首字母肩章。在阿登战役中，元首护卫旅佩戴 GD 交织首字母肩章和"大德意志"右袖口袖标；被指派卫戍希特勒的各个司令部的人员，另有黑色布料带上的手工刺绣金色丝线或机器刺绣黄色螺纹线哥特字体"元首司令部"字样及边缘，或是黑色羊绒皮袖标上的手工刺绣铝制丝线舒尔特字体（译注：一种德国古字体）。当担任这种任务时，元首掷弹兵旅佩戴"大德意志袖标"和 GD 交织首字母肩章。

1945 年 1 月，意大利，拉文纳附近的卢戈。这名被俘虏但却微笑的上等兵，穿着战场临时缝制的伪装长裤，采用的是 31 式帆布条纹碎片图纹布料，按照 M1942 款装甲部队长裤样式，但剪裁得很宽大。他的作战帽和上衣是 M1943 款，有 M1936 款军衔 V 形章，无线电操作员的白色闪电臂章（深绿色布面底）。

希特勒希望"强大"的国家社会党的政治领导可以将 1944 年 7 月后建立的孱弱、装备低劣及训练缺乏的人民掷弹兵师变成精锐部队。1944 年 10 月 8 日，为其设计了一种帽徽，可能是包含 VGD 字符的交织首字母帽徽，但并未真正生产。

1941 年起，一些部队，通常是装甲师和装甲掷弹兵师的部队，在作战用的头部装备上佩戴非官方的帽徽。通常是师级载具标识的铝制复制品，佩戴在耳朵上方的帽子左侧。西线战场上唯一有这种标识的部队是第 116 装甲师，为黑色椭圆形中的"灵狮"灵缇犬造型。在意大利战场上有三支部队：第 34 步兵师——白蓝两色盾形；第 5 山地师——岩羚羊；第 90 掷弹兵师——撒丁尼亚地图上有一把剑。

在意大利战场上，第 5 山地师中的许多成员，曾经在 1941 年 5—6 月间参加过夺取克里特岛的战役，佩戴了"克里特"袖标，第 90 装甲掷弹兵师则在 1943 年 1 月 15 日向参加过北非军的老兵颁发了"非洲"袖标。1945 年 5 月前，被派往其他部队的个别士兵继续保留了他们的袖标，如果被颁发了另一款袖标，则会在同一个袖口上依次排列。

1944 年 8 月 20 日，位于德国占领的洛林地区的梅茨的第六步兵候补军官学校，在约阿希姆·冯·西格诺特少将的带领下，加入了第 462 人民掷弹兵师的斯托塞尔团克洛泽战斗群，从 8 月 27 日开始，到 1944 年 11 月 20 日，挡住了美军的数次进攻。1944 年 10 月 24 日，设计颁发了一种袖标，奖励给该学校中曾经参加过战斗的人员，以及后来在德国中部重建的该学校的军官生，可以在该校训练期间佩戴。其为黑色布质袖标，上有机器刺绣银灰色棉线罗马字体的"梅茨 1944"及对应的边缘。

1943 年 9 月 1 日前，步兵师和山地师中的侦察营，采用的是骑兵的金黄色兵种色，但之后他们被改建为燧发枪手营，采用步兵的白色兵种色。为了保留骑兵的传统，整个德国陆军中共有 57 个营在 1944 年 2 月 23 日被命名为"师级燧发枪手营（AA）"，采用金黄色兵种色和骑兵的军衔及部队标识。只有第 34 燧发枪手营，原为第 6 骑兵团的一部分，佩戴了他们传统的"龙骑兵鹰标"帽徽。1943 年 3 月 25 日，所有的装甲侦察营被要求使用装甲部队的粉色兵种色，但许多营保留了金黄色。1944 年 11 月 29 日，金黄色又一次成为所有装甲侦察营的标准兵种色。

军事内务安全部队的人员因为害怕被盟军俘虏后枪决，从 1944 年初起就开始只佩戴诸如颈饰、袖标和饰绳这些在被俘前很容易丢弃的识别物。因此从 1944 年 3 月 19 日起，宪兵不再佩戴他们的 M1939 款臂章和袖口标识，只保留了 M1939 款颈饰。战地警察穿戴他们原服役兵种的制服，并佩戴有"战地猎兵军"字样的颈饰；他们曾经设计有 Fj 的交织首字母肩章，但几乎没有人佩戴。在左臂上方或下方有红色袖标，上有官方印章以及用黑色罗马字体书写的"最高统帅部 / 战地猎兵"字样。国防军巡逻勤务人员

1944 年 7 月，意大利，佩鲁贾附近的卡斯提。一名被俘虏的装甲掷弹兵团的下士。他穿着 M1940 款芦苇绿色夏季作战上衣，有 M1938 款肩章和 M1940 款领章以及"雄鹰胸标"。其帽子为浅橄榄色的 M1940 款热带版；宽松的裤子采用意大利 M1929 款森林图纹伪装布料。可以看到非军官版腰带和 M1939 款皮质步兵 Y 形支撑带的细节。他还挂着自己的面包袋。

1945年1月，意大利北部。利奥波德·伯杰上尉，隶属于第157山地师的第296山地团，按照1944年2月16日的条例，在他的肩章上佩戴了镀金团级番号。他的M1935款上衣、领章和"雄鹰胸标"清晰可见，另有照片中未能显示的M1939款山地部队臂章。可以看到他戴着M1943款作战帽，有武装党卫军标配样式的单扣护耳，另有铝线帽冠绲边和陆军标识。

穿戴他们原有的制服，搭配M1935款军官版饰绳，在左臂上方有白底黑字的"国防军/巡逻勤务"字样臂章。卫戍军分区司令部的人员佩戴"司令部"字样颈饰；铁路卫戍为"铁路卫戍营"颈饰，铁路车站卫戍为"火车站卫戍"字样颈饰。

陆军牧师制服和标识

师级牧师被定位为高级陆军行政官，拥有相当的军官军衔，其中牧师将官（国防军战地主教）相当于将官。1937年3月8日起，牧师戴M1935款军官常服礼服帽，有亚光铝制饰绳颔带和帽扣，紫色兵种色绲边，另有一个小的铝线或手工刺绣哥特十字架，位于"鹰标"和国家徽章之间。牧师将官有金色丝线帽冠和下帽墙绲边以及紫色上帽墙绲边（后改为金色丝线）；一根金色丝线或人造丝线颔带饰绳，有金质帽扣，另外从1943年1月1日起，增加了金色金属"鹰标"、铬铁十字和花环图案、国家徽章。M1934款旧式作战帽上有铝制或金质螺纹线标识，下列的各种帽子也一样有这些标识，并有铝制或金质丝线帽冠及前翻片绲边，标准的陆军标识和哥特十字帽徽：M1938款无檐作战帽；M1936款山地帽，启用于1942年7月21日，改称M1942款带檐作战帽；M1943款带檐作战帽。在前线时，牧师也会佩戴钢盔。

M1935款军官版作战上衣有"雄鹰胸标"，但没有肩章，军衔标识为M1935款紫色布质领章，上有两根亮光丝线刺绣"近卫穗带"，并有紫色中央饰绳，牧师将官为金色，军衔相当于校官的牧师（国防军教长——国防军牧师）为银色。战时临时制定的牧师，军衔相当于上尉（国防军战时牧师），没有领章，1942年10月后，淘汰了这一军衔。作为非战斗人员，牧师佩戴一个白色袖标，有紫色中央条纹，中间是一个红色十字架，佩戴在左臂上方；但有的牧师违反条例，在他们的M1934款军官版棕色皮带上装备了套在枪套里的手枪，以在前线进行自卫。

长度及腿的无袋"战场灰"教士服，有紫色立领，前襟和袖口有绲边，佩戴"雄鹰胸标"。在胸前，新教牧师佩戴铝制十字架和长链，天主教牧师佩戴有黑色木质插件的耶稣受难像，牧师将官的十字架为金质。牧师穿的M1935款作战大衣没有肩章，牧师将官有紫色翻领里衬。

欧洲志愿者制服和标识

在意大利前线，德军师中的RSI支援部队中的意大利军人穿常规的意大利共和国陆军制服和标识。1944年7月30日起，在师级勤务部队里作为"志愿者"（与东线的所谓协助者一样）服役的个体意大利军人穿戴M1940款意大利制服或德军制服，配德军军衔标识，并在左臂上方佩戴国家标识。这种标识的设计并不是很固定，但都为黑色印刷的盾徽，上有白色的"意大利"字样，位于绿白红三色横杠的内部盾形图纹之上。意大利第 29 武装党卫军步兵师的标识为，一个白色刺绣的"雄鹰"和古罗马持束杆侍从的束棒图案。

东方部队制服和标识

1943 年 1 月起，东方营中的俄罗斯解放军人员穿戴标准德军制服，有沙皇时代的红白色国家帽徽和改进后的沙皇军衔和衣领标识，左臂上有一个臂章，上有蓝色的圣安德鲁十字。1944 年，有的人员配发了显眼的浅蓝灰色作战服——很可能是用缴获的法国陆军库存的 M1915 款"蔚蓝地平线"布料制作——有 M1943 款领章和肩章标识及盾徽。其套头式的作战上衣借鉴了苏军的 M1935 款作战上衣，在胸前开口，并用 3 颗战场灰凹凸扣固定；其上有两个胸袋和两个侧袋，都有 V 形带扣翻盖，袖口为单扣设计。长裤则搭配 M1941 款短袜穿戴。

1944 年 3 月 18 日起，部分被评价为"品质优良、总体表现和政治立场值得信赖"的人员获准使用德军军衔标识和领章，但这种情况更多出现在设置在德军步兵团中的东方营而非独立部队中。现实情况是，俄罗斯解放军的军官佩戴 M1943 款 ROA 或 M1935 款德国军官领章，以及有白色步兵肩章底的德军肩章，同时军士和士兵佩戴 M1943 款 ROA 或 M1940 款德军领章，并采用德军肩章，上有 M1943 款 ROA 军衔杠，白色绲边。1945 年 3 月 2 日，这些人员被下令移除德军"雄鹰胸标"，这条命令通常被忽略，而其中的德国籍骨干人员则去掉了他们的 ROA 臂章，以造成 ROA/KONR 部队是独立的德军盟友的假象。

在法国境内的哥萨克部队穿戴标准的德国陆军制服，佩雄鹰胸标，M1942 款"长矛"领章和 M1943 款 ROA 军衔标识。1944 年 3 月 18 日起，有的人员采用了德军领章，许多军官则加上了德军肩章。步兵营采用白色肩章底，骑兵营采用金黄色肩章底。非军官人员佩戴 M1943 款 ROA 或哥萨克肩章或 M1940 款德军肩章，有白色或金黄色绲边，所有人佩戴

1945 年 4 月 20 日，马克思·帕姆赛尔中将，指挥着挪威地区的第 6 山地师，被任命为德国-意大利利古里亚集团军参谋长，但仅仅 12 天后该集团军就投降了。他的 M1935 款大檐帽和上衣上缀着传统的将官版金质和亮红色标识。在喉部为骑士十字奖章，以及宝剑功勋奖章。在扣眼和左胸袋上是 1914 年二级铁十字勋带和一级铁十字奖章，两者都有"二战"的再次奖励纪念附片。可以看到上方还有很长的勋略章。帕姆赛尔后来在西德的联邦国防军中服役，因此成为很罕见的在三支德国军队中服役过的人。

245

1944 年，意大利。这些被法国远征军俘虏的德军士兵，衣服和标识杂乱，表情沮丧，与他们在大战早期鲜亮的外表和自信的表情形成鲜明对比。列兵（前排左方）穿着 M1943 款上衣，配标准的 M1940 款领章、肩章和"雄鹰胸标"。面前的下士（前排中间）穿着有 M1940 款"雄鹰胸标"的 M1942 款上衣，另有 M1935 款深绿色衣领与亮光铝线军士穗带、M1938 款领章，以及过时的没有绲边的 M1935 款尖底深绿色领章。

M1943 款 ROA/哥萨克军衔标识。在 M1943 款带檐作战帽上佩戴德军或哥萨克帽徽。另有一个红色布质臂章，上有 1—4 根白色斜向条纹，可能是用来分辨不同的营，佩戴在左臂上方，有时其上还会加上一个 ROA 臂章。

东方军团营继续佩戴军团臂章、德军"雄鹰胸标"和 M1942 款帽徽、领章及肩章军衔标识，直到 1945 年 5 月。1944 年 3 月 18 日后，只有极少人员采用了德军领章和肩章，采用了白色步兵色肩章底和绲边——这可能是因为德军认为他们并不如俄罗斯解放军和哥萨克部队可靠。其中的德国籍军官和军士骨干穿德军制服和标识，在右臂上方佩戴军团臂章。

勋章和奖励

1944 年时，德军士兵可以在作战服上配搭许多种类的勋章、勋带、战役和资质章。这也许有利于巩固士气，但也让这些满是奖章的士兵成为了狙击手的明显目标。

在前线战场上，用于奖励勇气和领导力的主要勋章依然是铁十字奖章，其中二级铁十字奖章为扣眼勋带形式，一级铁十字奖章为黑银两色十字章，别在左胸袋上。金质的德国十字是设计来奖励给那些已经获得了 1 级铁十字奖章的人员，与纳粹卐字符一起在一个镀金旭日型底板上，佩戴在右胸袋上。为了奖励更多的英雄行为或杰出领导力，又设计了 4 级铁十字骑士十字勋章，佩戴在颈部：基本的骑士十字勋章；"橡树叶"骑士十字勋章；"橡树叶宝剑"骑士十字勋章；"橡树叶宝剑钻石"骑士十字勋章——最后一款为至高荣誉，只授予过极少数最杰出的军官。

功勋十字及宝剑功勋十字奖章，用于奖励在战场之外的英勇行为或杰出领导力，分为四级：二级扣眼勋带、别在左胸袋上的一级十字奖章、佩戴在颈部的银质和金质骑士十字奖章。被记录入"德国陆军荣耀卷"——相当于英国陆军的"杰出事迹记录"——中的德军士兵，从 1944 年 1 月 30 日起被授予一个镀金金属花环卐字符奖章，佩戴在铁十字勋带的扣眼上。

有 4 种战斗资质奖章可以佩戴在左胸袋上：步兵、猎兵和山地部队（摩托化步兵为铜质）的银质步兵突击章；坦克乘员（装甲掷弹兵和装甲车乘员为铜质）的银质坦克战斗章；亚光灰色陆军防空章；其他兵种，包括炮兵、反坦克、工兵和医疗兵人员佩戴的银质通用突击章。除了高射炮章之外，它们最初都是授予分别参加过三次以上作战行动的人员，但后来的要求和门槛提高了。

另有近距离战斗章、狙击手章和坦克摧毁章，以及相似的用于奖励用轻武器击落飞机的奖章，已经在上一篇中叙述过。包括纳尔维克、霍尔姆、克里米亚、德米杨斯克和库班在内的战役纪念盾章以及反游击队章，是奖励给那些东线战场的服役者，但也会出现在转隶部署在西线和意大利战场的德军人员身上。对于西线和意大利战场而言，只有一种战役纪念盾章，并且还不是官方版。在布列塔尼南部的洛里昂，德军潜艇基地作为一个被孤立的"要塞"，从1944年8月6日一直坚守到了1945年5月8日。1944年12月，该基地的指挥官，海军上将汉内克，批准颁发了一种当地制造的盾形纪念章，佩戴在左臂上，为白色金属、铜质、铝质或黄铜质地。其图案为一个"目空一切的勇士"——全身赤裸，只有头盔、盾牌和插在地上的剑，上面有日期，下面有名字。但是这款纪念章的生产数量不详。

1944年夏季，法国，科唐坦半岛。一名俄罗斯解放军（ROA）的中士正在向一名军官汇报，旁边是一名德军士兵。这名俄罗斯军士很可能是隶属于第439东方营，被指派到第716步兵师第726掷弹兵团的第4营。他穿着M1935款作战上衣，有1942年的ROA军衔标识；另有M1943款ROA臂章——白色盾形，红色边缘，蓝色圣安德鲁十字，缀在深绿色布面盾形底上，有白色或黄色字符。

1944年6月，诺曼底。第116装甲师的士兵正在分发邮件，该师在对抗盟军滩头阵地的战斗中损失极其惨重。分发邮件的上等兵穿着M1942款芦苇绿夏季上衣（有着很少见的带扣袖口）；并佩戴着M1938款深绿色肩章、M1936款V形臂章，其M1943款作战帽上有该师的非官方灵缇犬标识。上士（中间）——很可能是第60或第156掷弹兵团的一名排长——穿着M1940款特殊"战场灰"制服，这种制服如今不再是突击炮部队专属，已经开始配发给半履带车机械化步兵。他衣领上的M1940款"战场灰"领章有标准近卫穗带，边缘为草绿色兵种色绲边。可以看到这名军士的MP40弹匣袋、非标准的10×50福伦达望远镜，左胸袋上有一级铁十字奖章及近距离战斗章。

表1：西线和意大利战场兵种和部队标识节选
1943年7月10日—1945年5月8日

部队	兵种色	肩章标识 西线 1944.6.6—1945.5.8	肩章标识 意大利战场 1943.7.10—1945.5.29	其他标识
战斗部队 - 参谋				
7个集团军群	白色	G（B、D、G、H上莱茵河）	—	—
10个集团军	白色	（布鲁门迪特）	（利古里亚）	—
2个补充军	白色	无（冯·吕特维茨）	无（冯·扎恩）	—
1个装甲集团军	粉色	A／西／5		—
30个军（军番号为拉丁数字）	白色	孚日／13, 25, 30, 37, 47, 53, 58, 62-4, 66-7, 74, 80-2, 84, 克尼克斯／85, 86, 88-91, 菲尔特	14, 51, 威尼斯 滨海／73, 75, 87／伦巴第, 亚得里亚海岸／97	—
2个装甲军	粉色	-	14, 76	—
战斗部队 - 步兵				
47个步兵师	白色	D／16, 49, 77, 84-5, 89, 106, 176, 180, 189-90, 198, 219, 249, 269, 271-2, 275-7, 319, 331, 338, 352-3, 361, 363, 416, 703, 716, 719 戴希曼、汉堡、卢斯勒	D／34, 65, 71, 92, 94, 98, 148, 162, 278, 334, 356, 362, 715	—
1个空降师	白色	D／91	—	—
1个步兵师（帝国掷弹兵）	白色	—	斯大林格勒十字	—
23个静态步兵师	白色	D／59, 64, 70, 226, 242-5, 266-6, 326, 343-4, 346-8, 711-2,	D／232, 237, 305	—
3个掷弹兵师	白色	D／36, 553, 559		—
28个人民掷弹兵师	白色	D／9, 12, 16, 18-9, 26, 36, 47, 62, 79, 167, 183, 212, 246, 256-7, 272, 277, 326, 340, 352, 361, 363, 462, 553, 559-60, 708	—	—
2个掷弹兵旅	白色	1005, 鲍尔	—	—
231个掷弹兵团	白色	36-1303　（179 Regts）	80, 107, 117, 131-2, 145-7, 191, 194, 211, 253, 267, 274, 276, 281, 285-6, 289-90, 303, 314, 329, 576-8, 725, 735, 754-6, 869-71, 956, 992-4, 954-6, 1043-8, 1059-60	—
3个燧发枪团	白色	26-7, 39	—	—
7个要塞步兵团	白色	F／729, 739, 851-2, 854-5, 858	—	—
3个猎兵师	浅绿色	无（阿尔卑）	D／42, 114	猎兵徽章
6个猎兵团	浅绿色	无（阿尔卑第1, 阿尔卑第2）	25, 40, 721, 741	猎兵徽章
3个步枪野战师	白色	D／16-8		
1个空军突击师	金黄色	—	D／19	

续表

部队	兵种色	肩章标识 西线 1944.6.6—1945.5.8	肩章标识 意大利战场 1943.7.10—1945.5.29	其他标识
9个步枪团	白色	31-6, 46-8	—	—
3个步枪团	金黄色	—	37-8, 45	—
5个山地师	浅绿色	D / 2, 157	D / 5, 175 / 8, 188	"雪绒花"徽章
10个山地团	浅绿色	136-7, 296-7	85, 100, 296-7, 901-4	"雪绒花"徽章
7个后备师	白色	D / 158-9, 165, 172, 182, 189	D / 157	—
14个后备步兵团	白色	9, 15, 18, 28, 34, 36, 79, 112, 213, 221, 251, 342	7, 157	—
1个后备山地师	浅绿色	—	D / 188	"雪绒花"徽章
3个后备山地团	浅绿色	—	1, 136-9	"雪绒花"徽章
71个补充营	白色	3-1560	3-1057	—
1个训练师	白色	D / 149	—	—
2个训练步兵团	白色	1301-3	—	—
5个特设师	白色	D / 136, 406, 606, 616-7	—	—
10个轮换师	白色	D / 176, 180, 190, 405, 462, 471, 476, 526, 805, 905	—	—
7个轮换步兵团	白色	22, 30, 269, 520, 211, 253, 536	—	—
作战部队 - 机动				
7个装甲师	粉色	D / 2, 9, 11, 21, 116	D / 16, 26	黑色装甲制服
1个装甲教导师	粉色	D / L	—	黑色装甲制服
3个装甲旅	粉色	106-7, 108	—	黑色装甲制服
8个装甲团	粉色	3, 15-6, 33, 100, 130	2, 26	黑色装甲制服
7个装甲营	粉色	5, 103, 115, 2106-7	103, 115, 129, 190	黑色装甲制服
12个装甲侦察营	粉色	A / 2, 21	—	黑色装甲制服
12个装甲侦察营	金黄色	A / 9, 11, 103, 115-6, 125, 130	A / 16. 26, 103, 115, 129	黑色装甲制服
5个装甲步兵师	草绿色	D / 3, 15, 25	D / 3, 15, 29, 90	灰色装甲制服
25个装甲步兵团	草绿色	2, 8, 10, 11, 29, 35, 60, 104, 110-1, 115, 119, 125, 156, 192, 304	9, 64, 76, 79, 104, 115, 155, 200, 361	灰色装甲制服
2个装甲步兵团	粉色	901-2	—	灰色装甲制服
2个装甲步兵营	草绿色	2106-7	—	灰色装甲制服
5个摩托化步兵团	白色	8, 29, 1000	8, 15, 29, 71	—
5个侦察营	金黄色	—	A / 44, 114, 142, 194, 236	—
39个侦察营	白色	59, 64, 70, 84-5, 149, 176, 180, 185, 189-90, 212, 226, 272, 275-7, 331, 344, 346-7, 361, 363, 405, 560, 708, 712, 716, 719, 1080, 1316, 1553	34, 148, 192, 198, 232, 237, 278, 715	—

续表

部队	兵种色	肩章标识 西线 1944.6.6—1945.5.8	肩章标识 意大利战场 1943.7.10—1945.5.29	其他标识
14 个师级侦察营	金黄色	12, 26, 62, 256, 269, 271, 352-3	65, 171, 305, 334, 356, 362	—
1 个师级侦察营	金黄色	—	34	"龙骑兵鹰标"
17 个侦察连	白色	9, 47, 167, 246, 257, 271, 276-7, 340, 352, 361, 363, 553, 559, 716, 1462, 1575	—	—
91 个反坦克营	粉色	P / 3-1818	P / 3, 16, 26, 29, 33-4, 46, 95, 114, 142, 165, 171, 190, 192, 194, 198, 232, 236, 278. 305, 334, 356, 362, 715, 1048, 1057	
作战部队 - 炮兵				
92 个炮兵团	亮红色	3-1818	3, 29, 33-4, 96, 142, 165, 171, 190, 192, 194, 198, 232, 236-7, 278, 305, 334, 356, 362, 661, 1048	
6 个炮兵营	亮红色	28, 656, 663, GD（阿尔卑）	671	
5 个山地炮兵团	亮红色	111, 191, 1057	95, 1057, 1088	"雪绒花"徽章
8 个装甲炮兵团	亮红色	103, 119, 130, 146, 155, 1818	16, 93	黑色装甲制服
11 个突击炮旅	亮红色	243-4, 290, 341, 394, 667, 902, 905, 911	907, 914	灰色装甲制服
2 个突击炮营	亮红色	200	242	灰色装甲制服
16 个陆军防空炮营	亮红色	273, 277, 281, 287, 292, 305, 311-2, 315, 1026, 1036	274, 304, 312-3, 315	灰色装甲制服
3 个防空炮连	亮红色	36, 191	1048	灰色装甲制服
11 个火箭炮旅	枣红色	4, 7-9, 15-20	5	
22 个火箭炮团	棕红色	1, 2, 14, 21-6, 51, 53-5, 83-9	56, 71	
战斗部队 - 工兵				
92 个工兵营	黑色	3-1818	3, 33-4, 80, 114, 142, 165, 171, 190, 232, 237, 278, 192, 194, 198, 305, 334, 356, 362, 715, 936, 1048	—
4 个山地工兵营	黑色	82, 1057	95, 1057, 1088	"雪绒花"徽章
9 个装甲工兵团	黑色	38, 86, 130, 209, 220, 675	16, 29, 93	黑色装甲制服
战斗部队 - 通信兵				
91 个通信营	柠檬黄	9-1818	29, 33-4, 64, 114, 142, 165, 171, 192, 194, 198, 232, 236-7, 278, 305, 334, 356, 362, 715, 1048, 1057	
3 个摩托化通信营	柠檬黄	3, 33	3	
3 个山地通信营	柠檬黄	67, 1057	95	"雪绒花"徽章
9 个装甲通信营	柠檬黄	38, 85, 89, 130, 200, 228	16, 93, 190	黑色装甲制服
8 个战地通讯社连	柠檬黄	605, 619, 624-5, 649, 696, 698	614	宣传连袖标
支援部队				
98 个师级后勤队	浅蓝色	D / 3-1818（73 个后勤队采用师级番号）	N / 3-1088（28 个后勤队采用师级番号）	—

续表

部队	兵种色	肩章标识 西线 1944.6.6—1945.5.8	肩章标识 意大利战场 1943.7.10—1945.5.29	其他标识
50 个后勤团	浅蓝色	D / 9-1818 (39 个团采用师级番号)	D / 34, 165, 171, 194, 198, 278, 305, 334, 356, 715, 1048	—
65 个摩托化运输队	浅蓝色	N / 3-1560 (40 个运输队采用师级番号)	N / 3-1088 (27 个运输队采用师级番号)	—
88 个摩托运输队	浅蓝色	N / 9-1818 (69 个运输队采用师级番号)	N / 3, 34, 44, 114, 142, 165, 171, 192, 194, 198, 232, 237, 278, 232, 237, 278, 305, 334, 356, 362, 715, 936, 1048	骑兵马裤、马靴
4 个山地马驮运输队	浅蓝色	N / 67, 1057	N / 95, 1057, 1088	骑兵腿部装备 "雪绒花"徽章
86 个马驮卫生连-士兵	深蓝色	N / 9-1818 (67 个连采用师级番号)	34, 44, 114, 142, 165, 171, 192, 194, 198, 232, 237, 278, 305, 334, 356, 362, 715, 936, 1048	红十字袖标
4 个山地卫生连-士兵	深蓝色	N / 67, 1057,	N / 95, 1057, 1088	红十字袖标
13 个摩托化卫生连-士兵	深蓝色	3, 25, 33, 60-1, 66, 82, 130, 200	3, 16, 29, 33, 93, 190	红十字袖标
91 个兽医连-士兵	深红色	9-1818 (70 个连采用师级番号)	34-1088 (22 个连采用师级番号)	骑兵马裤、马靴
保安部队				
9 个陆军后方司令部	白色	K / 517, 533-5, 570, 588, 591-2	K / 594	—
10 个军分区司令部	白色	K / 520, 570, 589-91, 671-2, 680, 894	K / 379	—
64 个军分区司令部	白色	K / 493-994	K / 1017	—
3 个宪兵营	橙色	690, 693	692	臂章、袖标
77 个宪兵部队	橙色	无 (3-1560 师级番号)	无 (3-715 师级番号)	臂章、袖标
外籍部队				
43 个 ROA 东方营	白色	无 (285, 406, 439, 441, 517, 550, 561, 600-2, 605, 608, 615, 618, 621, 628-30, 633-6, 642-3, 649, 654, 661, 663, 665-6, 669, 680-1, 750)	无 (263, 339, 406, 412, 556, 560, 616-7, 620)	ROA 臂章
6 个亚美尼亚军团营	金黄色	无 (II / 9, I / 198, 810, 812-3)	无 (815)	亚美尼亚臂章
6 个阿塞拜疆军团营	绿色	无 (807)	无 (I / 4, I / 9, I / 101, 804, 806)	阿塞拜疆臂章
11 个格鲁吉亚军团营	红色	无 (I / 9, I / 298 / II / 4, 795, 797-9, 822-3)	无 (III / 9, II / 125, II / 198)	格鲁吉亚臂章
5 个北高加索军团营	棕色	无 (800, 803, 835-7)	—	北高加索臂章
9 个突厥人军团营	浅蓝色	无 (781-2, 787)	无 (I / 29, I / 44, I / 101, I / 297, I / 305, I / 384)	突厥人臂章
3 个伏尔加鞑靼军团营	蓝 / 绿	无 (627, 826-7)	—	伏尔加鞑靼臂章
5 个哥萨克步兵营	白色	无 (I-II / 360, 570, III / 854, III / 855)	—	哥萨克臂章
3 个哥萨克骑兵营	金黄色	无 (281, 285, 403)	—	哥萨克臂章
陆军行政官				
26 个战地保安警察部队	浅蓝色	GFP (2-3, 7-9, 30, 131, 161, 530, 540, 560, 590, 625, 644, 648, 707, 710, 712, 716-7, 737-8, 743)	GFP (610, 637, 741)	—

插图图说

A: 1944年，诺曼底和法国北部

A1: 1944年6月，诺曼底，奥马哈海滩，第914掷弹兵团，掷弹兵

这名步枪兵隶属于在"血腥奥马哈"海滩与美军登陆部队激战的第352步兵师，穿着31式帆布条纹伪装帐篷组件，深色外翻，罩在M1943款作战上衣和长裤外，搭配M1941款"战场灰"帆布短袜和绑带鞋。他的M1942款头盔上有着装条例规范的盔罩和伪装树叶。他的非军官黑色腰带搭配热带版M1940款帆布步兵Y形支撑带，上有皮革步枪弹药袋，挂着M1930款防毒面具罐。他装着着稀少的瓦尔特7.92毫米Gewehr41（w）半自动步枪、一个M1924款木柄手榴弹和2枚M1939蛋型手雷。

A2: 1944年8月，巴朗通，第901装甲掷弹兵教导团，一等兵

这名班级第一射手参加了未能成功的1944年8月7—8日间的"列日"反击（译注：又称"卢提西行动"，为比利时城市列日的德语发音，之所以如此命名，是为了纪念"一战"中德军在1914年8月初的列日战役中取得的胜利），在该战斗中，他的团被歼灭。他穿着配发给所有装甲教导师中没有配发黑色装甲制服人员的M1940款特殊"战场灰"制服。其深绿色的M1935款肩章上有草绿色兵种色绲边，和草书哥特字体"L"代表的"教导"，以及一根士官生铝线肩章环。M1940款领章也是草绿色绲边；其军衔由左臂上的M1940款V形章辨识。他的M1942款头盔上有使用M1931款碎片图纹伪装布料的第二版盔罩。他佩戴着M1939款黑色皮质步兵Y形带，腰带上有MG42机枪第一射手的备用弹药袋和装在软壳枪套里的P38瓦尔特手枪。

A3: 1944年6月，诺曼底，装甲火箭炮炮组，观测上士

这名人员隶属于独立装甲火箭炮炮组，该炮组装备着搭载在半履带车上的150毫米口径的42式烟雾发射器，配发了M1940款特殊"战场灰"制服。但是，这名高级军士穿着M1942款装甲部队劳作服，采用了浅灰色人字斜纹布料，有很大的左胸袋和腿袋，上有"雄鹰胸标"。他没有佩戴条例规定的M1942款军衔臂章，而是自己加上了M1935款肩章和M1940款领章，都有红色的炮兵绲边（条例规定的枣红色绲边很少见到），另有通用突击章。他戴着一顶M1943款檐作战帽，装在软壳枪套里的P38瓦尔特手枪，绑带及踝鞋，在他的M1942款头盔里装满了缴获品——美国的香烟。

1944年6月，诺曼底。ROA东方营的士兵和他们的德国骨干很高兴被美军俘虏。所有人都戴着德军制服和标识；只有一人戴着毛皮帽，佩戴着ROA臂章，只有他还在为自己的未来忧虑。

B: 1944年，诺曼底和法国北部

B1: 1944年7月，卡昂，第857要塞掷弹兵团，上尉

这名隶属于第346步兵师的营长穿着一件自行采购的作战上衣，使用了31式帆布条纹碎片伪装图纹，参考了M1935款非军官版上衣的剪裁，另外增加了M1935款军官版领章、肩章和"雄鹰胸标"。很少见到这种上衣上有如此多的奖章：他佩戴了二级铁十字勋带和东线1941—1942年冬季战役奖章、一级铁十字奖章和步兵突击章。M1934款老式软帽檐作战帽上有机器缝制的标识。M1943款"战场灰"束带裤抄进了M1939款非军官版行军鞋里。他的M1934款军官版腰带上携带着装在枪套里的P08鲁格手枪，以及福伦达短款10×50双筒望远镜。

B2: 1944年8月，法莱斯包围圈，第281陆军高射炮兵营，少尉

这名年轻的防空炮炮组指挥官隶属于第116装甲师，穿着第一版M1940款芦苇绿人字斜纹布夏季作战服，剪裁类似M1935款非军官版作战上衣，有折褶口袋及M1935款军官版领章、肩章和非军官版"雄鹰胸标"；可以看到搭配的M1943款标配芦苇绿长裤。他佩戴着M1942款头盔，M1941款帆布短袜和绑带及踝鞋。他的黑色M1934款军官版腰带上有装在软壳枪套里的P38瓦尔特手枪，还抄着他的M1938款军官版作战帽，有铝线前翻片和帽冠绲边。他佩戴着陆军防空胸章和二级铁十字扣眼勋带，装备着一具M1934款远程观测仪。

B3: 1944年9月，里尔，第192装甲掷弹兵团，装甲掷弹兵

这名第21装甲师的士兵穿着采用31式帆布条纹碎片伪装布料制成的M1943款沼泽版带兜帽罩服，其下是

252

M1940 款作战上衣，搭配 M1943 款"战场灰"束带裤、M1941 款"战场灰"帆布短袜和及踝鞋。他的 M1942 款头盔上有用麻绳和钩子临时制作的盔罩。他的黑色非军官版腰带上有战场灰涂装的带扣，M1939 款皮革步兵 Y 形支撑带，挂着 M1930 款防毒面具罐，装在软壳枪套里的 P38 瓦尔特手枪。他装备着 88 毫米口径的 M43 款火箭筒（坦克恐吓者），这是美国陆军 2.36 英寸巴祖卡火箭筒的仿制品，启用于 1943 年末。

C: 1944 年，法国南部

C1: 1944 年 8 月，土伦，1/198 亚美尼亚营，军团列兵

这支亚美尼亚军团部队是第 242 步兵师第 918 掷弹兵团的第 4 营，也是少数几个在 1944 年 3 月 18 日后被颁发奖励德军标识的东方军团部队。该营在土伦保卫战中被歼灭。这名步枪兵穿着 M1943 款作战上衣，有白色步兵绲边的 M1940 款"战场灰"肩章、M1940 款非军官版领章和"雄鹰胸标"，以及 M1942 款国籍臂章。他戴着 M1942 款头盔，穿 M1943 款战场灰束带裤、M1941 款帆布短袜和及踝鞋。非军官版黑色腰带和皮质 M1939 款步兵 Y 形支撑带上有步枪弹药袋、左臀上的刺刀与掘壕铲以及右臀上的面包袋和水壶。M1930 款防毒面具罐挂在身上。他装备着一支标准毛瑟 Kar98k 步枪和一枚 M1939 款手雷。

C2: 1944 年 9 月，阿尔萨斯，第 11 装甲师，少将

将官通常会自行采购"战场灰"或黑色的装甲制服，但这名师长却穿着条例规定的非军官版 M1943 款作战上衣，佩戴将官版拉里施领章、肩章、金质"雄鹰胸标"和镀金凹凸衣扣。他的 M1943 款带檐作战帽上有金质丝线帽冠绲边；军官版马裤上有将官的亮红色绲边和宽条纹，搭配没有马刺的军官版骑兵靴。他携带着 7.65 毫米瓦尔特 PPK 手枪（这是他唯一与条例不符之处），佩在 M1934 款军官版棕色腰带上，另有 10×50 长版蔡司双筒望远镜。他佩戴着骑士十字奖章、东线 1941—1942 年冬季战役勋带，以及坦克突击章。

C3: 1944 年 9 月，洛林，第 2113 装甲营，高级下士

这名第 113 装甲旅的坦克连长穿着 M1942 款装甲夹克，有 M1934 款肩章与军士穗带、领章和"雄鹰胸标"。他穿着绑带及踝鞋，另有 M1936 款圆领"战场灰"毛衣，替代了条例规定的灰色衬衣和领带。M1943 款"战场灰"带檐作战帽表明可能由于补给短缺，他没能获得黑色的装甲部队作战帽。他的腰带上有套在软壳枪套里的 P38 瓦尔特手枪，佩戴着二级铁十字扣眼勋带、坦克突击章和一枚黑色受伤纪念章（1 或 2 次受伤），左臂上有克里米亚战役纪念章，表明他曾在东线战场服役。他还携带着标准的作战手电筒。

1944 年 5 月，部分在法国接受训练的德军步兵班成员。他们穿着 M1940 和 M1943 款作战上衣，M1942 款大衣，M1940 款长裤搭配 M1939 款行军鞋，或 M1943 款束带裤搭配 M1941 款帆布短袜和及踝鞋。前排右一为轻机枪组的第一射手。他的腰带上有套在枪套里的拉多姆 P35 手枪和 MG42 机枪的备用弹药袋。他左边为第二射手，也有套在枪套里的手枪、弹药盒和木柄手榴弹。第三射手，配备标准步枪装具，拿着晚期型号的 MG42 机枪。这三人都挂着备用弹药带。

与 1939—1940 年的德军军官的外表有很大的不同——这名步兵中尉穿着 M1943 款非军官版作战上衣，自行加上了 M1935 款领章和"雄鹰胸标"。可以看到他的 M1943 款作战帽上的铝线军官版帽冠绲边。

D：1944 年，比利时和荷兰

D1：1944 年 10 月，阿纳姆走廊，第 1222 掷弹兵团，掷弹兵

这名班级轻机枪组第三射手，隶属于第 180 步兵师，穿着 M1943 款作战上衣和束带裤，搭配 M1941 款帆布短袜和及踝鞋；他的 M1942 款头盔上罩有细铁丝网"篮网"盔罩。他的腰带和 M1939 款皮质步兵 Y 形支撑带上有标准的步枪兵装具：左臀上的装在第二版盒套里的 M1938 款折叠铲，84/98 款刺刀；后背下方的 M1931 款饭盒、面包袋和伪装帐篷组件；右臀上的 M1931 款水壶和水杯。他将防毒披风包裹在从肩上挂下来的 M1930 款防毒面具罐上。他携带着毛瑟 Kar98k 步枪和轻机枪的备用弹药带。

D2：1944 年 9 月，荷兰 - 比利时边境，第 189（摩托化）战地宪兵部队，中士

这名隶属于第 89 步兵团的宪兵，正搭载在一辆挎斗摩托车上指挥交通。他穿着 M1942 款作战上衣，有扇形带扣翻盖，没有折褶，有 M1940 款肩章、领章、"雄鹰胸标"和军士衣领穗带。M1935 款头盔上有摩托车手护目镜，另有 M1943 款束带裤和 M1939 款行军鞋。在腰带上他携带了一个第二版的三袋式弹匣袋，搭配他挂在脖子上方以便取用的 MP40 冲锋枪。他佩戴着"狗链"颈饰和步兵突击章。但是，按照 1944 年 3 月 19 日的条例规定，他移除了左臂上的宪兵臂章和袖口标识。他还携带了交通指挥棒。

1944 年，这名在意大利的装甲掷弹兵穿着 M1938 款山地部队两面穿"战场灰"/白色厚大衣，有三个很显眼的胸袋。他还戴着 M1934 款作战帽而非有帽檐的 M1943 款。

D3：1944 年 10 月，布雷斯肯斯包围圈，第 1039 掷弹兵团，上等兵

这名步兵隶属于第 64 步兵师，被包围在比利时北部的布雷斯肯斯，他穿着 M1943 款作战上衣，另有带檐作战帽和束带裤、M1941 款帆布短袜和绑带鞋。作为一名连部的无线电通信员，他佩戴了白色的通信兵资质章，位于 M1940 款 V 形军衔标识上方。他携带着费德福 B 型短距（1 英里）无线电（有 32 英寸长的天线和听筒），挂在他的 M1939 款皮质步兵 Y 形支撑带上，另有最少量的装备——一把套在软壳枪套里的 P38 瓦尔特手枪和 M1931 款面包袋、水壶和水杯。

E：1944—1945 年，阿登攻势

E1：1944 年 12 月，阿登，第 39 燧发枪团，下士

1942 年 11 月 12 日，这支隶属于第 26 人民掷弹兵师的团被改称为燧发枪团，以纪念第一次世界大战时的指挥官，陆军大将埃里希·冯·鲁登道夫。这名军士班长穿着 M1942 款作战大衣，有利于保暖的宽大的衣领。他戴着有细铁丝盔罩的 M1942 款头盔，其 M1942 款毛线巴拉克拉法帽下拉到脖子处，另有毛线手套、M1943 款"战场灰"束带裤、M1941 款帆布短袜和及踝鞋。他的非军

M1944 款作战服很流行，但军官经常按照自己的个人品味自行采购或重新剪裁。装甲兵上将冯·施威林伯爵担任第 76 装甲军司令，这张照片拍摄于 1945 年 3 月的博洛尼亚，就穿着一件自己加上了肩章、拉里施领章、礼服质地金质螺纹线"雄鹰胸标"、金质衣扣和奖章的上衣。他的衣领打开，露出"橡树叶宝剑钻石"骑士十字奖章。头部装备为 M1934 款旧式作战帽，有金线机器编制标识和金线绲边。

官版黑色皮质腰带和 M1939 款步兵 Y 形支撑带上固定了 2 组 3 袋式装 MP44 突击步枪（后改名为 StG44 突击步枪）弹匣的帆布弹药袋。在他左臀上有 84/98 款刺刀和掘壕铲。他还另有两枚 M1924 木柄手榴弹。

E2: 1944 年 12 月，阿登，第 33 工兵营，中校

这名第 15 装甲掷弹兵师的战斗工兵指挥官，穿着一件后期版本的 M1934 款涂胶大衣，有"战场灰"布质衣领，最初是配发给摩托车手和宪兵，从 1944 年起，许多一线军官和军士自行采购了这种衣物。他在其上加上了工兵黑色底的肩章。他穿戴的 M1943 款军官版带檐作战帽有铝制丝线帽冠绲边和缀在 T 形战场灰布面底上的 M1943 款"鹰标"和国家标识。他还另有军官版绒面手套和骑兵靴。他在黑色 M1934 款军官版腰带上装备着一把 M1938 款硬壳枪套里的瓦尔特 P38 手枪，另有标准作战手电筒和福伦达短版 10×50 双筒望远镜。

E3: 1945 年 1 月，阿登，元首护卫旅，第 1 装甲掷弹兵营，上等装甲掷弹兵

元首护卫旅，是从希特勒的个人护卫队中拆分组建的部队，实际上是大德意志师的部队。这名资深列兵穿着 M1942 款雪地连体服，其下是用 M1944 款沼泽伪装图纹布料制成的 M1942 款垫絮非两面穿冬季上衣；脖子上方有"战场灰"的巴拉克拉法帽；M1942 款头盔上有很简单的细铁丝盔罩，并有涂白的条纹；另有三指式双面布料手套、绑带及踝鞋。他在腰带右前方上携带着皮革步枪弹药袋和 M1939 款手雷，左侧是 Gew.43 款半自动步枪的帆布弹匣袋和 84/98 款刺刀。其连体服的胸前插着一把战斗匕首。

F: 1945 年，德国西部

F1: 1945 年 3 月，科隆，第 2106 掷弹兵营，中尉

这名资深连长，隶属于第 106 "统帅堂"装甲旅，部署在莱茵河前线。穿了一件 M1940 款特殊战场灰夹克，有 M1935 款军官版领章与"雄鹰胸标""统帅堂"交织首字母肩章与袖口标识、两枚银质坦克歼灭章、铜质坦克战斗章、冲锋队军事体育章和二级铁十字勋带。他还装备了 M1942 款头盔和战场灰毛衣，M1940 款特殊"战场灰"制服的长裤、黑色及踝鞋，携带着标准 6×30 望远镜、一个 M1935 款军官版地图盒以及配在黑色非军官版腰带的 M1938 款软壳枪套里的 P38 瓦尔特手枪，另有 M1943 款 30 式铁拳（"坦克打孔机"）反坦克榴弹发射器。

F2: 1945 年 4 月，鲁尔包围圈，第 48 掷弹兵团，一等兵

这名隶属于第 12 人民掷弹兵师的班长，穿着 M1944 款作战束带衣，上有步兵白色绲边的 M1944 款肩章，另有全军阶通用的"雄鹰胸标"和领章。其左臂上隐约可见 M1940 款军衔 V 形章。他的 M1942 款头盔涂装为模仿 31 式帆布条纹的栗色、棕色和绿色伪装色。其 M1944 款长裤抄进了 M1941 款帆布短袜里，还可以看到普通皮质绑带及踝鞋。他装备着 M1940 款支撑带、MP44/StG44 突击步枪的帆布弹匣袋、一枚 M1939 款手雷，以及左臀上的 84/98 刺刀和折叠铲。

F3: 1945 年 2 月，芮斯华森林，第 156 装甲掷弹兵团，装甲掷弹兵

这名隶属于第 116 装甲师的士兵穿着采用 M1943 款沼泽伪装图纹布料的 M1942 款非两面穿垫絮冬季上衣（没有标识），其下是 M1943 款"战场灰"上衣和束带裤。他的 M1943 款作战帽左侧上有非官方的银灰（或深灰色）师级"灵缇犬"帽徽。同样可以看到他的普通皮及踝鞋。他的 M1939 款步兵 Y 形支撑带上有 M1911 款弹药袋和一枚手雷。左臀上是 84/98 款刺刀和掘壕工具。他还携带

255

着一枚 M1924 款木柄手榴弹，挂着毛瑟 Kar98k 步枪，一枚 M1943 款 60 式铁拳反坦克榴弹发射器。

G：1943 年，西西里岛和意大利南部

G1：1943 年 11 月，沃尔图诺，第 26 装甲师，国防军上级牧师

这名罗马天主教师级牧师穿着 M1935 款军官版作战上衣，没有肩章，但有 M1935 款军官版"雄鹰胸标"。他的军衔可以通过有铝制近卫穗带的 M1935 款紫色领章辨识。他的 M1937 款军官版大檐帽上有紫色绲边，国籍标识间有一个铝制哥特十字徽章。他的 M1934 款军官版腰带、M1940 款军官版马裤和骑兵靴为标准配备。他的脖子上挂着一个天主教的耶稣受难像，另有牧师袖标。其左胸袋上别着有宝剑的一级功勋十字奖章，另有一枚黑色受伤纪念章，在扣眼处有二级功勋十字勋带。

G2：1943 年 9 月，萨勒诺，第 64 装甲掷弹兵团，装甲掷弹兵

这名步兵班成员隶属于正在进攻盟军滩头阵地的第 16 装甲师，穿着 M1940 款浅橄榄色热带衬衣，搭配草绿色绲边的 M1940 款"战场灰"肩章。其 M1943 款战场灰长裤搭配 M1941 款"战场灰"帆布短袜和黑色及踝鞋。他的沙色涂装 M1935 款钢盔上有防尘护目镜。还可以看见 M1940 款帆布热带腰带和 Y 形支撑带上的 M1911 款黑色皮质步枪弹药袋和其他的标准步枪腰带装具。另外可以看到他的左肩上用一根帆布带挂着的是枪榴弹包，装的是固定在他的毛瑟 Kar98k 步枪上的枪榴弹发射器的弹药。这种袋子也可能采用芦苇绿帆布和黑色皮革制成。另外可以看到他的脚边有两个第二版枪榴弹包，本来是设计用于手持。

G3：1943 年 7 月，西西里岛，第 115 装甲掷弹兵团，高级下士

这名班长隶属于正在抵抗盟军登陆的第 15 装甲掷弹兵师，穿着 M1942 款浅橄榄色热带作战上衣，有 M1940 款机器编织蓝灰色螺纹线"雄鹰胸标"和棕色底的领章。领章和橄榄色 M1940 款热带肩章上有铜色铝线军士穗带。其 M1940 款浅橄榄色热带长裤在踝部系紧，罩在绑带鞋上方；M1940 款热带帆布腰带上有第二版栗色帆布 MP40 弹匣袋；另有 84/98 款刺刀和掘壕工具；M1935 款沙色涂装头盔左侧依然还保留着国防军"鹰标"。其左

1945 年 4 月，鲁尔包围圈。两名尉官——对于他们的军衔而言，他们的年龄已经偏大了——准备前往一个美军战俘营，还保留着必要的装备以应对未知的未来。左边的尉官穿着的 M1934 款摩托车手涂胶大衣，上有"战场灰"衣领；他背着战时临时生产的"战场灰"帆布背包有皮革背包带，挂着毛毯；其 M1943 款作战帽上有铝线帽冠绲边。右边的尉官穿戴着 M1935 款军官版作战大衣，有绲边的 M1943 款作战帽、M1931 款面包袋和饭盒。

胸上有铜质的近距离战斗章和铜质的坦克战斗章，另有二级铁十字扣眼勋带，以及颁发给北非战场老兵的 M1943 款"非洲"袖口标识。

H：1944—1945 年，意大利中部和北部

H1：1944 年 9 月，哥特防线，第 25 猎兵团，上等兵

这名隶属于第 42 猎兵师的班级机枪组第三射手，穿着 M1942 款芦苇绿人字斜纹布上衣和长裤。他的 M1940 款"战场灰"肩章为浅绿色绲边。另外可以看到 M1942 款机器刺绣猎兵右臂章和 M1940 款 V 形军衔标识。他的 M1942 款头盔上有用 1943 年沼泽图纹伪装布料制成的第二版盔罩。他还另有 M1943 款"战场灰"毛线衬衣、M1941 款"战场灰"帆布短袜和带钉登山鞋。他的战斗装具为标准配备。在左侧有 M1942 款铝制三叶猎兵帽徽的 M1943 款作战帽抄在腰带里。他携带着毛瑟 Kar98k 步枪、M1939 款手雷以及一个机枪弹药盒。

H2：1944 年 2 月，古斯塔夫防线，条顿骑士团大团长帝国掷弹兵团，下士

这名隶属于条顿骑士团大团长师（第 44 步兵师）的军士，穿着 M1942 款无领罩衣，采用 31 式帆布条纹伪装布料，白色外穿，其下是 M1943 款作战上衣和 M1942 款宽领作战大衣；M1943 款"战场灰"束带裤、M1941

款战场灰帆布短袜和黑色及踝鞋。他的 M1942 款头盔上有一个橡胶的树叶绑带。热带帆布 Y 形支撑带支撑着他的黑色皮革腰带。这名班长有一组 MP40 冲锋枪的弹匣袋，M1935 款棕色皮质地图盒，以及 6×30 望远镜。

H3: 1945 年 4 月，波河，第 26 装甲侦察营，参谋上士

这名第 26 装甲师的高级军士，穿着 M1942 款芦苇绿人字斜纹布装甲部队工作服，上有机器编织的 M1944 款"雄鹰胸标"和不受欢迎的 M1942 款军衔臂章。他加上了违反条例的装甲部队领章——有装甲侦察部队的金黄色绲边。他的 M1943 款装甲作战帽有缀在 T 形布面底上的机器编织标识。他的长裤为使用意大利 M1939 款森林图纹伪装布料临时缝制，类似于 M1942 款装甲牛仔裤，但增加了一个腿袋。两者都在踝部有松紧绳拉紧，罩在绑带鞋上。作为一名装甲车乘员，他的非军官版腰带上有套在硬壳枪套里的 P38 瓦尔特手枪。

出版后记

鱼鹰出版社（Osprey Publishing）位于英国牛津，是英国著名的专业出版机构，以军事历史插图书籍出版闻名于世。鱼鹰出版社已出版图书 3000 余种，其中以"武装者"（Men at Arms）系列影响最大，在世界军事爱好者心目中有崇高的地位。

鱼鹰出版社的"武装者"系列图书具有三大特点：一是大量的手绘全页插图。在该系列中，每册图书都包括至少 8 页全彩手绘插图，这些插图都出自麦克·查贝尔、斯蒂芬·安德鲁等久负盛名的军事插画师之手。二是丰富的照片与资料图片，其中许多照片都是通过鱼鹰出版社的出版才首次与读者见面的。三是选题的广度与深度兼备。"武装者"系列目前已出版超过 600 个品种，每一个品种都从军事史上的某国部队切入，同时又选取不同的历史时期或不同的军种，涵盖了从冷兵器时代到热战时期的各种军事群体。

正是因为具有这些特点，在国内军事爱好者，特别是入门群体中，"武装者"系列图书获得了很高的关注度，受到广泛赞誉。其中的全彩手绘插图，屡屡出现在各大军事论坛、贴吧的文章和讨论中。但遗憾的是，囿于各种因素的制约，国内出版机构迟迟未能引进鱼鹰出版社的"武装者"系列图书。

译者与重庆出版社高度关注这一现象级的图书，经过耗时多年的谈判，终于与鱼鹰出版社达成授权协议，在中国大陆地区独家出版"武装者"图书的简体中文版。

由于"武装者"原版的出版形式更接近于军事杂志而非军事图书，单册图书一般不超过 50 页，且定价很高，17.95 美元或者 9.99 英镑，换算成人民币均在 80 元以上，并不符合国内出版市场的一般情况。因此在引进时，我们采取了整合出版的方式，将原版图书 5—6 册合编为一册。这样既方便读者购买、收藏，同时又大大降低了定价。

我们还着力在装帧方式上进行了完善，采用双封精装、全书塑封的方式，保证图书的收藏价值和阅读手感。同时，针对原书只有全页手绘插图部分为彩色印刷的不足，我们对全部内文进行了调整，各级标题、表格、注释等采用彩色标注，全书彩色印刷，有效地方便了读者的阅读检索，提高了图书的整体品质。

在内容方面，首批引进的"武装者"系列图书聚焦于"二战"时期，在鱼鹰出版社近 50 册"二战"图书中挑选出 24 册，按照不同的战场、国家进行了重新划分、组合，最终定稿为共四卷的《世界军装图鉴：1936—1945》。

为了方便阅读过原版图书的读者对应查阅相关资料，现将本系列图书分卷与原书编号的对应关系列下：

《世界军装图鉴：1936—1945（卷一）》（苏、法）：World War II Soviet Armed Forces （1）1939-41；World War II Soviet Armed Forces （2）1942-43；World War II Soviet Armed Forces （3）1944-45；The French Army 1939-45（1）；The French Army 1939-45（2）；

《世界军装图鉴：1936—1945（卷二）》（英、意）：The British Army 1939-45（1）North-West Europe；The British Army 1939-45（2）Middle East and Mediterranean；The British Army 1939-45（3）The Far East；The Italian Army 1940-45（1）Europe 1940-43；The Italian Army 1940-45（2）Africa 1940-43；The Italian Army 1940-45（3）Italy 1943-45

《世界军装图鉴：1936—1945（卷三）》（德）：The German Army 1939-45（1）Blitzkrieg；The German Army 1939-45（2）North Africa & Balkans；The German Army 1939-45（3）Eastern Front 1941-43；The German Army 1939-45（4）Eastern Front 1943-45；The German Army 1939-45（5）Western Front 1943-45；

《世界军装图鉴：1936—1945（卷四）》（美、日）：The US Army in World War II（1）The Pacific；The US Army in World War II（2）The Mediterranean；The US Army in World War II（3）North-West Europe；The Japanese Army 1931-45（1）1931-42；The Japanese Army 1931-45（2）1942-45。

《世界军装图鉴：1936—1945》主要作者简介

马丁·J. 布莱利： 在英国军方服役 24 年后退伍的军事摄影师，在世界各地拥有极其丰富的军旅采访履历，目前是自由撰稿人与摄影师。长时间致力于军事研究和军事收藏。曾与理查德·英格拉姆合著《"二战"英国女子制服》（1995）。他还同时为英国及其他地区的许多专业杂志供稿。目前与他的妻子和两个孩子居住在英国汉普郡。

麦克·查贝尔： 出身于英国奥尔德肖特的一个军人世家。家族中连续几代人都曾在英军服役。他本人十几岁时以列兵身份加入皇家汉普郡团；1974 年退伍，曾在威塞克斯团第 1 营担任军官，驻扎于马来西亚、塞浦路斯、瑞士、利比亚、德国、阿尔斯特及英国本土。从 1968 年开始进行军事题材的插画创作，是世界知名军事插画师。麦克目前居住在法国。

菲利普·乔伊特： 1961 年出生于英国利兹，从记事开始就对军事历史产生了极大的兴趣。他的第一本鱼鹰社出版物是《中国军队 1911—1949》，目前已经出版了 3 册版的《意大利军队 1940—1945》。业余时间他主要关注橄榄球和家谱学。目前他居住在林肯郡。

斯蒂芬·安德鲁： 在短短数年中，他已经声名鹊起，成为军事题材插画界中的翘楚。他所创作的充满细节、逼真详实的插画，由鱼鹰社出版，成为最受欢迎的鱼鹰社插画师。他于 1961 年出生于格拉斯哥（目前他还在那里生活和工作），完全自学成才，在 1993 年正式成为自由插画师之前，曾在广告和设计机构担任初级插画师。军事历史是他关注的焦点，从 1997 年开始为鱼鹰社创作插画，作品包括《中国军队 1911—1949》以及 5 册本的《"二战"德国国防军》。

奈杰尔·托马斯： 一名杰出的语言学家与军事历史学家，之前曾在诺森比亚大学担任首席讲师，目前是自由撰稿人、军事专家、军事制服研究和翻译者。他的研究方向是 20 世纪的军事和平民纪律部队的制服、组织架构，特别专注于德国、中欧和东欧地区。他因研究北约东扩问题而被授予博士学位。

伊恩·萨默尔： 1953 年出生于英国曼彻斯特附近的埃克尔斯。他早期曾在泰恩河畔纽卡斯尔担任图书馆馆长，目前已转为全职写作。他为鱼鹰社撰写了大量的文章，并出版了数本关于东约克郡的图书，这也是他目前与妻子的居住地。

弗朗索瓦·沃维利耶： 作为著名的法国军事报刊《制服与军事》的编辑，他是一位广受尊敬的法国军事史出版者与收藏者。他个人的兴趣点主要集于两次世界大战中的法国军装。

马克·R. 亨利： 致力于军事历史研究，同时是一名富有经验的历史场景还原者。1981—1990 年间在美国陆军服役，担任通信军官，曾在德国、韩国和美国得克萨斯州驻扎服役。他获得了历史学学士学位，目前他是美国陆军布利斯堡博物馆馆长。他特别关注于 20 世纪的美国军事部队研究。

达尔克·帕夫诺维奇： 1959 年出生于克罗地亚的萨格勒布，目前仍居住和生活在那里。作为一名训练有素的艺术家，他目前全职进行写作和插画创作，特别专注于军事题材。达尔克曾为鱼鹰社创作了大量的插画，被用于《南斯拉夫的轴心国军队 1939—1945》《U 型潜艇船员 1941—1945》《19 世纪奥地利军队的军装》等书中。